國鍵文集

第一輯

時評

潘國鍵著

BA, DipEd, MA, MPhil, MEd, PhD

The SenSeis

Second Edition
Feb 2019

Published by
The SenSeis 尚尚齋
Toronto
Canada
www.thesenseis.com
publishing@thesenseis.com

ISBN 978-1-7753566-5-3

獻給

天下有情

生當作人傑
死亦為鬼雄
至今思項羽
不肯過江東

李清照絕句　國鍵

國鍵文集 第一輯 時評
目錄

11

序

　　浮生若寄，彈指便一甲子。年達耳順，獨眼漸盲。筆耕之業，恐亦去緣盡之期不遠。今幸得內子曾佩鑾相助，終集成此書。共分五輯，曰「時評」「教育」「生活」「書畫」「宗教」，大多爲曩日發表於香港《華僑日報》（1984年1月至1990年5月）、《明報》（1992年1月至1995年6月），及加拿大之《時代周報》（1988年1月至6月）、《明報》（1997年4月至2002年8月）與《星島日報》（2003年2月至2005年11月）等近千篇之舊作，聊算半生學術寫作以外胡扯瞎吹之小結。褒褒貶貶，俱還天主；是是非非，盡化色空。苟能稍益於眾，此生殆無憾矣。

二零零八年五月眇人潘國鍵自序於加拿大多倫多市如心齋寓。

秦始皇焚書

秦（B.C.221-206）是中國的第一個統一王朝。第一個自號為皇帝的是秦始皇帝。

始皇治下最震懾人心的事，莫過於「焚書坑儒」。但焚書和坑儒，卻是兩回事。

焚書的導因，是當時儒者在政治上提出「師古」，提議效法殷周。易言之，是主張恢復封建。而屬於法家的丞相李斯，卻認為時代已經「變異」，理當「師今」，不應倒退學古。

儒家在政治上採取保守的立場，今日視之，當然極之落後。不過，秦朝面對天下一統毫無歷史經驗作憑藉，儒家提出復古，亦非全然無理。作為進步派的李斯所持的反駁儒者的理由，反覺頗流於偏激，多少損害了中國民主政治的向前發展。

其禍最大者，乃李斯指控「愚儒」妨害國家統一，甚者進而謂若人人以其所學來批評始皇之「尊」，等同率領群眾「造反」。並力言如果不立刻禁止，那君主的勢力便必日降，而臣下亦會結成朋黨。這種危言聳聽，在今日來看，與其說是防止國家分裂，毋寧說是恐懼言論自由。而李斯一句「主勢降乎上，黨與成乎下」，便將有黨無黨與在上位者權力大小掛鈎，一擊而中了秦始皇害怕「天下散亂，莫之能」的恐懼心理。於是乎，李斯提議的燒百家書，禁討論，禁收藏，禁以古代非議現代，否則要受棄市、族誅等酷刑，並規定百姓以秦之官吏為師，都一一得到了秦始皇的首肯，予以執行。

結果，中國人至少從秦代開始，便染上了「畏黨症」。誤以為談論政治便是結黨，必招殺身之禍。而「黨」這一個字，在歷史上自是貶多褒少。例如唐代牛李黨、宋代新舊黨、明代東林黨、清代維新黨、保守黨、革命黨……，在一般老百姓心目中，都是動亂之所源。正所謂「君子不

黨」（論語），「無偏無黨，王道蕩蕩」（尙書）。現代著名作家魯迅筆下的阿Q，也是因爲無意中自認是革命黨而給槍斃的。

　「畏黨症」一日不癒，民主政治何望？言論一日不自由，民主政治何託？不棄二千年歷史死心眼，民主前途從何說？

（一九八七年十二月於多倫多市）

(1988-01-02)

隨波逐流非屈原

屈原名平，楚國貴族，約生於公元前三四零年，卒於前二七八年，時為戰國時代。《史記》載其「博聞彊志，明於治亂，嫺於辭令」，故此甚得楚懷王愛重。稍後卻因上官大夫「爭寵而心害其能」，被讒言而失勢，遂作《離騷》。離者遭受也，騷者憂也，即遭受憂患也。知識份子之爭權奪利，互相攻訐，屈原為典型之受害者。

其後秦欲攻齊，時齊本與楚盟，秦遂遣張儀入楚，謂割六百里地予楚而離間齊楚關係。楚絕齊後而秦失信約，指六百里為六里，於是兩國交戰。政治之陰險，於此可見。故其後秦昭王欲與楚懷王約會於秦，屈平即以「秦虎狼之國，不可信」而反對赴約。惜懷王不聽，卒死於秦而歸葬。懷王客死於秦，司馬遷諷其「不知忠臣之分」，亦即不明是非，不辨忠奸，因而「兵挫地削，亡其六郡，身客死於秦，為天下笑」。實咎由自取。

屈平結果亦懷石投汨羅江而死。投江之前，遇見漁父，曾經展開了一場相信今日仍無確實結論的爭辯。當日屈平至於江濱，神色憔悴，形容枯槁。漁夫見而問之，屈平說：「舉世混濁而我獨清，眾人皆醉而我獨醒，是以見放。」亦即將自己的被放逐，歸因於「舉世混濁」、「眾人皆醉」。漁父應之曰：「……舉世混濁，何不隨其流而揚其波？眾人皆醉，何不餔其糟而啜其醨？何故懷瑾握瑜而自令見放為？」這又是一種見解。既然舉世混濁，何不隨波逐流？既然眾人皆醉，何不同飲共醉？何故要懷才而被放逐，無法立功於當世呢？

這正是傳統知識份子苦於抉擇的難題。人在江湖，身不由己。為了生存，為了生活，某些知識份子要做違背良心的事，雖曰可憐，實也情有可原，難以深怪。生活是現實迫切的。移民加拿大的人，相信大多親身體驗了這種苦處。願與不願，還得要做。數十年潛心精研的學問，可以一朝棄之如敝屣。被迫要忘記過去，麻醉將來。內心的各種矛盾、鬥爭、掙扎，非筆墨可形容。屈原謂「眾人皆醉」，倒又未必盡然。世之隨彼逐流，非皆醉也，大多乃生活現實使之然也，夫復何言哉？屈平終「寧赴常流而葬乎江魚

腹中」，亦決不「以皓皓之白而蒙世俗之溫蠖」（《楚辭·
漁父》，溫蠖作塵埃）。還要養家的知識份子，可有這種
殺身成仁的勇氣麼？知識份子對當世事非不知也，實缺乏
挺身而出之勇氣耳。我們為知識份子之麻木而悲，為其欠
缺勇氣而哀，為其所面對的諸種困難被迫埋沒良知而寄與
同情。所以，屈平到今天應該還是很孤獨的。至少筆者便
沒有這種殉道的勇氣。而我們今天所認識的屈大夫，也不
外是吃吃糭子，划划龍舟的一天公眾假期。

經過二千多年的發展，中國知識份子終於演化成了不敢
公開做事，卻又愛在背後指指點點，專挑別人錯處的心態
畸型的懦夫。筆者是其中一個。

今日，要做一個好知識份子？可更難囉！

（一九八七年十二月於多倫多市）

（1988-02-26）

17

王侯將相寧有種

秦末陳勝（字涉）吳廣構亂，在中國歷史發展上說，確有重大意義。原因是，陳吳出身平民，膽敢覬覦王位，在當日貴族壟斷政治裏面，這一種非份之想，在民主政治的角度來看，是一種重大突破。

據正史記載，陳勝自少雖為農民，卻已有求取「富貴」之「鴻鵠之志」。秦二世元年（AD209），陳吳等被派往屯守大澤鄉，因大雨失期，依法當斬，迫而作亂。不過我們要注意的是，陳吳的所謂「起義」，雖曰因「天下苦秦久」，實則卻是犯軍法之鋌而走險；雖美其名曰「壯士不死即已，死即舉大名耳，王侯將相寧有種乎」，實則卻是謀取富貴之爭奪私利。譽之曰「起義」，不完全恰當。因為，他們的動機在私不在公，非為天下百姓着想。所以，陳吳在歷史上的地位，不在於他們的起義」，而該在於「王侯將相寧有種」這一種想法和實踐。

秦統一天下，其家族原亦屬於世襲的封建諸侯。所以，在觀念上，統治權力世襲，自然也是理所當然的。是故秦皇之後，是二世、三世……，傳之萬世。陳吳卻認為，要當王侯將相，既不必出身貴族家庭，亦不必是貴族種裔，這種觀點，顯然是後來漢代建立平民政府的基礎。

司馬遷在《史記·秦始皇本紀》評論秦末動亂，謂禍源始皇暴虐，二世無道，「是以陳涉不用湯、武之賢，不藉公侯之尊，奮臂於大澤而天下響應」。殊不知平民政治意識高漲，也是構成這種動亂的重要因素。

平民政治，是從封建政治過渡到民主政治的重要一步。祇要我們都有「王侯將相寧有種」的心，我們方能夠在民主政治選擇裏面地位平等。祇因為一個「種」字而失掉參與政治活動勇氣的人，特別是居加華裔公民，尤須細想。

完美的民主政治當是不分階級，不分出身，不分種族的平等參與。

(1988-03-04)

沉思與反省之一：也談移民

筆者在《時代周報》寫《如心篇》的目的，原想將中國的藝術及歷史文化作淺易的介紹，貫之以年代。固不欲評議世事，論政當時。不過，昨偶讀《星島日報》移民專論，亦有所感，不吐不快。

如果說移民是一件樂事，相信不會有太多人同意。移民，其實是因種種不同因素合成的一個痛苦的抉擇，也是人生的其中一場賭博。是勝是敗，是禍是福，百年之後也難論斷。今日爲福，可能明日爲禍，禍福無常。所以，有能力移民海外因而沾沾自喜的人，和沒法子移民而憂心忡忡的人，同樣是不明白人類歷史進程這一不易之理。

人一有了歷史，就有了移民。移民不過是生活居處的移徙。且看中國歷史，魏晉時期，由於胡人入侵，北方紛亂，已有過大規模的由北向南遷徙的活動。著名的祖逖便是一個典例。「月是故鄉明」、「獨在異鄉爲異客」的遊子之情，自古而然，不會是今日移民異國的華僑所獨有。五零年代從中國內地跑到香港的人，還不是有過同樣的慨嘆？在家千日好，誰願意拋棄半生功業，到一個陌生的地方幹活？誰又能夠完全忘記過去這般灑脫？

在中國歷史裏面，中國人沒有停止過移民。無論是國內的、國外的，其作爲新移民的心情和要面對的種種艱難，基本無甚分別。思鄉之情固是難抵，而語言的障礙（例如北方人不操廣州語之類）、就業的困難（例如中國醫生在香港不獲承認之屬），也不會是今日海外華僑獨捱的苦。加拿大華人新移民喜歡講一下昔日事，說一下昨日情，也是人性中合乎情理的宣洩。嘲笑他們的人，反倒是自己不明白事理。

異域華僑多懷舊。懷舊，是精神慰藉的良方。東晉（A.D. 317-420）時代，中國境內由北方流徙至南方的北方人，要搞個「僑置州郡」，硬要在南地加個北方的州郡名字，這和今日在多倫多香港人建個「香港城」，酒樓寶號香港化，有什麼大分別？雖則同屬阿Q，卻有解慰遣愁之奇效，何樂而不爲耶？爲什麼偏要挖苦他們呢？

　　居住在海外的華僑，一旦決定要回歸故土定居，嚴格來說，這一種決定同屬移民，也是因爲種種不同因素，要改變生活現狀。所以，將移民海外卻又打算回流香港的人統責之曰「態度消極」，其實相當武斷。在民主社會裏面，我們尊重個人的抉擇，因爲人有選擇的自由。所以，任何以個人價值觀念去批評別人的抉擇並加以褒貶，都不會是明智之舉。無論留在香港不走的，移居海外「紮根」的，又或坐完「移民監」跑回香港的，究竟誰屬明智，誰最「積極」，也祇有歷史才可以回答。不過，如果肯定西方社會永遠是豐足安定，東方社會永遠是貧窮動盪，那顯然是對人類歷史發展的認識還未足夠。

　　人生變幻無常，本來就無根可紮。剛寫了草書中堂一幀，抄的是唐代薛瑩《秋日湖上》，詩云：

　　　　「落日五湖游，
　　　　　煙波處處愁；
　　　　　沉浮千古事，
　　　　　誰與問東流。」

禪味雖重，卻有助於身康心泰。

(1988-03-11)

沈思與反省之四：「大同」原是夢

《禮記·禮運》載《大同篇》，世謂乃孔子（B.C.551-479）政治思想之最精要部份。大同篇所析述的概念，是否純然爲儒學觀點，由來爭議極多。至少篇中所書「故人不獨親其親，不獨子其子」，已相當接近墨家兼愛思想，與儒學謂愛有親疏之別不盡相同。至於篇中所記「大道之行也，天下爲公，選賢與能，講信脩睦」，則更值得我們仔細思量。

據《大同篇》載，孔子當日暢談大同小康論，乃出於參加祭禮後的「喟然而嘆」，「蓋嘆魯也」。何者？蓋孔子認爲，當時連以「天下爲家」之禮義綱紀制度維繫社會秩序的小康局面尚不足持，以「天下爲公」的選賢與能之大同之治自屬奢望。王力編《古代漢語》析「大同」爲「高度的和平，實際是指原始共產社會的那種局面」，而對此種局面之嚮往，則爲「當時知識份子由於對現實不滿而產生的復古思想」。孔子，顯然是這等知識份子中的其中一人。

孔子雖被尊爲「聖人」、「至聖先師」，唐宋元時又被封爲「文宣王」、「大成至聖文宣王」。惟其在生時，卻是仕途坎坷，鬱鬱甚不得志。他五十歲後曾做過兩三年弱小魯國的中都宰、司空和司寇，代行相事。惜其周遊列國，欲謀高位舒展抱負，俱空手而回。有着貴族血統的孔子，就連小康這種「大人世及以爲禮」的貴族世襲的封建社會權力繼承法制的主張也被人嗤之以鼻，遑論鼓吹什麼「天下爲公，選賢與能」來求取官位？所以，在《大同篇》裏面，孔子坦言「大道之行也與三代之英，丘未之逮也，而有志焉」的「志」，也祇能永遠是「志」，他自己其實十分清楚。能不哀歎哉？

其實，春秋（B.C.770-476）列強爲求爭霸，已開始傾向公室集權，削弱同族宗室力量。裂土分權的封建思想開始衰落。尤早於孔子的晉獻公（B.C.676-651），已曾消滅國內同姓族室，任用異姓爲卿大夫。至於中央集權的郡縣制，亦已萌芽。稍後秦國建立用人唯才的中央集權官僚架構以代替封建貴族世襲，即其表表者。所以，孔子的大同小康

論在當日中國要走向統一集權的歷史大趨裏面，必然缺乏市場。「大人世及以爲禮」既不符合現實需要，「天下爲公」毋寧亦是知識份子的一廂情願。至於不問出身的「選賢與能」，在春秋戰國時代列國君主求才若渴的時候，早已推行，無需勞煩孔子來提點。例如戰國時代秦孝公（B.C. 381-338）之重用商鞅，便是人所共知的史例。所以，孔子之失意仕途，與列國之能否「選賢與能」，並無太大的關係。

故此，作爲知識份子的孔子之所以嚮往大同，大概還是因爲他的失意。世情是：富有的人不喜共產，當權者少論公平，有種族優越感者厭談種族歧視，這是人性之常。貴勢之家，又怎會有貧窮不公、被人欺壓歧視的痛苦感受？所以，祇有那失意被壓迫剝削的人，例如孔子，才會不斷嚷著公平公理，倡種族平等，發那世界大同夢。當然，大家心裏都明白，「大同」這烏托邦，不外是失意的人的一個「喟然而嘆」，宣洩不滿。看在一朝得志趾高氣揚的人眼裏，更是愚不可及，荒天下之大謬。

是以今日若將世界和平寄望於人性善端之擴充，種族平等寄託諸所謂優等民族的良心發現，那必將和孔子發的大同夢一樣，此生喟然無望。

（一九八八年四月於多倫多市）

(1988-04-29)

漢初「郡國制」的歷史啟示

　　漢高建國，地方行政制度取「郡國制」。「郡國制」是糅合中央集權的郡縣制（郡）和貴族分權的封建制（國）的一個政治異體。制度的本身，充滿著難以調和的矛盾。即集權與分權二者，已是一個幾乎完全不可相容的死結。

　　漢高祖劉邦之建立郡國制度，目的在化解來自某些知識份子及六國遺民要求恢復殷周封建的強大壓力，以及安撫手握重兵希望拜爵封侯的開國功臣。所以，這只能當作是意圖避免剛統一的王朝重陷內亂分裂的暫且妥協的一種權宜之計。

　　其實，劉邦及其謀臣例如張良等，均強烈反對恢復封建。早在楚漢相爭時期，例如漢三年（B.C.204）酈食其勸劉氏「復立六國後世」以使「其君臣百姓必皆戴陛下（即劉邦）之德，莫不鄉風慕義，願為臣妾」時，張良即以八大理由斥之為妄，其八曰：「且天下游士離其親戚，棄墳墓，去故舊，從陛下游者，徒欲日夜望咫尺之地。今復六國，立韓、魏、燕、趙、齊、楚之後，天下游士各歸事其主，從其親戚，返其故舊墳墓，陛下與誰取天下乎？」劉邦聞言，隨即輟食吐哺，罵曰：「豎儒，幾敗而公事！」當日，這種「豎儒」和「天下游士」之離鄉別井為國效命，目的原來僅是「徒欲日夜望咫尺之地」的裂土封疆的名成利就。而存在著這種心態的人復非少數，難怪劉、張都不免動了真火。因為，他們實在害怕知識份子和軍人這一種私心，會迫使中國走回封建分裂的舊路。

　　當然，要求恢復封建的最大壓力，不會來自其實沒有力量的知識份子，而該是來自掌握兵權的極有份量的武人，例如著名的韓信。《史記·淮陰侯列傳》載韓信說劉邦「以天下城邑封功臣，何所不服」，亦即主張恢復封建。故漢初之部份恢復封建，實乃形勢使之然，無選擇餘地。

　　漢高祖於漢五年（B.C.202）東克項羽，即皇帝位，八年（B.C.199）始論功分封。至十二年（B.C.195）封侯者一百四十三人，「而藩國大者夸（跨）州兼郡。連城數十，宮室百官，同制京師」（見《漢書·諸侯王表序》）。這種「宮室百官，同制京師」，在封建初期諸侯國勢力尚未成

長時，或者尚可忍受。但，隨着漢初地方從「大城名都人民散亡，戶口可得而數，裁什二三，是以大侯不過萬家，小者五六百戶」的貧弱一變而爲盛平之後「文景四五世間，流民既歸，戶口亦息，列侯大者至三四萬戶，小國自倍，富厚如之」（《漢書‧高惠高后孝文功臣表序》）的富強，諸侯國對中央已經是一種極明顯的威脅。封建力量的過份膨脹，不但使集權和分權的矛盾更趨表面化，而對國家的統一亦有害無利。政府要執行連串削藩政策及因之而引發連串動亂———例如吳楚七國之亂，已屬無可避免。

所以，構成文景之世（B.C.179-141）種種動亂的導因，顯然是秦末漢初中央集權和封建分權的政治思想鬥爭始終未獲妥善調協，結果不離武力解決。郡國制在中國歷史從貴族封建政治轉爲中央集權政治的轉折時期來說，他無疑是一個過渡性的無可奈何的畸形產物，但，因之而來的吳楚七國之亂，卻啓示了由這種政治異體帶來的，將必會是一場相當痛苦的政治鬥爭，且未必可以用和平的方式來解決！

（一九八八年四月於多倫多市）

(1988-05-13)

沈思與反省之五：移加港人須洗腦？

　　年來多市流行一怪論，認爲某些剛移居加拿大來的香港人，由於抵不住社會地位的驟降，又無法忘卻昔日的風光，因而患上抑鬱症。而治療之方，則爲忘記過去之靡爛，接受平淡樸實之將來；要多剪草劃雪勞動，少唉聲嘆氣懷舊，云云。似是而實非，不得不辯。

　　持此論者，大抵基於下列三個可能不是事實的假設：（一）香港人都曾有過風光的日子；（二）因而來加的香港人最易沉溺於過去，不肯面對將來；（三）結果是由於居加生活之大不如前，必會耿耿於懷苦痛難言。而從這種假設而來的結論，當然會是：不患上抑鬱症才怪！

　　社會上有了這種偏差的見解，善心的人便忙着勸告來加港人，請速速忘記過去伊之繁華，快快調節今之生活習慣。須視昨天之我已死，今日之我重生。據稱，這是治療這抑鬱病的良方妙藥。可惜的是，但這種治療方式，很容易令人想起那怕人的「洗腦」。

　　其實，香港人可沒太多人曾有過風光的日子。絕大多數在香港長大的人，祇知道不勤奮工作，就不會有好日子過。倒還是他們來了加拿大後被人提起，才知道舊日原來是那麼的「風光」！也許是加拿大人給香港來的新移民買屋一擲千金的豪氣嚇呆了，誤以爲香港必遍地黃金，有些竟還想到黃賭毒的黑錢，不妨把他們當「水魚」來宰割。誰不知，香港人的錢，大都是有血有汗的。

　　香港人是務實的。務實，也許是他們要移民的其中一個重要因素。香港人如果不是太喜歡他們的處事和生活方式，又怎會爲了安全計，不惜離鄉別井，爲未來生活買保障？沉醉於權位的人們，相信也不會移民。捨不得香港奢華的人們，也不會冒這冰天雪地舉目無親之險。就真是要移民了，大富大貴之家，大不了也是前往目的地報到報到，兜幾個圈子，再回香港做其「太空人」便是，怎有留在外國獨「賞雪」這般笨胚？所以，願意留在外國發展的，大概多是香港中產人物。而這階層的人，在香港大多性格踏實：第一，他們不會以錢財地位而自詡，在香港月薪二、三萬港元的中上層打工仔，憑什麼來「架勢」？第二，他們也

從來不空談不妄想。就選擇移民，也不會白痴到希望往外國撈個金銀滿屋的胡思亂想，特別要往那「艱難大」的加拿大。退一步說，若加國果真有金可掘，又怎會輕易准你亞洲人入境來分享？所以，移民而來的港人，或多或少總會有了「挨世界」「墊屍底」的心理準備，倒不必擔心他們不明白這個道理，因而虛弱到經不起那生活無情的打擊，鬱出了病來。

唉，就算香港來的移民偶也因某種原因（例如夫妻分隔，另一半有了外遇之類）而患上抑鬱症了，但醫治之方，也不一定是「洗腦」。以忘記快樂來治療痛苦，並不是個好方法。人生，不就是要拼命創造美好時光和美麗回憶的嗎？硬要居加港人洗掉前半生的美好，帶個空白混沌的腦袋，日後能快活些什麼？若然是我，則必然選擇留住往日的快樂，忘記今日的落寞。「以苦患之身，修不苦患之心」。再者，香港人之要移民，大多正因為他們太愛香港的自由自在，才會在中國政府三令五申保證一九九七後香港人生活方式五十年不變之下，還是不大放心，還是連根拔起，走移民的荊棘路。只因他們相信，在西方的民主制度下，只要不妨碍別人，他們可以過自己喜歡的生活。誰知來了之後，這邊的人竟勸自己改變生活，洗腦洗腦，那移民來作啥？人們不是常說，在民主社會裏面，富人大可過那窮人眼底奢華的生活麼？我們不是相信，在民主社會裏面，人有選擇生活方式的權利麼？為什麼有港人在這邊買間大屋、買輛「賓治」轎車，在同胞眼中，竟就犯了張揚之罪？可不必過份擔心啊，反正所謂港人揮霍，較之美加真正大富大貴之家的奢豪，何其小巫之見大巫！至於其他從香港來仍要咬緊牙齦拼力幹活的新移民呢，每天還是依舊幹勁十足，和在香港的沒兩樣。薪水可能是少了一大截，但早知如此，怨亦無濟於事。而事實上，倒也忙得沒暇去懷什麼舊，亦搾不出什麼昔日的名利風光去追想。「得閒死唔得閒病」，其為口奔馳將患身心衰竭症者倒或有之，要患懷舊抑鬱症，恐還沒這等閒情吧！

至於中國的知識份子呢，天生抑鬱病。跑到那裏，抑鬱到那裏。這和移民不移民，似乎沒什麼大關係。這一個由幾千年祖先遺傳下來的「因子」，注定了知識份子就算跑

到什麼地方，居於什麼職位，也是不會快樂的。因為，他們必不得志。不得志的原因，不一定要從他們一己之利益又或及身之權位看，而應該是他們心中大同理想實現無期的苦惱。而最要命的是，真知識份子都講良知，良知天天鞭策他們，對現實提出種種的批評和不滿。而這種吃力不討好的工作和責任，也最為當權者所厭惡。彼此的衝突和矛盾，又非要世界達於圓滿至善，方可罷休。然而，知識份子這一種對人類大同理想痴情的「抑鬱」，即司馬遷之所謂「意有所鬱結」，和醫學上精神心理科的抑鬱病，顯然大大不同。否則中國的孔子、屈原、王安石、范仲淹、司馬光、顧炎武、康有為、梁啟超、孫逸仙、陳獨秀、方勵之、劉賓雁，西方的但丁、莎士比亞、馬克斯、羅素等等人，都患上了精神病啦！

　　有良知的讀書人，總該是失意的。何況人生不如意者十常八九，世上論實也絕少所謂得意之人。認同於范仲淹「先天下之憂而憂，後天下之樂而樂」的「進亦憂，退亦憂」的讀書人，必然失意。至於不關心社會，私心較重的嘛，也早已「看破紅塵」了。既是「無才可去補蒼天」，倒不如「假作真時真亦假，無為有處有還無」，做了個「空空道人」，與《紅樓夢》的甄士隱（真事隱）為伍。而後者，也是大部份傳統中國知識份子身心飽受摧殘後的最後歸宿。

　　所以，今天沒甚「大同」歷史袍袱的移加港人，若真有抑鬱症的話，其成因也不會是類似於中國知識份子的失意，而大多祇會是「不化」所造成。「不化」緣於個人的執著，愛上了用拆別人的台來證明自己站得穩固，用醜化別人的方式來證明自己今天是如何的美好。例如貶華以褒洋，貶洋以褒華；又例如以盡數美加之不是，以證香港之大好；又或以為把香港醜化，便足說明美加乃快樂之天堂，自我感覺良好。這等方式既不合邏輯，亦不化得令人發笑。

　　筆者十分珍惜在多倫多生活的體驗。因為，它本身就是一個難得的學習機會，其善者必擇之而從。但，這不等於要全盤扔棄自己的中國思想文化和生活方式。某些香港人吵鬧囂張的態度確實要好好反省，因為，這既妨礙別人，在倫理上也不是交友睦鄰之良方。不過，卻也不必處處要

以洋人的標準為依歸,喪失自我。因為,這反會加深自卑和失落。洗腦式的去舊納新棄漢從洋,只會更令我們以體內流着炎黃之血為恥,且也不符加拿大多元文化的國情。再者,我們來這裏決非寄人籬下,也不該仰人鼻息。我們有著自己優良的文化傳統和生活態度,而這種生活和文化,對美加社會的未來發展,肯定會有重大的貢獻。亦只要明白這一點,居加的華人,才可以擺脫畏縮怕事的心態,挺起胸膛,事事講理,做個堂堂正正受人尊敬的加拿大人。

居加港人無病。若有,則思鄉病耳。思鄉病無藥可施,要靠時間來治療。至於要徹底醫治人們的抑鬱症,在有宗教信仰的人來說,要多靠神的愛恩和力量。對沒宗教信仰的人而言,可要看無垠宇宙那不知從何而來的恆存於人類社會之中的無盡的愛了。

洗腦?倒不必了。請大家一同用實際行動,向遭遇不幸的新移民們多伸援手,豈不更好?

(一九八八年五月於多倫多)

(1988-05-20)

沈思與反省之六：崇洋

剛讀了陳之藩的《陳之藩散文集》，裏面有陳之藩在一九六二年寫的紀念胡適之的九封信，其一提及五十年代末期胡先生提議全力發展台灣大學「集中一校」以培育人才。陳先生在敘述這回事的時候，竟有了如下的感慨：

> 「不客氣說，這幾十年的中國的大學教育有個大毛病，就是太重視留學生，太不注意自己所培養的人才。似乎是未出過國的，都是飯桶，更似乎是凡出過國的都是能臣……。這實在是八股文的復活。」（見第五信，紀念適之先生之七。）

由於「中國現代大學」有了這祇聘留學生的"不成文規定"，結果大學學府發展成為：

> 「所談的話不是解決問題，不是辯論疑難，而是些『我在倫敦或紐約時，我在巴黎或柏林時』的無聊又無恥的自吹。年輕人，看不見自己的前途，沒有賞奇析疑的快樂，沒有升級升等的希望，研究的成果，沒有人理解更談不到共鳴，也談不到欣賞。除非有曹雪芹的倔強，有吳敬梓的自信，才會退而寫紅樓夢，寫儒林外史，才會全給活生生的壓死了！」（全上引。）

陳先生二十年前的感慨，在今天來看，可要變為悲憤了。因為，二十多年來的大學發展，依舊是這個老模樣。不但用人是八股，就連研究方法也八股起來，徹徹底底地做了諸事以洋人馬首是瞻的奴才。即本文什麼「沉思與反省之六：崇洋」，已是一個在形式上相常洋八股的題目。今日研究生之治學，老要將問題分得愈細愈好；在最小的問題中得知最多，才是專家。若要談那宇宙人生的大問題，卻不免茫然無緒。學術研究變成是小螺絲釘的描述。總沒去看看那整體人類文化的遼闊諧和，聽聽其中強而有力的生命脈搏。眼光和胸襟隨研究範圍的縮窄而愈狹隘起來。而最容易而又最急功近利的研究方法，是抄襲代入。美其名曰採西學之所長，實則是山窮水盡卻又懶於尋找柳暗花明出路之遁辭。學術的研究，已經成為當日混飯吃的門徑。它不再是保家衛國為人類尋出路的明燈。今日，公費留學

的學生可以不回國，研究範圍和人生目標更可以隨時因金錢而轉向。因爲，人們對學術研究既失去了希望，也沒有了尊重，誰管他生命不生命，意義不意義？沒飯吃才是真正沒意義沒生命哩！今日中國知識份子時代使命感？唉，甫談啦！

腦海不期然泛起蔡元培、魯迅……，五四運動！

陳之藩對當日中國「不是沒人才，是沒有識人才的眼睛」而哀痛，陳先生的態度還算是樂觀的。因爲，還會哀痛的心，證明了心還未死，還具希望。不過，今日的中國知識份子可連這哀痛之心也沒有了，因爲，憑學術研究他日可以混飯吃的機會也微乎其微。在今天來說，治學不如從商，不如當工人農民……。不留學的固是飯桶，就留了學的也是庸才，全要淪作現實生活的扯線木偶！

學術氣氛由哀痛轉而爲死寂。人類的心，也由哀傷變而爲絕望。如果說大學是社會的良知，那麼，良知的泯滅正解釋了社會的墮落。

區區亦不免是時代大趨的無奈的應聲蟲。自幼夢寐留學，今日還幸夢可成真，却爲了多省學費，需以移民爲價。可恨陳之藩在文章裏沒有提及多倫多，這對筆者誓要將自己從飯桶提升到能臣（不，應是庸才）的努力來說，在無知而幼稚的快慰當中，不時會加添一點點酸溜不足的感覺：難道多倫多大學的研究院不入流了？

（一九八八年五月於多倫多）

(1988-06-10)

沈思與反省之終：期以因緣

《如心篇》暫且不寫了，不寫的原因是忙。學術研究和藝術探索都是窮一生之力難有大成的事業。自己竟不量力，二者兼之，拿睡眠的時間一併也不夠用。所以，寫《如心篇》這一類雜文，雖有興趣，但畢竟偏離了原來的奮鬥目標和願望。時逝如流水，若不好好約束自己，這兩三年恐會是蹉跎白過。況且，自己也不想當作家，也沒有可以當作家的條件。操管為文，緣於一時天真，天真的文章總不會寫得久長。

其實自己寫的東西，也無太大意義。因為，它不一定能夠反映事實。各人的生活圈子和體驗不同，況且區區在加日子尚淺，可能是了解不足之故，遇上的莫名事物偏多。例如這邊廂說香港怎劣怎壞，那邊廂又說香港人在香港的生活太舒適快樂，故而難以適應這裏的新生活；一邊廂說加拿大謀生易，另邊廂說在加拿大賺個錢難，對從香港來的新移民在這兒作為少數民族適應新環境遇上的各種實在的工作困難和挫折，竟可以解釋為「緬懷過去」的自討苦吃，復而大書特書，冷嘲熱諷；人與人之間的冷淡隔膜，又可文飾為追求獨立重視個人家庭生活。凡事總有兩面，而各具其理。各齣可析之為樸實，原可令股市狂升的好消息，同可咎之為跌市的因素。解釋之柄，操之在人。時代流行詭辯，人類在矛盾中求存。就是最清醒的人，也不免要糊塗起來了！

再者，寫雜感文章實難：敍好的一面，別人說是「擦鞋」文章，未足反映現實；述壞的一方，別人又會說是態度灰暗，人生消極，甚而聯想到吃不到葡萄的悲觀者。殊不知作者祇想指出，人有人的想法，各有各的理想。買人壽保險的人，不一定想命短。故而買保險而移民的人，也許本來就沒有紮根他鄉之想。這不是甘心不甘心、積極不積極。須知凡事各有其利弊，凡地自有其優劣。能夠明白這一點，世界無處非樂土，安之即是。若硬要事事求長短，處處論高低，徒費氣力之外，復會使自己陷於痛苦深淵，無以自拔。

人類的前景，錦繡燦爛；中華民族的前途，光明壯麗。

但，進步的路相信不會平坦。所以，寫艱苦的事，不即是悲觀灰暗。在多倫多住了幾個月，看見早歲移加的童年摯友安居樂業，很替他高興。看見品學兼優的大學同窗在此挨足了十三四年還冒不出頭的滿面滄桑，心底能不難過？在這裏目睹了生活折騰下人性的轉變，哀傷淹沒了愉快，這不是多愁善感，而是聽的辛酸故事確甚多。

因此，對社會不公的描述，比吹拍捧托尤覺迫切。在名成利就豐衣足食的人來說，一兩篇文章推譽，不過錦上添花；在處於貧窮線下給生活煎熬得死去活來的人來看，多幾篇對社會不平的鞭撻，或可因之會帶來點點改善，抒一下心底之憂。

寫文章，不全是飽醉後無聊得發慌的消遣玩戲兒：一時無病呻吟，一時風花雪月，一時歌唱太平。文章本身，實肩負保衛文化反映現實，促進人類進步的重大責任。所以，粉飾昇平之餘，還須多挖社會瘡疤，多替困苦的人著想。

對社會沒有作用的文章，不如不寫。寫文章有時也要先看對象。不同文化層次不同思想的人，對同一篇文章，會有極不相同的理解和感受。自謙自嘲之詞，總有人會誤以為真，因而帶來啼笑皆非的後果。

文章千古事，暫當以進修為重。《如心篇》之續稿，或期諸他日之因緣。

（一九八八年五月於多倫多）

(1988-06-17)

舀水之辯

香莊依香湖而建，南屹大佛之山，傾流北江之水。氣候宜人，民豐物阜。

近年，專家預告，氣候將會突變，未知吉凶。徙與不徙，私塾裏面那飽學之士，為此展開了一場天大的辯論。

甲：「氣候將變，湖水勢乾。何不各舀其水，遷徙他鄉？」

乙：「反對！極之反對！人皆舀水，那便香湖不乾人舀光。氣候還未轉變，香莊卻早遭殃！」

丙：「對呀！氣候雖是會變，但可能是變得更好，湖水儲的更多！憑什麼如此武斷，說現在就要非走不可？」

丁：「唉，氣候驟變，若天氣果真乾燥，烈日炎空，湖水不給舀光，也給暴日煎乾！你叫我們的下一代怎過活？」

戊：「對，是那暴日！」

己：「咦，此不單是烈日也。各位且看歷史，西域新疆，古日風調雨順，湖泊處處，人所聚居。其後天氣乾燥，沙塵蔽天，河流改道，加上那天災人禍，結果湖池不是被風沙所掩，便是因河斷而涸。……」

庚：「啐，時代不同，此實書生迂腐之說。今日科技日新，交通方便，人力那不勝天？」

辛：「嘿，盡屬杞人憂天！人生苦自多，何妨添一個？氣候轉好轉壞，屆時兵來將擋，怕什麼？」

壬：「我怕……。」

香莊居民猶喋喋不休。篇幅有限，故事就此打住。其實，只要北江之水滾滾來，又何懼乎水乾？

其實，水之出入自有常，舀出舀入始為活。要舀出的，就由他舀吧。離鄉別井，內心已是難受，又何忍再責以涸湖之罪？

只要那湖水是他的，他就有舀走的自由，別人管不著。這是民主社會的可貴之處。

如何保護香湖的湖水，穩定香莊的民心，這應由香莊縣衙來領導。祇可惜，縣大老爺忙著去祭天，沒空暇多說幾句實話！（1994-09-03）

前計器

在香港回歸問題上玩「倒數」遊戲的，大概始自北京，然後深圳，然後香港。今日只言「倒數」，其實不大切合當前新形勢。

香港快要結束大英帝國殖民統治，百年辱恨一朝雪。「倒數」確教人牢記，殖民政府來日無多，行將變零。

但，今天殖民政府執包袱既百日可待，爲了積極望前，實需加個「前計」。積計香港百日後融歸祖國山河，在她底溫馨的懷抱裏生生世世。

再者，如此喜慶，又豈容香港報章頭條在九七年六月廿九日那天依從倒數計，妄書「明天是零」？真大吉利是。

所以，我提議在訣別黃昏的倒數大鐘之旁，豎個加幾倍大的「擁抱朝陽」計日器。讓它在七月一日那天的零時零分，咯嚓一聲，打出個紅色耀目偌大的「一百」。觀禮者不論華洋，直會因之亢奮齊呼：「感謝國家，我們都得一百分喇！」

是日各大報章頭條：「今天是百份百的平穩！」

至於那個零的鐘，就送給英國佬留念。

(1997-04-14)

論大小

兒說：「發現」較「發明」偉大。愛因斯坦發現了物質可轉為能量，費曼等人始得發明原子彈。

對。

歷史證明，發現法家、善用法家的秦始皇，較諸發明法家的李悝韓申之徒偉大。

發現兼活用馬克思思想的毛澤東，當然要比發明馬克思思想的窮鬼馬克思更偉大啦！

所以，發現「神」的中國老百姓，沒理由比自創為「神」的天子皇帝卑小。

可惜中國傳統不是這樣說。老百姓者，小百姓也。一切以在上者為大，在下者為小。什麼發明發現，全不管用。

閣下地位若居下，那一切統可算小。自稱要用「小人X」、「小的X」、「小女子X」、「小婦人X」……。

閣下地位若然在上，那一切全都作大。可自許「X大人」、「X老大」、「X大佬」……。

偉大，是在上者的專利。你呢？休想。就談談也不配。

有天，閣下波士突然罵你一句小，你倒不必驚訝。

(1997-04-25)

漢奸

　　香港某些高級知識份子，為了表白「忽然愛國」，竟拿移民的來出氣，———棄船、舀水、叛國、漢奸、抵死。

　　區區不過去移民，從沒料到因此犯了漢奸罪。要殺頭誅族的。

　　入了加籍，心始釋然。因為，漢奸盡歸中國籍，我可沒份兒了。

　　漢奸漢奸，閣下有否想過，若然閣下美加籍，漢奸賣漢給貴國，你站在那一邊呢？若揭其奸，則自己成了美奸加奸，也是很不光彩的。

　　再者，對方若非中國籍，你罵他漢奸，可真無聊兼搞笑。天下何來叫番民做漢奸的道理？

　　七月前，香港六百萬人還未恢復中國籍，都沒當漢奸的資格，———平日做奸漢行古惑則實有之，而且周圍是。

　　中國歷史從不輕言漢奸。李陵投降匈奴，司馬遷同情之極，沒詆過他漢奸半句。司馬光記貞觀初，自塞外回歸者一百二十餘萬人，也從沒以漢奸辱之。

　　胸襟狹，溫情薄。香港知識份子，真教人失望！

(1997-04-28)

狗酒走

　九七已屆。其下者一走了之，其中者一酒了之。其上者，一狗了之。

　狗天性愛走。論理，狗怎不會走？不走的不是狗。

　天長地狗。最優秀的狗是走狗。不能走的，是跛狗、病狗、殘狗、廢狗。

　愈能走的狗，愈是好狗。

　請不要罵人走狗。要罵，也該罵作衰狗、死狗、失禁狗、濫Ｘ狗、戀狗、賤狗。

　不怕走狗多，只怕賤狗眾。賤狗通街亂嚙，到處亂吠。本來太平盛世「犬不夜吠」，今成賤狗戀狗並哮，日以繼夜。吠得人們煩心煩意，難食難眠。唉，上天有好生之德，吠少些，好嗎？

　我原也想做狗，可以以狗治狗。牠吠我吠，自不覺吵耳；牠無恥我無恥，自不覺無恥。

　我也想一酒了之。一醉笑滄海，再醉忘物我。李白可以為師，劉伶可以為友。

　但，我不甘心做狗。況且做狗要具狗力，我沒有。我也不好劈酒，劈酒要勝酒力，我一沾便要早抖。

　幾番掙扎，只剩下，————走。

(1997-05-02)

六合一

人多市六合爲一，省府已三讀定案。明年始，余之所居市，號稱「擘加市」（Mega City），第一大也。

回教聖城曰麥加，我有巨市亦擘加，一發音已足自豪。惟望此「擘加」非以後「乜都加」之省讀，則阿彌陀佛了。

稱曰擘加，足證省府衮衮諸公，確實胸有斗墨。求取六合而非七合八合，尤見其對中國文化，不無痛下苦功處。所謂六合，《辭海》：「天地四方也。」夠大未？皇皇華文化，莫說人家不賞識嘢！

六合一既可彰昭政府領導人之大有學問，復可因之而裁員，因之而省錢，因之而減債，因之而打擊「之乎者也」卻又薪優之指手畫腳集團。平日勞手動腳幹實務卻是愈幹愈窮的小民，信可稍洩夙怨。百得之舉，其不獲通過執行者幾稀矣。

至於因之而失業的，看亦不必呼天搶地。失業，本來就是咱們加拿大人生活不可缺的部份，伊又怎可例外？況且，歷史常變，他日難保又再一分爲六。「話說天下大勢，分久必合，合久必分」，是羅貫中說的。請忍耐點，只要青山在，依舊夕陽紅。

(1997-05-16)

驗身

都說五十歲前莫驗身。一驗必是樣樣高，這不能喝，那不可吃。

言重？非也。今天竟是言中。醫生來吩咐，要多做運動，要奉「紙」戒吃，———煎油炸鹽糖肥，一概要避。

唉，最宜出家做苦僧，清齋了日。

其實驗身不應驗體格，食死了是咱家事。要先驗的，應該是人格。看看是否患有神經病，免得胡作非爲貽害人。

神經要驗的是：政治紅黑度、左右傾斜度、忠奸度、平穩度、轉軚度、愛國叛國度、無恥度、白痴度……。

若然驗了不及格，那不單煎油炸葷不許沾，就素也不許食，水也不許飲。古西方說，病由靈魂染污而生，故要空其肚，挨其批，思其過。

一旦豁然貫通，自然心無罣礙。是即非，非即是；黑即白，白即黑。立地成了「名利通」。名利之外，一切皆不執著，還怕他什麼血不血、壓不壓！

他日再驗身，一定要堅持兼驗人格。

九七已屆，還未驗身的，請快！

(1997-05-19)

皇帝屁香

唐太宗李世民酷愛王羲之書法。爲了取得浙江紹興永興寺辯才和尙（羲之第七代孫智永和尙的傳人）收藏的《蘭亭序》，竟派監察御史蕭翼去偷。

蕭翼果不辱命。往永興寺略施小計，唐太宗就得如願以償了。喜極之餘，還命人臨摹數本，賜予王公大臣欣賞。蕭翼身爲御史掌「分察百僚」「巡按獄訟」而知法犯法不待說，身爲皇帝幹這缺德敗行而竟可成爲一時「佳話」，而羲之遂得以名揚後世云云，更令人爲之慨歎。

鼠竊狗盜，市井之徒做了，是殺頭的大罪，死前還要遊街示衆。若是在上位幹的，可都成了傳頌佳話，人所津津樂道，去攀附恐還來不及哩！

難怪近來讀報，常見什麼儂是某某司的舅父的朋友，儂是某某官的表親，儂與某某權吃了一頓飯，儂與某某貴在廁所打了一個招呼、握了握手……。

皇帝屁也香。千多年來，大家都習慣了。什麼遺臭不遺臭，只要是上頭，就決不會是臭的；只要能與上頭稍扯點關係，也統都變成香。

(1997-05-23)

同聲一哭

那邊香港物價天天加，這邊多城職位天天減。加的人心惶亂，樓股亂舞，說要保值；減的神魄飄蕩，雞飛狗走，話要謀生。或加或減，原來都會蠱惑人心的。

眾減之中，減薪未曾最慘，最慘是減職。一減，收入便零。近年美加大機構的巨額盈利，據說大部分是由裁員創出來的。乾坤之內，朱門酒肉，貧家餓骨。

時代確是在變。連社會主義的加拿大也資本主義起來了。從前裁員，刀鋒準向著上層。下層薪薄，且有工會作後盾，自是風無聲兮鶴無唳。甚或可以假同情一番，算報了生來要做窮人的仇恥。今日情況竟不然，無論公私上下老幼均在斬砍之列。大老闆稍言利潤少，你得好好準備，隨時魂斷狗頭鍘。

資本主義的特色，是大小通吃。昨日劫富濟貧，卻是愈濟愈貧，愈不濟事。今日無妨試試劫貧以濟富，專吃小的，且看富者愈富又如何。年青人沒工做，要怪只怪自己命蹇，錯生時代。蘇俄完蛋後，資本主義直攻無不克。短短數年間，加拿大剝人已剝個慌。坦臥在刀俎上的天下打工仔們，當同聲一哭！

(1997-05-30)

六四二十四

「六四」是什麼？

哦，六四二十四，杜牧：「二十四橋明月夜，玉人何處教吹簫？」（江主席吟了下句。）

何處？在揚州。揚州西望是金陵。金陵是南朝的天闕，是多災多難的京華，是才子們如曹雪芹者發紅樓夢的傷心地。

金陵自古脂粉地：「胭脂淚，留人醉。」不、不，是留人碎！

淚過嗎？碎過嗎？都成歷史。留下的，不是煙支，也不是煙硝，而是惱煞人的煙夢。

歲月催人老，流光磨人憎。憎懂憎懂，是夢抑真？是真抑夢？

今天不許說實，卻期二十年後歷史去驗真；今天不許記賬，卻期二十年後歷史去核數，———真箇發你夢。

現在呢？我夢故我在。老了憎了無夢了，故我不在。

可惜，「二十四橋仍在」（姜夔）；可惜，「六四」猶在。因為，只要是浩氣，那就永在；只要是汗青，那就世傳。請都安息吧！

(1997-06-02)

42

沉默是金

王羲之以書法垂名，書法功夫自是了得。之所以了得，卻不全在於他的天資高、練字勤、家世好，還在於他的多睡少說，———沉默是金。

公元三二三年東晉明帝太寧元年，羲之才二十一歲。那年，尚書令郗鑒向司徒王導求婿。王導著他派人到東廂自選。門生去後回報，說見有一人，在牀上坦腹而臥，不聞不問。正自稱奇，而郗鑒已決定選之為婿。此裝聾扮啞者，正是王羲之也。

一為郗家婿，官運更亨通。衣食無慮，遂可潛情書法。字行間自亦氣韻安逸，絕不寒酸。當日任官者，未必全都謀權逐利，大部分其實只顧求保身，祈安逸。

在亂世，要保身安逸，先得沉默。這逸字、默字，當然還帶點「隱」的意味。逸久默久，自會踏上歸隱路。此羲之晚年所謂「向平志」也。

中國社會，歷來亂多治少。所以，沉默是金決不會錯。許冠傑張國榮就合唱一曲《沉默是金》，摸正升斗小民心窩，撈過盤滿砵滿，可以宣布與向平為伍了。

是以九七之後，最好閉口。

(1997-06-06)

玩革命

　年愈輕，愈愛新。愛新，自會破舊。而破舊立新，實半生革命之大業，一生火紅之所在。故志氣大的年青人，無不玩革命。

　年愈老，愈愛舊。守舊，自會嫌新。而棄新懷舊，常扯革命小將們的後腿，阻著地球轉，都是反革命。

　由玩革命到反革命，是人生必經的歷程。無奈此心如何紅，終都成了反革命。因為，人都要老，老了便反。（勿將「反」懶音讀為「玩」。）

　不信？羅孚先生的自白可足為徵。再看古人如宋代王安石，揭竿曰「變」，歷史即論斷為「新」，其徒全為「新黨」，賦予革命性。反王安石的老人家們如司馬光、蘇東坡者，全給打作「舊黨」，定性為反革命。

　老了不知老，仍然堅持玩革命耍新花樣至如草菅人命的，在現代史上當然有，且都是「偉人」了。年青人不幸遇上他們，算此生倒的運。因為，誰個玩革命誰個反革命，忽成萬縷糾纏無從說！

　至於小人物如我，若給人罵罵反革命，可絕不會惱。我只當他笑我———老。

　他的笑聲不會久。他髮一白，同個下場！

(1997-07-04)

歧視

有人，便有歧視：種族的、性別的、年齡的、學歷的、階級的……，不一而足。

人性各偏所私所愛。相貌娟好有特殊背景者，犯大事可從寬；樣衰加出身寒微與權貴了無關係者，就違小規亦必從嚴。

偏私乃歧視之源，不公乃歧視之象。久而久之，歧視者與被歧視者自成階級，各由子子孫孫代代繼承。不忿也好，宿命也好，都難改眼前陰暗的現實。

中國封建社會階級歧視最深。「門第制度」，登峰造極。歷史學家斷中國門第階級自唐代以後已逐漸消融，瞎說。翻翻清代《紅樓夢》，就同屬奴隸的奴婢丫鬟，尚且嚷鬧著要爭上分下，要排大論小，死要定個主從，———奴隸腳下奴奴隸。至如高層頭上高高層，那更是森嚴不可逾越的。

階級奴性，千年深毒，無藥可解。明乎此，然後了解何以百年中國論事，未開腔而人們心先愛問：伊算老幾？

只要搞清楚老幾，那事情就是好辦，———喳，唯老大是命！一鎚定音，何複雜之有？

故曰：「事始而人終。」這又叫做音（欽）定文化。

(1997-07-11)

45

矛盾文化

若文化之定義果如 J·Gasset 所言，乃一時代思想之主要體系的話，那近百年的香港文化當屬矛盾文化。

矛盾文化孕育於魚與熊掌兩兼得的個人自利主義，而莫知世間「人有悲歡離合，月有陰晴圓缺」的「此事古難全」。既忘記了有得有失不能兼得乃天定的遊戲規則，遂養成遇事莫知取捨，徬徨無措，搖擺不定，言行不一。

例如既想回歸又害怕回歸，想留又想溜，愛中又愛英，怕獨裁又怕民主，……婆婆媽媽，唔知想點。香港人百年慣處十字街頭，打後五十年，看亦難變。———繼續矛盾。

何解？因為，在根植於中國文化土壤的華人社會搞全盤西化，必遭挫敗。百年來英國施盡渾身解數，頂多搞出個不中不西亦中亦西搖東擺西的矛盾文化。可又陰差陽錯，矛盾文化竟如擺鐘之擺動，由「位能」不斷產生「動能」，造就了一顆舉世矚目繁榮得莫名其妙的東方明珠。

回歸後要改變港人矛盾作風，既屬不必，亦恐不易。有學者說，要刻意改變一族群之文化，唯一方法是，———殺他一個清光。聞者悚然。

(1997-07-14)

想當然

　　港式矛盾文化承襲中國封建思想，習慣於「想當然」：
　　　賭留港實贏，博移民必輸，想當然耳；
　　　九七前景絕對好，想當然耳；
　　　中國必定不讓香港垮，想當然耳……。
　　理科優文科劣，外國月亮圓又圓。香港的小孩子，都是在「想當然」中長大的。可不知道，「想當然」殊不務實。由其產生之惡果，叫做幼稚。

　　有事中國定會撐我腰？唉，求人不如求己，何況中國她自己的腰骨現在還未夠硬直！

　　所以，中國撐腰論其實亦是「想當然耳」的產物。何解有此「當然」想？對曰：「夫之謂『宣傳中毒』。」只要宣傳聲筒一啓動，大家就排著隊相信，排著隊跟風。某大人半句話，尤勝自己千思百慮。———都中了傳媒毒，中了權威毒。中國文化尚賢尚同，相信權威永不錯的服從精神，固可維繫一時的社會秩序，然亦埋藏了「想當然」的謬種。欠缺獨立思考隨風擺柳事事「想當然」的社群，很容易淪為半奴隸半殖民而不自覺。

　　若然繼續不自覺，那「五十年不變」的祝福就極可能變成是繼續沉淪的咒語。

（1997-07-18）

人蛇

偷渡客乃人蛇。有大人蛇，小人蛇。

夫蛇之爲物，身長體軟，活動無聲，有些還牙液帶毒。傳說牠是惡毒魔鬼的化身，故曰美人蛇蝎，切勿濕吻。

非法入境者固曰蛇，就合法的，諸如我輩之靜雞雞「蛇」來楓葉國，算不算蛇？

加拿大人懶者擅於開小差，名爲辦公，實則周處逛，算不算蛇？

年少有爲，卻天天呆在家裏，守株「待業」，吃喝父母，算不算蛇？

看來大小人蛇天下遍，香港不過較感人。

今日若錯胎爲蛇，未必因上帝薄你。蛇兒昔有風光日，只歎今者不逢時。

舊日閣下遇見警察，得即時肅立額手：「敬禮阿蛇！」

閣下小時上課，老師一來，得站正共唱：「早晨阿蛇！」下課，不喊「再見蛇、多謝蛇」，你休想走。

兒時問我志向？長大當然誓做阿蛇啦！

正是有蛇堪蛇直須蛇，莫待無蛇空歎嗟。蛇來蛇去，既浮生兮偷閒，亦破悶兮刺激。善哉！

(1997-07-21)

所謂民主

　　文人好議論，自古已然。西方好思辯，發而為民主；東方愛議論，代價卻是人頭。大家同辯論，眾人事眾人決，責任眾人負，總比獨斷獨行好。雖則某些西方學者嘲「民主」乃人類繼「上帝」、「科學」後的另類「信仰」，頗詰其實效。然而，民選制就算選出個大魔頭如希特拉，由於是公推的，他幹的種種邪惡，自有他和推選他的民族一起擔承。這一點，日耳曼民族是頗不含糊的。反觀日本軍閥的殘暴卑鄙無良卸責，唉，如此國格，不談也罷。

　　二十世紀中國人有民主了。可惜，在中國文化的熏染下，中國人之所謂民主，不離藉事而鬥人。各據各的「道德」，以我為中心將人分品：我忠你奸，我賢你愚，我君子你小人。一聲小人，天下得共誅之。群即殺聲四起，不死不休。斯禍或肇始班固《漢書·古今人表》以聖愚列人為九等。雖謂「顯善昭惡，勸誡後人」，卻開中國人安然互戮的歪風。東漢以降歷朝黨爭，無不腥風血雨。就新中國之文革也者，亦非革文，而是革人、殺人，且至今仍未賠償道歉。在這種文化心態下，民主可得健康發展嗎？

(1997-07-25)

冷在心頭

國鍵 Made in China，七歲流落香江。八四年返廣州故地探親，直通火車穿經羅湖橋，眺見站崗的解放軍，心裏確曾發毛。八五年勇作大陸遊，包機降落杭州機坪，驟眼藍天一幟五星國旗血地紅，亦不覺一慄。原因？至今不解。———已列 X file。世間難解事多著，可解可解而各有各解的，亦係不少。成龍大哥在七月十五日上紐約「CBS」D. Letterman 的清談節目，寒暄後，主持劈頭便問：那歷史性（交接）大事過癮否？大哥答：得個悶字（boring）。並謂米旗降而紅旗升，前座有人猛打盹，如是而已。嗨，確扯旗而已，實無日無之，何須大驚小怪？報載香城極為亢奮，讀之困惑。難道見慣大場面之港人，竟類荒遠邊陲之無知稚童，就扯小小大旗便為之雀躍起鬨麼？主持再問，當晚四千人宴飯菜如何。大哥答：冷（cold）。說是人多而廚少之故。嗯，斯言稍差矣。主人家英國惜別宴也，人一走，菜就涼。況與宴者各懷心事，或酸或苦，或無奈或茫然，就吃什麼也熱不起來的。大哥的冷，大概是擊鼓淋雨透，和英國人在添馬艦作「告別操」狂飲那盆塌天的離愁淚安魂雨一樣，———冷在心頭。

(1997-07-28)

泰臣一咬

過氣拳王泰臣一咬，半球驚詫。在西方來說，動真刀槍殺人者司空見慣，還以「牙色」的確甚罕有。就有，亦大概如吸血殭屍德古拉───咬OK，再咬傾情之類。泰臣咬耳，難道戀上荷里菲特？

泰臣咬人，殆或著了東方迷。泰臣崇拜毛主席，毛推重魯迅。魯早將中國歷史寫成是「吃人」。《狂人日記》：「唇邊還抹著人油。」做英雄自然要先下口為強，不咬出耳油的是狗熊。

「咬」是中國人生活所不可缺。咬與被咬同樂。咬牙切齒、咬文嚼字皆餘事，但以血淋淋活生生地咬才算好。看街市魚檔，魚要活劏。咔嚓，魚血滴湧，再朝那攤列在魚枱上諸慘白魚肉一酹。旁觀的師奶大嬸，唇角隨之泛起愜心的陰陰笑。「喂，魚生嚟㗎，吃上截定下截呀？」

至於被咬者，同覺暢快。買樓，排不眠不休的隊。千山萬水，為求地產眾巨鱷賜大咬。頸血湴湴，仍笑不攏嘴，───滿意滿意！

所以，咬耳仔在中國社會無論台上台下，都絕不算是新奇。若記者相迫，泰臣無妨學埋廣府話：「啐，你咬我食咩！」

(1997-08-01)

播貝多芬

香港警察播貝多芬《命運交響曲》對付「滋事者」，一絕。可惜選錯曲目。

竊認為，貝多芬陳年舊樂，新一輩青年，除了《快樂頌》外，多不甚了了。播《命運交響曲》，徒增嘈音。除非狡辯：「係播俾現場洋記者聽嘅。」否則與民眾脫節。

要播，其他佳選多。例如播《義勇軍進行曲》國歌。一播，而示威者仍嘈喧巴閉者，即可在外國眾傳媒鏡頭前：「嗥嗥嗥，仲話唔係侮辱新中國？」立拘禁之，此著最狠。

若求以音樂點化眾生，則宜播許冠傑。大唱「無情夜冷風，吹散熱情夢」、「大家要睇通睇透」、「是已空、非已空」、「就讓雨把往昔都沖去」、「應走時候決定放手」……，天意如此，喊都無謂。多聽幾句，就頑石也得點頭了。

再不，改播鄧麗君，「忘記他」、「你要接受今天身邊一切」……，柔聲嗲氣，聽了自必怒氣全消。若都無效，可播大吵耳《黃飛鴻》，亦最易令雙方接受。對警察，是振奮士氣，男兒自強；對抗議者，是懲惡鋤奸，一壯行色。大家都沒話好說。

(1997-08-04)

有情無情

自然科學以理勝。然而,科學家都是人,若研究的對象亦具生命,日生情愫,能絕對客觀不易。研究結論,往往亦關涉感情。科學要絕情,要搞「天若有情天亦老」(李賀、毛澤東句),好夢信實難圓。

文學離理而言情,卻甚成功。原來,人性重情多於重理。理不能離情,情卻可以離理。如小說詩詞歌賦之類,有理沒理,竟都賺人眼淚,傳之久遠。若硬要講邏輯的,必嘔血收場。

《西遊記》孫悟空,一筋斗是十萬八千里,不科學。原來道的是「人心」。即如「酒入愁腸化作相思淚」,用自然科學怎生解釋?毛主席辯理恆以「科學」為依據,惟其詩詞,卻見「踏遍青山人未老」(會昌)、「人生易老天難老」(重陽)、「把汝(崑崙)裁為三截」(崑崙),都是於科學之理矛盾不合,於文學之情感人可觀。至於是否矯情,則作別說。

中國文化重溫情,於悲天憫人中各自立說。新中國共產黨向來是冷冰冰的。江澤民主席在悼念鄧小平大會上掉的那幾顆老淚,是建國四十八年來最富人情的一幕。中華民族和文化,似又燃起新希望。

(1997-08-08)

香港書生

毛澤東《沁園春·長沙》：「書生意氣，揮斥方遒。指點江山，激揚文字，糞土當年萬戶侯。」革命救國年代，書生有大理想。拋頭顱灑熱血，為保國安民。香港在那翻騰騰血紅百年中，卻是綠野小島，世外桃源。在異族統庇下，書生心態，自是不同。

香港書生傳統是龜縮。只精於色情男女、飲食狗馬。一及政治，既無力亦怕殺頭。六、七十年代一談共產黨，炒你魷。「保釣」、「反加」、「金禧」，參與者日後多命苦。學懂精乖。

八十年代風雲際會，書生「蒲頭」，吐百年屈氣，大罵特罵。十年光景耳，既無其根，亦非其本。今日「轉軚」龜縮，亦不過復舊而已。什麼是非良知，未免托大。

香港書生本就習慣於東晉南北朝式異族統治而自足自樂。同樣只知有家，不知有國。瞳孔早縮細至只見妻兒，只見自己，只見後院花圃之一角。有若古人沈三白，所目僅數尺之遙。於蚊帳內對蚊吹煙視為鶴沖雲霄，於後院廢土見蟻而當作猛獸排山。日夜以幻想作慰藉，喜為「閑情記趣」。國鍵昨午憩坐後園一角，賞紅玫瑰一枝綻放，情如三白，不覺黯然。

(1997-08-15)

士大夫賤

多倫多是個吃和住的佳地。吃方面，價廉物美，新鮮乾淨。貴價魚如龍躉石斑，才七、八塊錢一磅。在香港，不一二百塊港元一斤，休想。近日唐人超市，大青椒廉至一元六個；西人市場，大紅甜椒九毫九仙一磅。感謝上蒼，賜我家在多倫多，不愁吃。

在香港呢？唉，是百物踴貴。天天加，不停脹。增五巴仙十巴仙視等閒。退了休鶴髮雞皮吃穀種，日日在通脹虎爪前乞命，難道真的前世少積德，今生風燭殘年當「獻世」？老弱孱軀，甘冒性命之險，苦排一天的隊，去領幾斤的米。一仆而全城「追擊」，算什麼明珠福地？

當然，在高通脹之下，也不是凡價必漲。就讀書人一物，有些早就天天在跌。良心可以賤售，知識誰說值錢。為討飯吃倒沒話說，若為浮榮虛聲而自閹良知，拋棄人格，那就真的是自作賤。

宋朝朱彧《萍洲可談》卷一：「賈公袞自京師歸，余問物價貴賤，賈曰：百物踴貴，只一味士大夫賤。蓋指奔競（爭逐利祿）者。」讀書人趨炎附勢日賤，剛從香港回來的，可有同感否？

(1997-09-01)

漆首蠻風

取敵首級，剝而製皮，據《哥倫比亞百科全書》所記，北美南美部族行之有素。據說，此舉可強我本族，挫敵威風，兼示大丈夫勇武。

砍頭殘暴，剝皮更屬野蠻。在東方呢？哈哈，卻都「濕濕碎」耳。斬頭剝皮後，不用之來盛酒飲，才不算「夠薑」哩！《史記》卷一二三「大宛傳·大月氏」記漢初匈奴老上單于：「殺月氏王，以其頭爲飲器。」原以爲此戎狄風俗而已。誰知讀《通鑑》卷一威烈王二十二年：「趙襄子漆（髹）智伯之頭，以爲飲器。」直爲之驚心。詩書華夏，蠻亦如斯！

十六世紀末吳承恩《西遊記》，第二十二回寫沙和尚未皈依前，也是個「來來往往吃人多」的「項下骷髏懸九個」的「英雄」。這等頸掛人頭纍纍的「吃人精」，在今口的社會其實無處不在。就尋常百姓，也不自覺地將人頭常懸心中復宜之於口。例如，兒女嚷著要可樂飲，不難聽見：「功課咁差，飲你個頭！」至如心情差而聲聲殺兒女個頭的，亦比比是。那自詡文明第一的美國佬，瞥見我們有 sockeye 三文魚吃，竟亦惡形惡相：「食你個頭！」

(1997-09-05)

天真無邪

董橋先生記，陳之藩先生給他信，說中文大學當年不要徐訏，不要張愛玲，「都是很奇怪的事情」。又說，胡適先生晚年「指望胡太太打牌贏點錢」，死時「只有一萬多元的人壽保險費」。遂為之不值，為之唏噓。

其實，正直的讀書人能飛黃騰達的，少之又少。天下烏鴉一般黑。不要說中國，就先進國如美加之類，高級知識分子要在大學討飯吃，多少得靠點人事，搞點交際，沾點「政治」。不幸的是，中國正直的知識分子都面皮薄，滿以為「有麝自然香」。沒想到今天的社會，愛共臭多過愛蘭香。伯夷叔齊之徒，早就不合生存於豺狼虎豹競奸雄的血腥時代。

電腦科技發達，靠舞文賣字維生的讀書人，打後不窮途才怪。人們只需按一按「滑鼠」，關乎文章書信的，幾式式皆備；涉乎字體的，顏柳歐蘇趙，亦家家俱全。舊社會讀書人雖是臭老九，但假假地給人寫家書作春聯，還有點價值。今天呢？若學優而不去仕，不去刮大財，那「優」字就必然剩番個「憂」。陳之藩還問「這個時代究竟出了什麼毛病」，可天真無邪得很。

(1997-09-12)

有幸莫名

清代洪亮吉在他的《曉讀書齋雜錄》慨言，「人之傳名，
有幸有不幸」（初錄卷上）。例如文字並非倉頡一人所創，
而世間但知倉頡；長城亦非蒙恬一夫所築，而世間但知蒙
恬。一語而擊中人世不公平之鵠。是故，做人宜坦蕩開懷。
因爲，唏噓徒增奈何，遲早鬱病。

誤打誤撞成大名，在現實生活絕不罕見。翻翻香港近十
年樂壇的歷史，信命的人益信冥冥中確有個命。

我不認命，但信時勢。在亂打亂撞的時勢裏面，混水摸
魚無端端有大收穫的，俯拾皆是。例如改革黨靠那什麼曼
寧的，竟然得選爲國會的最大反對黨，就端的是憑國家鬧
分裂順時勢亂出來的。一亂，就多莫名其妙。所以說，你
這一刻的成功，你這一刻的失敗，不一定關乎你的性格、
你的學問、你的資質、你的……，而僅繫於這一刻的時勢。

瞬息世變。只要莫名其妙的民心來個莫名其妙的突變，那
王小二之類當選特首操生殺之柄，又有啥稀奇？

洪亮吉滿腹經史上書議事而給流戍伊犁，終於明白，人之
在世，才德學問能言善諫，都難抵「有幸」兩字。
(1997-09-19)

燒得性起

香港孩童挺愛燒：叉燒、串燒、鐵板燒、BBQ。就涼靜的中秋節，近年竟也興起火熊熊的「燒蠟」。中秋佳節的快樂，由賞月吃餅提燈，忽爾轉為煲蠟潑火燒燈，火愈紅人愈吵，愈亢奮。病態？

鄭傳寅、張健《中國民俗辭典》，中秋節是「團圓節」，吃月餅「取團圓之義」。大人賞月，兒童「連宵嬉戲」，未言有燒乜燒物之舉。傳統：「燒」多施諸鬼神事。「頭七」「尾七」之類，當然要燒冥鏹，燒紙平治，燒紙麻將，燒紙戲腳……尤孝順者，燒埋生前心頭好。至於七月十四的中元節「鬼節」，民俗例亦大燒特燒。「燒衣」灰飛鋪地之外，孩童「執長柄荷葉，燃燭於內」，又用「青蒿縛香數百燃之，謂星星燈」，無大異於香港小童綑數十蠟枝並燃之「煲蠟」。香港小童於中秋一家團圓之良辰，行招魂待鬼之祭事，亦即將團敘作死別辦，真大吉利市。

今日，萬節不離其燒。就文物遺稿手鈔之屬，都已納入可燒之列。司馬遷幸而給漢武帝閹了，否則，他的子孫大會將他老人家嘔心的《史記》，在「做七」時一燒而永恨九泉。

(1997-09-22)

想了半生

香港有人叫「阿想」。

十五年前，「阿想」想，共產黨收回香港後，自己定沒好日子過。憶起文革、西貢，情驚之下，就將身家性命財產，一古腦都匯往加拿大去。

到了加拿大，體會苛稅猛於虎。加之日子無聊，寂寞難耐。不期又想起香港那十里洋場、遍地黃金的繁華樂，油然興了回流想。

回港了。唉，空氣食水污濁得驚人，物價房租高昂得救命。上街則擠過沒氣可透，遇友則切記不便多言。千菌會聚之城，百病叢集之鄉。想起加拿大那千尺之居，如仙之景。空氣清甜，自由自在。何必自作賤？

又返加拿大定居來了。哎，驟覺人生在世，理當事業一番。難道就呆此鬱屈等死？看，香港樓股並舉啦！有活力啦！多機會啦！明天會更好啦！廿一世紀係我哋嘅啦！幾經掙扎，又回香江去。哦，五星旗下，人面已非。舊作風不敵新人事。青春難再，時不予我。頓又想起加拿大才是養命的天堂。

飛機在赤鱲角才起飛，坐在機艙的「阿想」忽然又想：咦，落葉豈非不歸根？……。

(1997-09-26)

十八別居

北美土俗，兒女長大，必須「獨立」。才上高中，便滿腦子離家別居的大計。十八歲入大學之日，當是高飛遠走時。就少數不大願意的，在情勢上也得要走，窮嘛！父母撐你出來，好助你向政府多借錢升學。讀罷四年大學，無不背負一身錢債。待債還清，已屆「白頭搔更短」，「子欲養而親不在」。唉！

中國傳統家庭反「獨立」。死慳死抵，供書教學。總要一家老小生活在一起，才算幸福快樂。什麼「異居」「別居」，都是胡俗。我大漢民族恥爲之，要教化之。《北史》卷三六薛慎傳：「蠻俗婚娶之後，父母雖在，即與別居。」卷八二樂遜傳：「蠻俗生子，長大多與父母異居。遜每加勸導，多革前弊。」是也。

中國家庭重視闔家團聚養老育幼。移居西方後，一旦遇上處處搞個人獨立分裂的胡風，子女十八歲竟可理直氣壯，爭做無情無義不知反哺的燕子，能不茫然無措，氣個七竅生煙！還幸，「艱難大」近年更艱難大。舉債不易，還債益難。醒目仔數口一計，自然以黐家做寄居蟹最爲上算。中國的家庭文化，竟因此而悄悄地在這邊長了根苗。善哉善哉！

(1997-09-29)

黃粱一夢

棲身異域而勸兒女學好中文，真個不易。無論新移民舊竹升，對所謂中國文化，實都不大了了。什麼中華文化深，什麼中華文化長，什麼……，唉，除雲吞麵蝦餃燒賣腸粉真個好吃之外，盡皆囈語。

深遠流長，不代表優秀。文化是否優秀，由民族的歷史來判定。五千年矣，我華夏烽火連歲，煮豆燃萁，愈親愈殺得痛快。傷天害理，一樁一樁，少有悔認。自唐代開「史館」後，國史官修。歷史從此由統治者去選材，去「論定」。於是乎竄史護短，乖曲是非。行之千年，習以為常。而國人幾並染斯病，不以為恥。

漢代「黨錮」、明代「胡藍」、現代「反右」「文革」，誅連之廣，冤屈之大，在上者固然乖謬，而在下之幫兇者獸心者，卻何止千萬！如此民族，憑什麼說有優秀文化？

所謂文化優秀，大概是知識分子閉門自吹的牛。這塊用個別文人筆墨血淚自耕的瘠田，在現實生活無乃黃粱一夢。難怪千百年來，每逢稻香禾熟的時節，瘠田上撲面的，仍舊是酸嘶霉氣。且一年比一年沉重。

(1997-10-03)

良醫慘死

呼！子彈從槍膛穿出，電火之間，穿過了宅心仁厚、富有理想之良醫的腦袋。鮮血淹沒了移民家庭幾十年艱苦經營的希望。同時，也戳穿了那所謂民主社會的假面目。誰有權可下此毒手？呵呵，原來在民主社會裏面，只要懶個一窮二白，就可以隨時隨地發難，有「權」去殺人洩「憤」。

「憤」從何來？哦，須知，沒工做，是政府的錯；沒救濟金拿，是醫生不肯簽字的錯；沒租交，是業主催交租的錯。這等無良大懶精從來怨憤填胸，認為社會既錯了讓他出世，就該負上養他一輩子的責任。這是債。你不還，可小心你的性命！

這種似是實非的橫蠻思想，在加拿大深植人心。這是政客煽動，是教育過分渲染爭取一己私利而自種的苦果。自幼習慣，一出言便得盡數對方之不是。自己可有錯麼？Who cares！

中國傳統道德主張凡事先自反省。要常思己過，要莫說人非。西方人則不然。遇禍當思人過，有錯莫問己非。一切不如意，都算在別人身上，聲大夾惡。結果，社會上懶散兇惡者奉旨印印腳白吃，勤勞善良的該日日挨白幹。良醫的血，這趟大概也是白流。

(1997-10-06)

古來多「鴨」

「男盜女娼」。實則，盜不是男專利，娼也不是女獨操。女子賣淫不在說，男子為娼，同樣斑斑可考。故，娼本字為「倡」。無分性別。

古代俊男淪落當娼，朱彧《萍洲可談》卷三，古有彌子瑕、閎（孺）籍「以色媚世」。宋代，「京師與郡邑無賴男子用（男色）以圖衣食」，亦眾。宋仁宗至和年間（一零五四），其濫至於要「立法告捕」。規定「男子為娼杖一百」，告發者「賞錢五十貫」。

美男俊「鴨」，在古代中國社會，買家當然是以富閑而有同性戀癖的基佬為主。亦即無基佬難以成「鴨」業。中國文化向寬容，對斷袖之癖素來隻眼開隻眼閉。到宋代道學詞章文人治國之世而竟曾發展至於「冇蔽鴨籠」。仁宗禁制，搞分桃關係亦不過杖刑，並非死罪。《紅樓夢》第四回寫馮淵「酷愛男風，不好女色」。第九回寫賈寶玉、秦鍾、香憐、玉愛、薛蟠、金榮都涉「龍陽之興」。而馮淵枉死，曹雪芹且尤憫之：「豈不可嘆！」

香港《明報》年初闢欄替「同志」鳴鑼喝道，宣洩 gay 情，殊不遜於多城 Downtown 之基佬遊行也。

(1997-10-10)

錢婿

人生役役，不外爲錢。想生活快樂而沒有金錢，不過空話。即是之故，中國歷史頁頁錢大過人。人者貨，可作買賣。男女皆然。

人肉市場的人貨自是不限女性，也不限學識。有錢思淫買妻買妾，就新中國新社會也時有所聞。買個男的做奴僕，昔亦天經地義。稍稍詫異的，是那飽讀詩書的讀書人的婚姻幸福，竟也可以拿來當貨賣。———例如古之所謂「捉婿」。

朱彧《萍洲可談》卷一，記宋代權貴富裕人家愛在科場中擇婿，叫做「榜下捉婿」。經驗所得，約用一千緡爲「餌」，即可誘使在科場考試的士子「俯就」。噫，十年寒窗，連同父母廿載心血恩德，僅值一千元而已。賤？

讀書人表面清高，骨子裏其實甚賤。區區一千緡，就連精種都可以出賣。那道德良心能值幾許，心照。

在東方，富男固是妻美妾嬌，富女亦不愁夫俊郎俏。潘安貌、狀元才，都堪上釣。蓋愈「成熟」的讀書人，愈知男女愛情之虛幻。「玉在匱中求善價」，賣身豪門配種，殺得一千就一千。與其窮潦「獻世」，不如踏實「錢婿」。一音之轉耳。

(1997-10-13)

時窮節失

　人性自私自利。其所言所述所幹，大多以一己的利益爲準。能夠不以私害公，已算君子。

　嘗問香港學子，中國人該有遷徙的自由否？毫不考慮，都答說有。再問，若中國人都選擇移居香港，那怎辦？結果無不慌忙「轉軚」。仍堅持遷徙自由的，巴仙零。

　曾與研究院諸生論中國一胎政策。從台灣來的，力斥政策之殘酷不仁。從大陸來的，卻道今日中國最棘手的難題是人口過多。若不節制生育，民族死路一條。正朱鎔基近日所指一個人的飯三個人吃的道理。制定國策，該人道居前還是吃飯居先？結果吵足一堂，面紅耳赤，沒完沒了。

　背景不同，經歷不同，立場自然迴異。唯一稍相通之處，是隔岸觀火燒，講風涼話易。與自己利益不相關的，都一臉大義凜然。一及私益，隨可面目驟變，竟同樣都振振有詞。時窮節現。在歷史上能節現的，畢竟少之又少。

　真相是，時愈窮，節愈失。看多倫多一窮，一想到人們來搶飯吃，昔日那什麼不同民族互相包容的信誓，可即時化作加國最不容新移民的無情地。明報月初報道的這個調查結果，國鍵絕不愕然。

(1997-10-20)

天大人亦大？

吳大澂《說文古籀補》載「孟鼎」、「毛公鼎」、「克篡」等寫的那個「天」字，都是「大」字上面加個圓圓的實圈。這個實體圓，今天寫作「一」。三千年前的古人將頭頂上的天畫作圓，即吳氏所曰「天體圜」，科學準確到有點不可思議。

檢許慎《說文解字》第一篇上，「天，顛也。至高無上。」段玉裁注：「臣於君，子於父，妻於夫，民以食，皆曰天是也。」故而，民以食爲天。

人呢？許慎在第十篇下說：「天大地大，人亦大焉。」所以，「大象人形」。遠古，人與天是並大的。不知何故，也許是東漢以後思想封建的腐儒害的事，竟說成是天大過人。復將天人之別，在人倫中妄設尊卑。有些人大，有些人不大。大不大倒沒所謂，最要命的是強貼你個標籤──叫做「小」。小，就幾乎等義於「賤」。在家庭，夫爲大，妻爲小；在社會，主爲大，僕爲小；在政府，皇帝爲大，臣下爲小；在國家，官爲大，民爲小。

中國舊社會，愈後期而天愈貴，人愈賤。大漢文化，確實是每「天」都在「擴大」的。

(1997-10-31)

二流忠義

港股狂瀉，曾司長叫人不要相信二流的經濟分析員。什麼叫二流？倒令人不明所以。因為，第一流第九流又或不入流，皆相對言，無絕對性。曾司長與摩根士丹利二流分析員相比下該列第幾流，大家未必全都知曉。若因此誤信官家，卻大有可能慘吞再崩二千多點的餘恨。故此，他日曾司長若再救市，宜先講明自己的流數。譬如說：我係正一流財政司長，你們要聽我嘅「正一流嘢」，唔好聽「二流嘢」。那司長講話與股民掟錢，必更擲地有聲。

這邊廂 bow 吔曾自褒，那邊廂，與五代馮道同流的鍾老先生，卻反作卑膝語。君若要臣不祝壽，臣豈敢壽。誠惶誠恐，撲身護駕：上司請下屬吃飯，旨在「贏取下屬的忠義心」。直疑時光倒流愈千年，尚生活在關羽、岳飛諸皇權閉塞的年代。向上司效忠義的封建陳調，在民主自由社會直笑掉牙。今日，誓神劈願夫義妻忠尚且以各自偷歡不忠不義而收場，遑論你那隨時炒你魷的老闆？除非有人天生奴性，切志做忠義於主子的鷹犬。否則，吃飯可以吃出忠義心的鬼話，就只有酒肉朋友騙飯吃的時候才會說得出口。

（1997-11-10）

「自由講」

　近日，眾電台早晚興「自由講」。所謂自由講，除了是「自己任由自己講」之外，恐該還有「自己由得別人怎樣講」之義。其間之火氣、拗氣、晦氣、霸氣，都無謂記掛。若爲此而勞氣、動氣、頂氣，真天大的不值。

　須知，世上難有絕真之理。各種主義，各據各理。百花齊放，是園藝的進步。滿院白菊，未免單調。況，人間事理，多如宇宙微塵；書籍知識，浩若穹蒼煙海。生命有涯，所知有限。既有所限，自生偏頗。於是乎類似「少所見多所怪，見橐駝言馬腫背」者（楊慎《古今諺》卷一「牟子引古諺」），人所不免。又何必惡言嘲笑？

　況且，地方不同，好惡各異。朱彧《萍洲可談》卷二：「東南謂烏啼爲凶，鵲噪爲吉，故或呼爲喜鵲。頃在山東，見人聞鵲噪，則唾之；烏啼，卻以爲喜。」是知好惡在於人情，不在於喜鵲烏鴉，亦即不在於物理。

　所以，但凡自由社會，都習慣於諸事八卦，萬眾爭鳴。只要有憑有據，不存心詆毀便是。反怕他日果然來個教條真理，則屆時「自由講」固要收口，就一切人文科學的研究，都要偃旗。

(1997-11-14)

非忠即奸

中國人有種奇怪的信念，非忠即奸。忠者永世忠，奸者永世奸。演黃飛鴻的關德興天天義薄雲天，做歹角的石堅秒秒惡毒淫邪。殊未知忠奸之轉，霎可萬變。爾雖善，而一念未必不為惡；他雖惡，一悟而回頭可以為善。

中國人的忠白奸黑分明論，在史冊上卻載得轟烈。舉宋朝岳飛秦檜為例。岳飛為忠，不過做了兩件事。一件是對中國是好事對金國是壞事的幾乎「直搗黃龍」。另一件是他沒有效法宋室的老祖宗，來個「黃袍加身」，發動兵變。就這樣，就給萬代中國人奉作頂級忠義的好人辦。

秦檜呢？唉，真慘。他只不過奉旨殺了個「忠」，就千秋萬世給人唾罵，說成是「奸」的化身。無端端給人永世釘在「羞恥之柱」上，牽累老婆都給鑄成銅人，長跪杭州岳飛的墓前，成為不講公共衛生的中國人表演吐射黃痰唾液的箭靶。查實岳飛之死，死於宋代嚴防武將的家法。高宗頒旨「莫須有」，身為宰相其地位即如今日北京的總理，又怎敢辯白於口？

替皇上「孭鑊」，是中國歷史傳統宰相總理無可推卸的責任。這又叫「忠義心」。

(1997-11-17)

精神分裂

中國人慣於忠奸一刀切之外，其靈魂深處，復存在著一股只敢罵太監不敢罵皇帝怕殺頭的懦風。皇帝不能罵，一罵便屬不忠。猶如今日一罵共產黨，就等同不愛國。這種尚義畏權的性格，表徵為既執著於忠奸水不容火的同時，竟又深信成王寇敗乃至理。由是，誰忠誰奸，隨時得因權移勢易而可作一百八十度的轉變。在搜求道德人格的心路上，赫然發現，自己原也是條變色龍。

在這種既恆又變的精神分裂下，然後民情才會一面迷戀岳飛例忠、秦檜例奸的此志不渝，而卻又隨風擺柳，唱和忠奸視權、是非因時的哀歌。民也怕死，還是走精面好。《宣和遺事》載，有位膽小的石匠叫安民，接得官府的命令，要把失勢的司馬光等舊黨人名刻在奸黨石上。他倉皇覆說：「小匠不知朝廷刻石底意，但聽得司馬溫公，海內皆稱甚正直忠良，今卻把做奸邪，小匠故不忍勒石。」（頁十二）結果屁股幾乎給那讀過聖賢書的「官司」鞭個開花爛，慌忙刻石去。

中國人良知與實行背馳，在現實生活已習慣於看風駛帆，模糊黑白。哎，人在江湖，休怪。

(1997-11-21)

又談「六四」

　　江澤民主席在美國對「六四」是非的含糊挪移，竟即引起海外華僑的誠頌誠禱。足見「六四」對炎黃子孫來說，確刻骨銘心。董建華叫人放下「六四包袱」，無異於叫原來已屬「阿Q」的香港人，做「阿Q」中的阿QQ。

　　中國文人素來喜歡發思古之幽情，中國老百姓愈年紀大而愈好懷舊。　向後望是中華民族的特性，歷史故事亦因之延綿不絕世世流傳。勸人不要向後顧，那「十一國慶」、「七一回歸」，打後還要不要慶祝？「七七事變」、「南京大屠殺」，日後還要不要悼念？

　　「六四」是中國歷史無數悲劇的其中一樁，受害人多，得益的恐亦不少。八八年國鍵在多倫多大學OISE 碰見的中國留學生和學人，有些確實是一登機就存心走不歸路的。「六四」倒幫了這等知識分子一大忙，替他們的死賴不走添個漂亮的藉口。「六四」後吾爾開希流亡美國。他來多城時，人們爭與拍照。有的固然是出於敬慕，但拍了照後忙著到報館找照片搞居留權的，聞說亦大不乏人。「打完齋唔要和尚」，毛主席說知識分子臭老九，果有斯類。

(1997-11-28)

我也愛國

　香港時局日日新，乖論朝朝有。昨晨聽港聞，某地產商以高價狂吞兩地皮，在眾目睽睽下眼光光「爆肚」，說「家」道「國」。其愛國洪音，震得國鍵心弦碎斷，涕淚交泓。

　買不買地與愛不愛國，竟可大相關連。其中奧妙，非小民可易明解。但懂不懂可又無關重要。總之記著，香港搖身愛國重地，聖火正自高燃。炫映之下，就連那傻兮兮的黃月鶯志士，也痴得要犯險在土地拍賣場拚老命舉手，好托高地價，爲國顛狂。依托地價即愛國論，則今日升斗小民買貴樓捱貴租，亦全出愛港愛國心，心甘意願，偉大情操。而幫手炒高樓價的眾炒家，更屬愛國有加，其獎勵是滾滾白銀入袋來。那群嘈喧巴閉唾罵地產界無良吸血的，俱是不夠愛國的忘八，抵一世窮。

　朝聞道，夕死可也。明日回港要專揀貴樓買，決助地產愛國一臂之力。又或黐起黃志士的興頭，去壯壯烈烈地舉一次手。爲證忠誠，獄將何憾！

　其實，國鍵看亦不必太內疚。棄優薪而移西土，大可說成是前赴海外弘揚中土文化，兼做內鬼唱衰洋鬼子。黃蓋苦肉，不是愛國是什麼？哈哈哈！

(1997-12-05)

中國民主

民主自由，各有各講。

美國之民主，政府由人民產生。人生而權利平等，沒有階級特權的差異，而與民主相輔相成者乃自由。

中國之民主，政府藉人民之名而產生。而人民也者，有著「無產」與「資產」的分別，且各成階級敵對。無產階級要「專」資產階級的政。民主是打倒資產階級的手段，它顯然不是一種人人平等的權利。毛主席在一九五六年的「中國共產黨第八屆中央委員會第二次全體會議上的講話」中說得很清楚：「民主是一個方法，看用在誰人身上……。我們愛好的是無產階級領導下的大民主。……土地改革運動，農民群眾起來鬥地主階級，鬥了三年，取得了土地，那都是大民主。」（《毛澤東選集》第五卷。）民主，是一把刀。所以，什麼民主、自由，統屬「上層建築」。若不拿來搞鬥爭，就要用來「為經濟基礎服務」（五七年「關於正確處理人民內部矛盾的問題」，同上引）。明乎此，才能理解何以美國大喊民主自由的時候，共產中國今天沒了階級鬥爭可講，就唯有大談經濟上的「吃飯權」。想跳出毛思想？豈敢豈敢！

(1997-12-19)

主觀詩人

王國維《人間詞話》第十七條，將詩人列為客觀與主觀兩大別。客觀的詩人，「閱世愈深，則材料愈豐富，愈變化」；主觀的詩人，「閱世愈淺，則性情愈真」。

人，其實亦分客觀與主觀兩類。其分野也在「閱世」兩字。由顛沛流離到離鄉去國，益知人生「別離多，懽會少」。看飽別離恨，自覺無情是有情，有情是無情，總歸無情情。經歷愈多而情愈淡，愈不敢說山盟海誓又或中日友誼世世好的豪情語。

至於閱世淺而又未經世故的人，既漠視於歷史，亦矇昧於幻變。但憑主觀想像，有如亡國前的李後主，直不識世間苦災為何物。「南京大屠殺」？啊！這是上一輩的事。

上一輩苦，誰擔保我們這一輩不苦？我們這一輩苦，誰敢說我們的下一輩就不會苦？歷史相告，民族苦難有續發性。稍一鬆懈，禍招當前。

新一代沉迷聲色。既不讀史，亦不閱世。社會上，主觀純真的詩人多著：他媽哥池好養，蠟筆小新好看，魚生壽司好吃，大丸東急好逛……，日本仔又怎會兇殘如斯呢？

空巴娃，早抖啦！

(1997-12-29)

75

不可得兼

《孟子·告子上》記孟子說，魚與熊掌不可兼得，他選擇了熊掌。朱熹注云：「魚與熊掌皆美味，而熊掌尤美也。」熊掌尤鮮味過魚，孟子所選合理。然，彼等饞掌之輩雖不殺熊，而熊掌畢竟因彼等而斷。保護動物的人士，應當向孟子之流抗議一下。

世間美食，素因人而異。國鍵長於香港，無魚不歡。在南方熊掌雖話珍貴，遇之卻是倒胃。是以人之取食，各有選擇。移不移民，亦該作如是觀焉。

自由我所欲也，抓銀亦我所欲也，二者不可得兼，取捨在於足下也。除生老病死沒得選擇外，人生不過是一場取捨的遊戲。買大買小，注一下，今輸昨贏，今贏昨輸，轉眼都作煙雲散。命題不外一個：你願意拿自由作籌碼，抑或以生活來押注？

「不自由毋寧死」，未死過的人才會說。若真要死，口氣恐不一樣。———求生乃人生第一要義，寧做太平狗，莫作亂世人，這通常是那戰火餘生老兵的獨白。

移民自由，留港抓銀，取捨任人。惟獨太空人兩者得兼。不過，其賭注卻和太空一樣大。宜自問：輸唔輸得起先？

(1998-01-02)

男人姓賴

由中國男權社會制定尊卑培養出來的男人性格，是逢錯必賴。───其中以抵賴女人最為到家，一切衰因女人來。

歷史記，亡商者妲己，毀周者褒姒。男人掌權本已佔盡便宜，遇上失敗不好好自省，反習慣歸咎女人為禍水，算什麼好漢？

中國男人最欠擔承罪責的勇氣。中國文化，成了專搵女人笨的無良文化。就今天新社會新思想，人們仍然以降罪女人為能事。唐亡的賬，如舊要算在楊貴妃的身上；明朝移祚，是陳圓圓情迷吳三桂闖的禍；文化大革命的種種惡毒，是江青女人蒙騙毛主席想效呂后、武曌奪位而幹；九年前的「六四」，流血禍首，呵呵，都推說弱女子柴玲！商紂王、周幽王、唐明皇、崇禎帝、吳三桂、毛澤東、鄧小平，全都無辜的了？

歷史大人物紛紛忙姓賴，微塵小人物倘避諱不姓賴，也得趕求姓卸。最順手是卸罪給妻子。來加拿大捱窮，熏染中國文化滿肚子怨氣的大男人總會不經意地卸：係自己的女人八字唔夾兼腳頭唔好。又或：最衰係聽咗女人話去移民啦。真個去你的！

(1998-01-12)

義工迫人

做工而不索酬，謂之「義工」。義者宜也，善也，有意義也。做義工，在回饋社會，行善助人。在佛家而言，是發菩薩心，行「布施」業，都出自願。故義工英文作 volunteer也。

做義工既發善心，自然是無所求取。若藉義工以謀私利，藉以達致某種個人的目的，便屬不義。加拿大人一向樂於助人，義與不義，分得清清楚楚。只可惜，近日聯邦和安省省府揭盅的新措施，規定新移民申請入籍又或安省高中生要畢業，都須先做義工。一下子將發揚人性光輝的自願工作，變質為「條件」「必須」的強制性的枱上交易。偃苗助長，好心幹壞事。

把自願性的義工確立為制度上的一種「條件」，對義工本身和從事義工的人來說，顯然是一種污衊。而迫人做義工，實亦無異於驅人捱力役，怎講也義不到哪裏去。

在民主社會，作為公民當然要多參與社會活動。但，在尊重人權的社會裏面，人們也有選擇參不參與義工的權利。何況政府此舉亦易啓人疑竇：是鼓勵義工，幫助弱小？抑還是精打算盤，剝削新丁？

(1998-01-26)

爲民服務？

　世間除義工外，沒「爲人民服務」這回事。

　大禹治水，十三年「過家門，不敢入」（《史記·夏本紀》）。目的在爭人心，窺「禪讓」，當「夏后」。群眾讚頌，———偉大的禹！

　西漢末，王莽假惺惺，「收贍名士」、「克己不倦」（《漢書·王莽傳》），同樣深謀遠慮，旨在竊國。

　結果，大禹得位，遂伐「三苗」，搞獨裁，傳位於子。王莽踐阼，專橫獨斷，收民田，革貨幣，民因之「餓死者什七八」，「天下戶口減半」（《漢書·食貨志》）。爲人民服務云乎哉！

　讀現代史，偉大領袖毛主席親筆「爲人民服務」的金漆大字，益堪玩味。

　在楓葉國，情況未必不同。競選時，爲人民服務的口號震寰宇。當選後，一幹起實利，「人民」兩字就例必自動轉眼爲「自己」。才嚷著公帑耗盡炊難繼，拉隊往省府槃馬，淚灑當前。豈知背後齊齊舉手，自己加薪五千洋，話知市民肚皮緊。多城政客，畢竟還未跳出George Orwell筆下「畜牲飼場」的圍柵。寅虎初三，誠禱大家吉祥，得脫苛稅虎口。

(1998-01-30)

「褲練門」

二十世紀美國總統最矚目的醜聞,相信非「水門」與
「褲鍊門」莫屬。門這一個字,果然可大可小。楊修因門
裏加活字而招曹操之忌,種下殺身之禍。美國人沒讀過楊
修,否則不會隨便把門話開就開,何況那用來遮掩是非根
的「褲鍊門」(Zippergate)?

掌大權或發大財的男人,據說背後都承受著超乎想像的
巨大壓力。如何減壓,據說其一方法是去「滾」———類
同於嫖。但「滾」比嫖在心理上更刺激,滿足感也更大。
是以位愈高壓力愈重的,「滾」得愈大。褲鍊,當然也就
愈拉愈濫。

去「滾」的另一個藉口,據稱又因老婆惡。陳季常之流,
給黃面婆管得太緊,為要報復,為要發洩,為要逞一下男
兒的雄風,在外邊玩女人是一個好方法。希拉莉讀法律,
在白宮指點江山獅子吼,夜間大概也不會溫柔到哪裏,唉,
可憐的克林頓。

當然,作為總統因那話兒不聽話而給天下觀笑,拉開褲
鍊之前,確應先冷靜一下。

(1998-02-10)

回頭回流

苦海無涯。回頭，卻未必是岸。

人世苦，因爲有物質名利的慾望。聲色犬馬「眼耳鼻舌身意」，一墮便情慾無窮。無窮的慾，生出無盡的苦。佛家叫人修煉，「色即是空」，一空即登佛土。宋儒叫人「存天理、去人慾」，人慾一去，頓獲心安。

登佛土、獲心安，都仗修爲。亦即要通過參悟、讀書、明理等手段，由此苦岸而渡彼樂境。佛家「度」（渡）這一個字，用得精采。

既然是「度」，何必「回頭」？勸人回頭，豈非叫人重返舊地受苦？

所以，脫離苦海的方法，不是回頭，也不是回流。回頭回流，只會更苦。在苦海兜轉而不生悟，徒然白捱白過。

脫離苦海的方法，是奮力渡前，誓不退後。佛界、天堂諸至善之岸，都在前面，不在後頭。

苦海無涯，回流無岸。流來流去，仍係苦海。不回流、不回頭，無慾無求心安樂。上了岸唔駛捱，最令人神往。是以親友相逢，每多好問：———上咗岸未？

(1998-02-19)

嘩！英雄

據《明報》，二次大戰納粹德軍集中營猶太人的救星大英雄舒特拉，竟將妻子遺棄在阿根廷，還害她揹上一輩子債。可憐她晚境淒涼，靠阿根廷政府接濟。

原來，靠害妻子，英雄本性，古今中外俱同。大英雄在外邊搞革命，幹大事，或弔民伐紂，或慈悲濟度。對待自己的糟糠呢？性甚涼薄。

大禹治水，十三年過家門而不入，對妻子極其情絕。當然，情絕還未及殺絕。漢朝那英明神武的漢武帝，更來個立子殺母的故事，為使「不令婦人復與國政」（《北史》卷一北魏道武帝語），竟將太子的生母即自己的老婆都幹掉。

所以，成大業者不計撇其妻。不幸嫁了大英雄，宜好好準備，「紅顏未老恩先斷」，———下半世要過「守著窗兒，獨自怎生得黑」的孤獨生活。

毛澤東《答李淑一》，「我失驕楊君失柳」。毛夫人楊開慧慘死，所謂憶念，也不外淡然一句「吳剛捧出桂花酒」。

桂花酒？嘩！英雄。

(1998-02-26)

多閹一次

　有位同宗，在《明報》專欄撰文，盛讚鄭和下西洋，「善良的中華民族沒有趁這些活動向海外揚威耀武、侵略劫奪」。鄭和新解，佩服佩服。

　佩服之餘，卻不免替鄭和暗抹冷汗。寫文章服從政治，歌頌祖國，自溺於「做個有國際地位的中國人」，屬主觀感受，本無從置喙。然而鄭和生前給閹割做太監，沒料身後五百年在精神上慘遭多閹一次。愛國文章若給明成祖看了，龍顏一怒，九泉之下，腦袋難保。

　乖曲歷史，文革之常。不過，基本上，仍尊重史實，只愛隨意演繹強立異說，莫奈之何。今則同宗鴻文，竟連史實也少顧。鄭和下西洋，據《明史·鄭和傳》，擺明是「耀兵異域」，欣喜於「所取無名寶物，不可勝計」。鄭率領六十戰艦二萬軍士，勞師動眾，不是承旨去威嚇弱國歸順，難道是去遊船河？

　宣宗罷使，不因中國人善良，只歎銀彈耗盡，國力漸弱。超霸會係大好人？唉，傻豬。

(1998-03-03)

除四民

　　古有除三害，今有除四民。除三害的，是晉代人周處。當日三害，是「南山白額猛獸」、「長橋下蛟」、和周處他自己（《晉書》卷五十八）。周處殺獸斬蛟，兼改過自新，做官「不避寵戚」，千秋留名。

　　今日大喊除四民的，是港人。四民，大概當係黃、賭、毒之屬。至於是否包括大喊十如周處故事，則不得而知。不過，香江傳鴿，所謂四民，原別有所指，實乃平日得閒無事搖電話打擾官家電台的四類刁民：罵中國政府之賊民、罵董建華之頑民、亂中亂港之亂民、唔肯順從共產黨之逆民。除此四民，天下自然安靜而歸一。———都做順民，全不吵耳。

　　毛主席曾教導，做共產黨員要「絕對不應盲從，絕對不應提倡奴隸主義」（《毛語錄《第二十八條》》）。鼓吹做順民，無異於提倡奴隸。讓不聽毛主席話的人坐在革命首都神聖的殿堂上囂囂然以工人階級老看更「幫我按電梯」而自矜，公然行封建，真係冇眼睇。

(1998-03-17)

杜之未萌

十五世紀以降，居住在南洋的華僑，迭遭殺害。印尼今猶死灰復燃，益教移居加國的華人，知所警覺。

華僑受迫害，部分乃咎由自取。何解？第一，華人向來怕政治。參與政治，義同殺頭。這種奇怪的遺傳密碼儼如魔咒，一啓念便嚇人發抖。經濟天才，政治白痴。社會一有拗撬，必先遭殃。

第二，政治實力的建立，全仗參與，依靠團結。可惜陳年舊訓「修身齊家」然後「治國平天下」，今日猶誤當爲真，競先來個獨善其身，各掃門前雪。倒不知歷史代代用血說明，縱使絕了紅塵，政治上一旦刀光橫掃，無一可避其鋒。

民主政治，是團體角力。背後各有大利益，各有大道理。聯邦政府近日發出的新移民法和入籍法，若大大損及華人利益，作爲華人，爲何不齊起反對？語言，是盛載文化的工具。今日規定語言，誰保證明日就不會限制文化？沒錢，不辦英文班好了，何必藉辭立法，強掏新移民的瘦腰包，不是太過份了麼？

(1998-03-19)

束手待斃

中華民族，是個習慣用腳投票的民族。看歷史，國內常見的大移徙且不論，那流往國外的，自漢代以還，亦斑斑可考。在國勢衰弱政治動盪，又或是異族入主備受欺凌的時代，人，就走得愈多。

宋代積弱，內憂外患，在民族主義澎湃之下，走的人反而更多。遠赴南洋，一遷而成風。元代乃蒙古異族政權，東南沿海例如福建廈門之民，逃往南洋避禍者甚眾。明代鄭和下西洋，好哇，有中國撐腰了，加上華人那天生的刻苦耐勞，財物之積，幾可敵國。

可惜，在政治一環卻勢孤力弱。原住民因經濟利益挑起的政治動亂，大多以屠殺華人作收場。今日印尼排華，實五百年來舊物。未讀好南洋史而自投屠龍地，死於盲目。

要移民，舉世最佳楓葉國。有民主法制，有多元文化憲章。不過，加國華裔若猶怯於參政，仍舊想著用腳溜避而不知多點用手，恐必步南洋同胞的後塵，因束手而待斃。

(1998-03-24)

新陋室銘

唐代劉禹錫作《陋室銘》，自詡不和俗流，雖居陋室而自樂，時人莫不重之。世有大德「錢如命」，極不屑劉氏之迂，譏之曰「傻」。小子不敏，敢代正劉文，顏曰《新陋室銘》，以奉大德，順申心死後當追隨左右之意。蕪曰：「山不在高，有錢則名。水不在深，有銀則靈。斯是金屋，惟吾鈔馨。金條滿階黃，銖香入簾輕。談笑有資財，往來無賤丁。可以調美酒，閱股經。無梵音之亂耳，無刻苦之勞形。錢子云：『何陋之有？』」

如此佳篇，正合下世紀有錢大晒的潮流，當列全球必讀範文。至於昔日之重義輕財、賤利貴德，迂腐到臭，早該扔往茅廁去。

今者論人，以家厚為上；論品，以錢多為優；論識，以富門為高；論學，以財閥為廣。誠西晉魯元道《錢神論》所謂：「錢之所祐，吉無不利，何必讀書，然後富貴。」二十世紀而高舉三世紀西晉的唯錢價值觀，這是進步還是退步？

(1998-03-31)

侃言中立

直教主持電台節目的難過。空氣中就怎樣慎言，也不免
要捱義氣做聽眾的箭靶。冷箭八方四面，都說為了維護
「中立」：要提點閣下，在馬鞍上坐姿倘稍歪斜，嗖的一
響，你必定慘叫一聲———墮馬。中箭而橫死，未必知其
所以然。明明已是「中立」到盡，不虞狗血依舊照面淋。
何謂「中立」？你講！

唉，光火且慢。君可知，世上從來沒「中立」。但凡議
論一涉價值判斷，即無中立可言。今日人們侃侃而談的，
充其量只可算是「不偏袒」（impartiality）。不偏袒也者，
是罵左之時，勿忘罵右。而罵的力度，必應如代數方程式，
左右兩邊須相等。亦猶美國佬之對華，賣了億元飛機給台
北，若不售億元防空火炮給北京，愛國人士將必痛罵美帝
反華不夠中立，卻正中了美國軍火商的下懷。

L.Kolakowski 曾經問過：假若有婦女在你跟前慘遭色魔
強暴，你會否袖手旁觀，嚴守「中立」？

此之謂道德抉擇。

(1998-04-02)

華夷之辨

迂腐的人，頗好華夷辨。辨清楚了，我華你夷，有種奇怪的滿足感。殊不知華夷誰屬，向來說不準，但看立場。

沈石蓀、朱昆田《南北史識小錄》卷十三，在中國南北朝時代，南方罵北方爲「索虜」，北方斥南方爲「島夷」。北方雖中原正朔，給鮮卑統治，華亦爲「虜」。南方地本蠻夷，受辱固無話可說。楊衒之《洛陽伽藍記》卷五，載公元五一八年宋雲出使西域，見外族吐谷渾的風俗政治，「多爲夷法」。國鍵認爲，此「夷法」者，實南朝華制度也。

虜夷互詆，猶如現代史共產黨譏國民黨爲「蔣幫」，國民黨誚共黨曰「共匪」。誰真個賊匪？歷史家考起。

因此，移民者「夷」，不移民者「華」，甚不好說。中國文化，華夷之別，未必全看膚色居地。國鍵雖在多城，生活習慣和思想理念，仍百分百華。至於回歸祖國懷抱的愛國人士，在黃土地上卻生活西化思想崇洋的配不配叫做華，國鍵倒不便議。

(1998-04-09)

同弱相憐

　　一九二零年代，美國《The New York Tribune 》的駐北京記者 Nathaniel Peffer，著《China: the Collapse of a Civilization》，落筆劈頭便說，中國問題難事有三：佔全球四分一的龐大人口、根深蒂固猶具生命的古老文明、受西洋衝擊兼時代壓力下其文明之精神與形式必須謀變以重建社會。

　　舊題今議。人口？由四億而躍至近十三億，足三倍。文化？仍屬吊鹽水式，幾十年東拉西扯，頂多算是和衣洗了個澡，自已捶心捶肺捶打一番，風乾之後仍係故衣一襲更縮了水。社會？依然在洋鬼子的科技與時代的巨輪下殘喘著氣。由於忙著掙飯吃，精神文明容肚飽後再算。

　　以此三者問加拿大，窘迫竟又相若。加國論人口，弊不在多而反在太少，同樣妨礙發展。論文明？其咎不在太老而卻在過新，投懷西歐抑送抱花旗，神魂不定。要建立自己的文化和社會？路遙遙兮乏力。中國加國，一老一嫩。同弱，故相憐。唉！

（1998-05-05）

血仍是冷

日本仔拍《自尊：命運瞬間》，美化侵略，歌頌東條英機。

任何戰爭，必有個漂亮的藉口。發動者也許一人，參與者委實全國。大和民族是一個強悍齊心死要面子因之永不認錯的民族。他們相信，二次大戰擊敗日本的絕非中國，而係美國佬的原子彈。痛定思痛，只輸在核技術不如人，敗於失算花旗國。對於侵略中國呢，明代以來已然，甜頭太多，怎會有錯？

既然沒錯，將「解放」亞洲的聖戰視爲罪行而強加東條個人身上，豈不冤哉？就有恥辱呀，也該由大和民族負，爲什麼老要他一個人擔？

血仍是冷。軍國主義自幼舞刀弄棒，「生命瞬間」，虐殺千萬中國人，何曾眨眼？東條無乃大和好兒女，魂祠「靖國神社」。若美國佬鬆一下鏈，包管東條第二第三即現身。

只有人命草賤愚寬愚恕的中國人，才會相信日本已洗心革面。可知東條這類無恥一談「自尊」，東京鼙鼓，瞬間即可動地來！

(1998-05-28)

不惜一切

　　爲了捍衛港元，領導人信誓旦旦，要「不惜一切」。
　　「爲了ｘｘ，不惜一切」，是富有愚公衝動的中華兒女的口
頭禪。慣聽的有爲了發達，不惜一切；爲了整容，不惜一
切；爲了升職，不惜一切；爲了戀人，不惜一切……。前
幾年新添：爲了移民，不惜一切。
　　在中國，絕少會爲道德而不惜一切的。爲爭風呷醋而不
惜一切者卻多著。人心深處，道德的地位未必及得上一姝
惹人憐香的妓女。
　　《鐵達尼》，爲一個女人而葬身海底，謂之「偉大」；
「天安門」，爲道德良知而粉身碎骨，那叫傻瓜。
　　今日國家領導人高喊不惜一切，興奮嗎？中國歷史，秦
始皇築長城、隋煬帝鑿運河、毛澤東大躍進，幹起來都是
不惜一切的。結果俱死人無數，遍地哀鴻。
　　「死而後已」？倒請放心。爲保權位爲求活命，屆時他
自會又他媽的———不惜一切！

(1998-06-02)

華猶殊別

聞說，在加拿大害朋友，最毒方法，莫如慫恿他們開酒樓。

酒樓，當然指專服務華人那種。市場狹、競爭大。想賺大錢，簡直神話。要傾家產，倒是易如反掌的。

人說華人與猶太人相似。我看相差甚遠。大家雖都飽經災患，也曾有過給外族大規模屠殺的經驗。但，事實告訴我們，猶太人愈經戰亂愈團結、愈齊心。中國人呢？千年戰火帶來的啓悟不一樣。燒成的不是同心，而係「夫妻有若同林鳥，大難臨頭各自飛」。———唔係你死，就係我亡。民族根性，良性競爭少，惡性淘汰多。你死你事。

在多城，叉飯賣九毫九，可謂一啖叉燒一啖血。滴著的不是蜜汁，而是鮮血。好，就看誰先滴乾血，關門大吉。

植根海外而不互相扶持，守望相助，反而窩內鬥、爭一哥，想族群壯大，難之又難。今日人們將華猶相提並論，對華人來說，未免抬舉。猶太人聽了，可不一定高興。

(1998-06-18)

忽又國慶

歲月流轉，明天又逢國慶。O Canada，生辰快樂。

猶記八年前入籍，儀式中一闋 O Canada，百般滋味。堂堂中國人，落籍異國；皇皇炎子裔，歸化他邦。在加國捱足三年零八日，以後可天空海闊任我飛，這固然喜。但，這莊嚴的身分的遽然變易，又怎能不戚慟於懷？

入籍那天，心情複雜，沒有慶祝。以後，每逢國慶，都會哼句 O Canada，以誌不忘，順帶提醒腦袋：今日變身外國人，全靠「地球村」、「多元化文化」這類含糊的概念支撐。 此外，還得多學點禪理，———人世彷彿，管他是非對錯。

融入本地，還看本地的容納度，未必一帆風順。不過，唱 O Canada 比諸母國歷史殘鏡毛主席站在天安門樓台上鎖眉高吭「今天———中國人———站起來了」而奏的「前進、前進、前進進」， 竟更感親切。

站立太苦，前進乏力。國鍵情願安坐異鄉，春花秋月。

(1998-06-30)

歸老新亭

鄉土情深，國家情淺。在絕望的時候，想起的總會是老家而不會是國家。唔信？請看《亂世佳人》Scarlett 演的最後一幕：只要故園土還在，明天就有一絲希望。

將愛國心混作思鄉情，夾雜糾纏，死命不放，最笨。論瀟脫，要學古人。宋代張敦頤《六朝事述編類》（見景明刻本《古今逸史》）卷上樓台門第四「新亭」有詩云：「滿目江山異洛陽，北人懷土淚千行；不如亡國中書令，歸老新亭是故鄉。」唉，五胡亂華，晉室南渡，失了半壁江山雖可哀，但，最教人痛哭的卻不是「國」而係「土」。還幸鄉土情易隨人遷，北歸無望，何如落葉新亭？

禍亂千年，國情太重，小腦袋未必容載得起。只有兒時那輕快的家庭樂、豆芽想，一花一草，或足惹人牽夢。

俱往矣。在加拿大，有「太古」、「新旺角」、「香港仔」。要效歸老新亭是故鄉，不難不難！

(1998-07-07)

專欄悟覺

　　人說寫專欄難，此言不假。寫專欄猶同做人———你說難不難？

　　專欄的方界，和人生的框框籠得一樣緊。字數一限，就三頭六臂，也只許縮短，不可加長。直如老天爺賜你壽數，你僅可自裁，無權加壽。「天增歲月人增壽」，一廂情願。現實是，生物時鐘「終」一聲，那就「閻王要你三更死，誰敢留人到五更」。

　　寫專欄，似日流水。其中甜酸苦辣，貼如人生之生老病死。精神若佳再加點運，信手拈來，活然生采。心情不佳，精神萎靡兼文思阻滯，趕文付稿，慘同老病，大有「吾老矣，無能為也矣」之哀。最惱人的，還是他朝有日報刊主事突然擲電叫停，情如猝然橫死而終壽。話死就死，生命本是如此，倒不必討個什麼的理由。

　　故曰：做一日和尚敲一日鐘，寫一天專欄搖一天筆。生榮死辱，走紅撞黑，萬勿介懷。

(1998-07-09)

有生之年

年來聽專家論國事，間扯上一句「有生之年」。例如：
中國何時始有真民主，有人說，他「有生之年」看不到。
香港經濟何日可全面復蘇，港大經濟名教授在電台直言慨
嘆，他「有生之年睇唔到」。

每聞「有生之年」，國鍵必為之一愕。第一，論者沒報
歲數，他的「有生之年」難以推計；第二，就算知道了論
者的年紀，拿來推算亦屬徒然。因為，聽者不知論者餘生
的壽數，其短者或剩一日，其長者或餘百年，堪差一世紀。

所以，經常用自己「有生之年」來論事的人，宜先報所
餘陽壽，否則屬於「靠估」、「靠嚇」，是惑亂眾生的信
口雌黃。其言若出於研究社會科學例如經濟學的專家之口，
則其不科學的態度，尤令人失望。

話，不要講得太盡。作為公眾人物，更要持平謹慎。天
機不可知，世情難逆料。閣下若非能知未來勝神仙，伊之
「有生之年」還是留待私下發噏風始用之為妙。

拜託。

(1998-07-14)

97

迷信誤國

中國人迷信。古自殷商，已流行占卜。事無大小幾乎都要去卜一下卦，問一問鬼神。不信經驗信卜辭，斯風直可禍國。

且舉一例：公元四三九年六月，北魏太武帝征伐涼州沮渠牧健。大軍出發前，吩咐穆壽好好守禦京師平城，提防與牧健結盟的草原民族蠕蠕（柔然）來襲。可惜，穆壽篤信卜筮，誤聽公孫質的占卜，謂蠕蠕必不來犯，遂全不防備。不意三個月後，蠕蠕果如太武帝所料，入寇平城。「京邑大駭」，幾乎失陷。事見《魏書》卷四《世祖紀》及卷三三《公孫表傳》附質傳。

所以說，卜祝之類，只宜民間茶餘飯後愚夫愚婦求個安心。若攤上政府殿堂，用之經營國務，則未免兒戲不負責任。香港的董特首，情如穆壽，公然講風講水。原已迷信的港民，迷上加迷。於是乎寶鼎折足、花車奪命、九七暴雨……，言之鑿鑿，信心的怯崩，殆不始於金融風暴。

(1998-07-16)

夠晒刺激

歷史家錢穆先生在《中國文化史導論》弁言中云：「文化非刺激則不能持續而發展。」甚是有理。人類每經一大戰之刺激，其文化總跨進一大步。在中國，思想文化的躍前，都在大動亂的艱苦時代。至於無風無浪生活平淡的加拿大人，其文化之增進自然快極有限。

香港哩，今年最刺激。股樓齊坐直升機，凌空突然改玩跳降傘。慌忙一躍後，才省起未知張傘的拉掣何處，可刺激啦啩。此外，天災病毒，執笠裁員，每天只要一眨眼，包管必有新刺激。依錢穆先生之說，香港文化沒理由不一天天進步快。近日赤臘角的恐怖劇，已然刺激到盡。可惜，囂張浮誇自以爲是的港式文化，卻依然紋風不動。

香港人，連同其領導人物，在無日不刺激當中仍舊懵然相覷。邊個曉得答？葉局長在立法局一記茫然回首，道盡香港管治文化的虛薄浮淺。虛不受補，浮不濟事。年來慘痛刺激，竟都枉然！

(1998-07-23)

忍者歸

暑假甫始，「忍者歸」又大舉活動。夫「忍者歸」也者，是忍足三、四年楓國悶到發嘔的生活，終於放監在望，歸港有期的甩難一族。論其人數，恐自不少。特別去年五、六月間，最為搶鏡。

斯時，香港回歸祖國在即，一地歡騰。在這邊的「忍者歸」也執拾行裝，笑逐顏開。年輕人的電台節目，天天傳來眾「歸」的宣言：在呢度忍夠喇，明天返香港喇！唔該順便點首歌俾留在呢度嘅阿朱阿九聽，祝好運喇！

就 CFMT 的「有文化俱樂部」，也搞足兩節送行秀。大有一歸便成生天，淹留即是死地之慨。

誠祝自覺幸運的「忍者歸」回港後一帆風順，如意吉祥。老闆跪你跟前，金銀求你納袋。一切一切，太美好啦！

誠願滯留在這裏的，齊心一於再忍，忍得雪消見春明。加國不同澳洲，沒有「單一黨」，英雄不乏用武地。如有實力，何必做「歸」？

(1998-07-30)

一齊墮落

香港人，十年間，移民與不移民，一起墮落。三、四十歲盛年，矇查查移往番邦。武功廢，銀兩薄。空餘悲怨，輾轉難眠。———奮鬥半生，略有收成，何故忽爾今朝咁墮落？

在香港的新紮，卻正別番風光好景，未經雕琢便飛黃。才二十六、七歲，已是主任、副校長、經理……。剛三十出頭，而官拜司級，貴列校長、董事總經理者，亦絕非稀怪。總之，八十年代中期出道的，話升就升。炒股賺股，炒樓賺樓。一切，不費吹灰。

經驗缺，磨鍊少。責任心和警惕心罕有。職位與能力，瓣瓣不相稱。人的質素和社會的風氣，不自覺同時墮落。墮落到集體催眠：有福星「照」，有中國「撐」，大可安心不設防。

夢斷了，原來盡是幻覺。移了民的自黯和留於港的自炫，都無根虛妄。以後，彼此倒不必再吵什麼移民不移民好。一覺醒來，嘻嘻，大家原都同溺苦海，正在沉淪。

(1998-08-04)

寂寞難耐

真正的君子和真正的知識分子，命中注定，一世孤獨。

《論語》卷八《衛靈公》，子曰：「君子矜而不爭，群而不黨。」據朱熹的解釋，君子莊重持己，無乖戾之心；處眾以和，然無阿承徇袒之意。

世情顯示，「不爭」「不黨」正是知識分子君子的死穴。你若不爭，就被淘汰。正所謂執輸行頭，慘過敗家。你若不黨，就給排斥。一聲「唔係自己友」，保你孤掌難鳴。生在二十世紀而秉承孔老夫子君子之風，可真糟透。你將沒有金錢，沒有地位，沒有朋友。貧苦寂寞雖難奈，但這是你的宿命。

識趣的，轉做假知識分子、偽君子。表面不爭，暗裏爭；表面不黨，暗裏黨。趕快去參加各類「雅集」。詩詞歌賦琴棋書畫「切磋」後，交朋結友，蒐集情報，臧否人物，方是實務。須知世之雅集大多不在乎雅，而貴乎集。順帶天九麻將，復又何妨？

(1998-08-11)

不愛文藝愛官財

在中國，真正從事文藝工作而有好收場的，萬中無一。原因是，中國人對於文藝這一類玩意兒，向來不大尊重。

國史之中，文學藝術，不過娼優。文藝盛世如漢朝，大文學家、史家司馬遷，亦不免慘受「腐刑」而「意有所鬱結」。司馬相如、楊雄，俱非得志。畫家若毛延壽者，話誅就誅。唉，文士畫客，屁用。

輕視文藝，是中華民族的傳統。粵劇大戲，台上唱得汗淋浹背，大珠小珠。台下哩，卻是喧嘩雜擾。嗑瓜子啦，聊天啦，抽煙啦，吐痰啦，叫賣啦……。老子是來「消遣」的，自可任意！

在中國人的心目中，文學書畫戲曲雜劇，原都是沒大出息的賤貨。有種的，去做大官發大財，才是正途。官財官財，幾千年來民間思想不易改變。就死，也躺在「官財」裏，方覺安心瞑目。漢人喜歡預買棺材，鬆之且不釋手，看來大有道理。

(1998-08-13)

103

克仔頓的戲

　　美國的好萊塢，是當代影壇的霸主。美國的白宮，也是現世政治舞台的台柱。

　　好萊塢和白宮，近月都好戲連場。尤其政治舞台上，更獻演了一兩齣扣人心弦的活劇。一齣是屬於三級的色情戲，劇目叫「獨眼老友睇牙醫」（The President Took His One-eye Friend To see His Dentist），男主角克仔頓。女主角露葷絲姬，是一個白白胖胖相貌平凡的女子。劇本據說是男主角自編自導的，可見其精力過人，吟才橫溢。內容且很有中國佛道的氣味：「假亦真時真亦假，無為有處有還無。」在真假有無之間，萬大事都可以在不了之中而自了。

　　此外，在對白上，又大搞「詞意學」，全力討論性交戰之中什麼才叫做「關係」。劇情的中段，還加插了一個新詞，———「不恰當的接觸」（inappropriate contact）。將「關係」一轉而改作「接觸」，確實可圈可點。其中語義即時含糊廣泛到極點。近距離例如在路上誤觸別人的衣服，中距離例如搖電話給朋友而意外地破壞了朋友正享受著的歡樂，遠距離至如外太空經億萬光年旅程而射來地球的無厘頭的音波，又或人類向虛無的宇宙胡亂射出的信號，全部屬於這範疇。

　　上半場落幕，女主角淒然相問，知否「一射便成千古恨」。克仔頓昂首暗笑：「吾心即宇宙，宇宙即吾心。」

　　對於參悟宇宙人生的顛倒混沌，他果然是個高手。

(1998-09-01)

對獸彈琴

摯友往遊日本畢，匆匆賜我電子郵，問家國大事：帶團的那位年輕日本仔導遊，天天咬牙切齒，力稱日本仔從未侵略（invade）或佔據（occupy）東三省。因為，據其在日本某大學所做的「研究」，東三省本來就是日本的「租借地」，「租約」（lease）今藏大英博物館。既然是「租借地」，就不存在什麼侵略佔據的問題。倒反是中國人簽了租約不認賬，不時襲擊在那裏生活的日本人，威脅著他們的性命和財產的安全……。

中日戰爭罪在中國的侃論，團友們都為之氣窒。卻又無言以對，乾巴巴惱在心頭。

唉，無恥，自然厚顏。晚清迄民初軍閥割據期間，政府腐敗無能，在日本威迫利誘下，一堆堆糊塗賬，萬縷千絲，確實不易理出頭緒來。但，最簡單不過的是：就真有所謂「租約」，數十年來，日本人可真交過租嗎？

有人持刀槍闖進房東的房子，硬要人分租他一個房。得手後，惡形惡相不交租，還處處喊打喊殺，幹虐殺房東陰謀奪產喪盡天良的勾當，不是禽獸是什麼？

論兇殘變態，侵華日軍與印尼暴徒，未必有太大的分別。殺人放火後，都一樣振振有詞，大條道理：誰叫你先欺負我哩！

對禽獸講道德，仿如對牛彈琴，牠們不一定聽得懂。

(1998-09-08)

文化建於自覺

　　現代西方學術界的巇視中國，其來有自。一九二六年面世的高本漢（Bernhard Karlgren）《語言學和古代中國》（Philslogy and Ancient China），就曾勸中國人拋棄漢字。若不砸碎中國那古舊、白痴的（idiotic）書體，不改為英文字母的拼音，就難追上西方文化。

　　純用洋人的角度看，現代的中國人，確實是不大有文化的。你只要往唐人街茶樓喫一次茶，即可了然。才坐下，送來的總不會是柔細的樂聲，而必會是震耳欲聾的嗓浪。無時無刻都大吵，這叫做文化？

　　欠缺文化的不僅鬥吵的耳，還加狂抽的煙。一大口一大口臭煙縷，撲你一臉。你苦痛時他快活。頗文明的一枝香煙，叼在中國人的唇邊，很容易就變成是野蠻。

　　中國人硬逼人「同享」的，絕不限於從口噴出的煙毒，還有口內橫流的涎液。同檯吃飯，三唔識七，人們竟可以一邊咳嗽，一邊舉箸，拚命把沾滿他自己唾液的濕濡濡的私筷往菜餚中亂插、亂翻。間中，且會慇懃地夾你一件。你若仍有胃口，那才美之為有文化且不遲。

　　今天，西方人抽煙，背著人抽。喫茶聊天，悄悄的靜。防唾沫傳病，又甚於防川。這叫自覺。

　　沒有自覺，就沒有文化。中國人今日首要反省的，不是方塊漢字，而是生活文化。

（1998-09-22）

門第消融

在殖民地的封建時代，不同階級各有文化，難相逾越。香港的五、六十年代，凡出身香港大學的，都是精英，在社會上是貴族階層，高人兩等。 六十年代中期由雜牌軍湊成的中文大學，本來就是醜小鴨、二奶命。畢業後想和大婆仔爭一日長短做ＡＯ，哈哈！妄想。政府的建制，豈容得下讀中國詩書講民族大義的「腐儒」？就投身社會呢，謀職也未必容易。薪金，當然要比港大的少一截。

所以，有幸結條港大呔，揹個「明德格物」小書囊，手持一卷「雞腸」《莎士比亞》，自可逍遙逛市，魅力足以電死人。其時國鍵傻頭土腦，穿中大「冷」，拎《梁實秋》，還道很威風，真的笑死人。

臨淵羨魚，何如退而結網。國鍵在港大結網的時候，也曾刻意買條綠色校呔吊在脖上張揚一下。感覺竟是，——唪，唔係又係人一個！

七十年代後，當高貴的香港管弦樂團紆尊到為流行歌手做伴奏，在大宴小會中做陪襯，國鍵就知道，港大春水不復流。殖民地榮華富貴高不可攀的港大優雅文化，已給時代巨輪嘎聲壓破。新上場的，是不分尊卑老嫩的平民通俗文化。套用錢穆夫子的理論，叫做「門第消融」。

至於階級門第消失後當改行什麼社會制度，這正是唐代迄今千多年來還困擾著中華民族的老問題。唉！

(1998-10-13)

示乜威

去年，溫哥華舉行亞太經合會議。學生哥兒初生犢，不自量力去請願。結果給皇家騎警拉到飛起，被「胡椒辣霧」噴個半死。

求學少年，無權無勢復無財，究有什麼威可以示人的呢？報載他們去「示威」，讀之笑掉牙。

世間最有能力去示威的，不是手無寸鐵的學生，而係號令三軍的猛人。在加拿大，信是我們尊貴的總理先生或其辦公室之類。這等手握大權的人物，要向得把口的孱弱書生示一下威，可易如反掌。

掌一反，先祭出的通常會是警棍。迎頭亂扑，哀哀學子，滾地血流。誰膽敢再說官不威？若揮動警棒不奏效，還可以添威：放催淚毒氣、射橡膠子彈……。至於要出動到坦克裝甲車狂軋亂掃的，那叫做「示天威」。

在亞洲，給砍頭的通常是民眾，搞示威的大多是官家。秀才揦大兵，高高在上的統治者如蘇哈托之流看了，必會笑彎腰。誰威誰不威，不單可以立判，就犯上與官家對抗亦即叛逆這一條死罪，在「叛而不討，何以示威」的以殺服眾的大道理下，已足砍個痛快。

所以，儒生蟻民當須記：伊輩賤無威。孔夫子教落，若真想有所示呢，也只可以是示仁、示恕、示愛。在刀俎之上，切加示卑、示恭、示服從。

此之謂「亞洲價值觀」。

(1998-10-20)

風塵托托

在楓葉國的郊野，最怕遇熊。遇熊猶同見紅，要你的命。

各地股票市場，近月同樣熊氣薰天。嚇得美國連番減息，望免熊吻。可惜熊倒未必因此而匿迹，卻先連累行mall食息的退休老人發息慌。壓榨老人家紅簿仔那雞碎的利錢去防熊，是謂「敬老」。

在提倡敬老的東方社會如香港，則大顯仁者風範，寧取千年古法，致力於「托」。可三千年的民族托史證明，只要力托，萬事皆吉。不信？且看擾擾凡塵，托迹斑斑：托大腳、托人情、托水龍、托手踭……，滾滾托成生活文化的精華。由是，香港政府動用千億港元去托股托樓，實承古來以托解災之一脈，有何不妥？何況就此一托，嗜血大白熊若索羅斯等，不都負創鼠竄了嗎？

所以，姑無論抗熊、抗紅抑或抗洪，成功的關鍵全在乎托。托之則可成事，不托只會敗業。因害怕紅色統治而移民外地的人，對此必有更深刻的體驗。異域蒼茫，理當翻然悟覺：抗紅的方法原來不是溜，而是托———托北大人的鴻福。今天董建華呼籲港人秉承中國人托泥抗洪的刻苦精神去抵禦泡沫經濟的巨熊，實乃長者睿智之良言，不聽者吃虧在眼前。托哉！托哉！能托就好。

「木村拓哉」在港走紅，信因「拓哉」順耳。至於國鍵在加無恙，則只係———托賴。

(1998-11-03)

錢作惡

新馬師曾一曲《萬惡淫爲首》，至感人心。唱腔雖然獨步，但萬惡淫爲首的論斷，則未必正確。

《金瓶梅》開卷陳義「酒色財氣」，以財色「更爲厲害」。而財色之中，「財字便更甚於色」。因爲，「沒有了財，便沒有了色酒氣三者」，亦即財方是首惡。

書中西門慶大官人買通王婆撮成勾引潘金蓮的淫事，皆仗「家有萬貫錢財」、「米爛成倉」。米多到爛，順道心都爛埋。這是人性，也是物理。飽暖思淫慾，放四海而皆準。

西門慶外，現代米爛負心的色漢亦甚多。八十年代神州開放，猶如洪太尉在龍虎山私自揭了伏魔殿門的封皮。妖魔出柙，天翻地覆。區區一個在大和樓擺抬抹凳只聞肉香不知肉味的窮鬼店小二，一過羅湖橋而搖身變爲左擁右抱大魚大肉的淫蟲闊大爺。千載機會難逢，不狎妓飲酒玩她個飽才不是人呢！

天平邨平民窟那不健康的「人渣」倒甚不幸。陰差陽錯給舉世的假道學們捉個正著，用來祭假仁義道德的旗。跟風打落水狗是假道學的德性。難得有「人渣」可供恣意拳打腳踢以證「道學」「明德」。但對於放妖出匣的權貴呢？卻是從不敢哼一句聲的。

移民做加燦食息還好，從此真的斷了色心。由色歸息，是人生的昇華，做老婆的福氣。

(1998-11-17)

叉燒文化

廣東人嗜吃「叉燒」，幾至於狂。就傳宗接代的大事────性交和生仔，都當作製叉燒看待。廚房之內，製叉燒確係易如切菜。只要興起，即時可以：

（1）　速買新鮮柳枚豬肉一條，洗淨抹乾；
（2）　將枚肉切成雪茄狀，醃以總統馳名叉燒醬；
（3）　放入白官牌焗爐，調校三百五十度火，焗足十五分鐘；
（4）　塗上甜言蜜糖，再焗五分鐘左右，攤凍上碟。

熟能生巧。國鍵在加拿大自製叉燒，居然媲美三十年前英皇道舊北大菜館。半世鍾情吃，幸未為之狂。

吃叉燒吃瘋了的，首推香港大學醫學院精神科某教授。九五年他力主黃色刊物係叉燒，性交即吃飯，赤裸裸揭我大漢民族食色性也的真面目，果乃重色之士。國鍵燒叉燒為求健康衛生不加色素，當然不入流。

國鍵講「廚藝」，色士搞「房技」。出爐的竟同樣是一塊「肉」，都叫做────「叉燒」。

產子，係「生舊（塊）叉燒」。生了個反骨的，難免廚房自嘆「生舊叉燒好過」。有福氣生了塊好的，哈哈，任你撚手砧板切。──切絲、切塊……，愛怎吃便怎吃。顛到可以捉叉燒落街來宣夫憤洩妻怨。

若官為父母，百姓自然是叉燒。謹為神州十多億條叉燒祈福。春祭又至，例將「斬大舊叉燒」。祝好運。

(1999-01-19)

111

兔死狗烹

政務司司長陳方安生被迫歸田之傳聞，甚囂塵上。若實，則係「兔死狗烹」再一重演。

香港回歸前的形勢，甚類楚漢相爭。英國為楚，彭定康是項羽。項羽有勇有謀，唯獨好勝心榮譽心過重。做港督而存心揚威祖家，執著於有面目見英國江東父老。去死的，香港人耳。

陳司長，實韓信也。所不同者，項羽棄韓信，而彭定康則付之以重擔。可惜楚亡漢興天已定，韓信歸漢是他的宿命。若恃平穩過渡回歸有功，而夢想保留殖民地封建體系裂土封王拜為特首，則必如韓信自種殺身之禍。

漢高祖劉邦平定天下，首要剷除的，正是那些自恃有功各自為國的「功臣」。韓信勸劉邦「以天下城邑封功臣」自打的如意算盤，兵荒馬亂時可作籌碼，到四境安寧，便是禍根。

漢六年，高祖用陳平計，以游狩雲夢為名，率兵襲信。信「自度無罪」，且逼項羽亡將鍾離昧自殺，持其人頭晉竭高祖。自動獻身，當場受縛。韓信這才猛然想起蒯通那一番「野獸已盡而獵狗烹」以范蠡為模的勸言，悽然悔曰：「狡兔死，良狗烹。……天下已定，我固當烹！」（並見《史記》卷九十二《淮陰侯列傳》。）

「狗肉滾一滾，神仙站不穩。」中華民族有烹狗癖，陳司長書香世家，沒理由不曉得。

(1999-02-02)

皇天恩賜鶴頂紅

中國三千年上貴下賤的人治制度，長出了一種階級勝於道理的「上對下錯文化」———是非上高定，罪責下低承。領袖乃高高在上的天所任命，難道天都會錯？

就天子的家臣私僕上自宰相下至太監，誰膽敢說他們半句錯話？

讀點歷史吧。東漢「清議」，讀書人就講了幾句要求太監認錯的實話，立即就給「下獄」、「禁錮」。若頂撞的是皇親國戚一品大員，那還得了？

說上有錯，等同犯上，這是中國人的邏輯。講刑法之善，中國固是歷史上的一哥。可惜刑不施於大夫，「將相不對理」，刑法從來僅為下面賤民而設。押大將軍或宰相往大理寺（今謂最高人民法院）對質，成何體統？公堂上就真要杖責一個有皇氣照住的九品芝麻，也得先褫奪他的功名、脫去他的官服、摘去他的烏紗，洗清他與皇上的一切關係（今謂開除黨籍），才可以動棒。

中國文化不同美國文化。公審總統克林頓是舊頭腦的中國人沒法子相信的奇談。在中國封建社會裏面，處置罪臣的最佳方法，不是傳他到立法會當眾受辱，也不會拖他到公堂辯白，而只會是暗暗欽賜半壺毒酒「鶴頂紅」，又或御贈一條上吊白素縐紗帶。皇恩浩蕩，若想保條全屍免受抄家，唉，自己識做啦！

(1999-02-09)

趙氏孤兒

　　《史記》卷四十三《趙世家》，記載了一樁史實：晉景公三年（公元前五九八年），趙盾的嗣子趙朔，娶了景公的父親成公的姊姊。同年，大夫屠岸賈擅矯君命，誅滅趙氏一族。趙朔妻成公姊有遺腹子，未幾產下男嬰。屠岸賈聞之，下令捕殺。趙朔門下客公孫杵臼與友人程嬰俱曾受趙氏恩惠，爲保趙氏血脈，相設計「謀取他人嬰兒」做替死鬼。程氏負責前往報料，杵臼則假裝護「嬰」而殉義。程氏此後匿居山中十五年，養大趙氏遺孤。晉景公後來終悉此事，遂召孤兒入匿宮中，改名趙武。趙武程嬰旋攻殺屠氏，亦族滅之。大仇得報後，程氏便自盡，說要「下報趙宣孟（盾）與公孫杵臼」，真個賺人眼淚。

　　以命抵「義」，二千年來驅動著中國人愚忠盲目的「義心」。元代紀君祥復據之寫成《趙氏孤兒》雜劇，惟情節頗異於原史，又將別嬰代死改爲程氏獻出自己親骨肉，義斷香燈，煽情到極。

　　可曾想過，你有權拿孩子的命來成全自己的「義」嗎？這不會是孟子捨生取義的本意吧。史匹堡一齣《雷霆救兵》而洋人「媽之」者頗眾。《趙氏孤兒》無論以他嬰己嬰替死都極之不仁，而中國人今日卻還津津樂道不知其罪。爲成就一人之「大義」而濫殺無辜弱小的慘劇，勢將繼續上演。

(1999-03-09)

自詡人文

說中華民族最講人文，恐言過其實。論歷史，中國文化愈古而人情愈濃，愈近而人性愈薄，與西方文化之發展恰相反。

中國之所謂人文，除在古代確曾稍放異彩之外，公元十世紀宋元以後，銷聲匿跡。代之而起是極權。人文主義的溫情云乎哉。

西方可不然。在經歷神權凌駕一切的黑暗時代之後，公元的第一個千禧年，卻致力把神聖的基督形象「人性化」（humanized）。人們既愛信奉一位末日的審判者多過一個馬槽出世刑台受釘的木匠之子，則迴避耶穌出生的伯利恆和受難的髑髏地（Calvary），已成基督教藝術的新趨向。

到公元十二世紀，還索性將十字架上基督頭頂那原來古麗的帝冠，一改而爲用荊棘織成的「皇冕」；將殉難時木無感情的道身，一轉而爲苦痛抽曲的血軀（參 Lynn White Jr., Science and the Sense of Self : The Medieval Background of a Modern Confrontation）。將高高在上冷冰冰的神像，一化而爲有血有肉有感情飽嘗人間苦難的人物。這是西方文化在理知邏輯發展下對「虔信需待驗證」的一種回應。暖烘烘的人文主義逐愈近代而愈覺其厚。

世謂中西文化背道，果然。

(1999-04-13)

隔洋猶唱後門佳

中國人愛走後門，源遠流長。雖話天下烏鴉一樣黑，但中國人之以善走後門為天經，視疏通「關係」作地義，恐怕還是舉世無雙的。若在西式民主國，這等勾當一旦曝了光，不單羞死，兼要下台。

中國人之走暗徑，是走得正大光明的。正是真人方做暗事，懂轉彎才叫了得。 年初國鍵眼疾，往 downtown 專科醫院做檢查，也被迫聽了廣州來的同病老鄉公然說她的「託人事」，嗓高沫飛。

「你知啦，嚮廣州睇專科冇人事點得啫……。」

「你知啦，嚮廣州乜嘢都講關係嘅啦……，我識得 xx，才能夠 xx……。」

愈講愈興奮，愈自覺「榮幸」。人事關係，頓成「身分」的象徵。三千年中國思想文化，as you know，「人事關係」而已矣。

中國社會的公義，向非來自上帝，只憑發乎人心。人心各有所偏，公義其實大多是私義。「人事」往往是公義的另一註腳，「關係」經常係地位高低的別一詮釋。能夠和名人權貴握手言歡，吃飯拍照，是一種了不起的「成就」，也是地位提升的有力「憑證」。那當然要到處揚、通屋掛，飄飄然了。

寄望如此的一個民族奉行上帝公義，不是有點兒幼稚麼？

(1999-04-20)

面子作祟

　　中國人最要面子。給點情面，諸事好辦。須知以面還面，世俗難免。吾爾開希穿著睡袍往見尊貴的總理李鵬，算點先？咁唔俾面，打後當然有你好看的。不賞光不給面，乃自結仇隙先撩怨，怪不得人。就學富五車的中國文人，也未必都有講道理的襟懷吧。一聲掰面，還不是從此陌路多風雨？

　　懂搖筆桿寫得一兩篇文章便飄飄然，自以爲可繼孔子春秋褒貶，以爲自己就應該很有面了。殊不知其靈魂深處已染上千年的面子頑疾，開罪不得。李延壽《北史》卷五十六記魏收奉召修史，即常揚言，「何物小子，敢與魏收作色，舉之則使上天，按之當使入地」。此種一筆在手自覺大晒，正古來卑劣文人的典型心態。你敢使點臉色唔俾面？他就下筆踩你入地寫臭你。所以，那怕你是權傾朝野的高歡，當日也得忌他三分給他面，在人前款以「我後世身名在卿（魏收）手」之心曲，確實買佢怕。

　　心術不正的魏收所寫的《魏書》，時人識之爲「穢史」。《四庫全書總目提要》滿清文臣雖欲替他平反，謂「人非南董，豈信其一字無私」（卷四十五魏書條），然作爲社會公器之報章專欄，其作者能不多自檢點，免得專欄私用而淪爲「穢欄」者乎？

(1999-04-27)

頑舊難刷

中華民族絕不是一個不求新的民族。愈窮愈喊新。

早在西漢由強轉衰，「富者田連阡陌，貧者無立錐之地」，中國就出現了第一個以「新」為名的朝代。王莽改革，號稱為新。只可惜，中國人之所謂新，往往不外復舊。凡認真去革新的，通常未足月就夭折。

宋代，國日弱而民日困。范仲淹、王安石，新法新黨，擾攘百年，何曾有過好結果？晚清鴉片戰後，新新之聲盈耳。「自強運動」那一面「中學為體西學為用」的旗幟，一插至今，舊體可曾讓路給新用？

問題在於，新來新去新不如舊。新瓶舊酒，中國人愛的還是那愈醇舊才覺愈好的杯中物。瓶子之新，僅以自慰。是以「戊戌維新」可以百日而壽終，辛亥革命不四年而可以袁氏稱帝，可以軍閥混戰十數載。攞新瓶喝舊酒，民性如此，夫復何言。

毛澤東嫌國父「三民主義」未夠新，要冠個新字叫「新三民主義」、「新民主主義」，好革周秦以來舊封建的命（參《毛澤東選集》卷七《新民主主義論》）。中國現代史於是由「五四運動」之新思想新文化一路新到新中國、新社會、新經濟、新生活，八十年了，中國人腦袋裏面那牢不可破的講尊卑階級多過講平等仁愛的陳舊封建，究竟新了沒有？

(1999-05-25)

他鄉故鄉夢悲同

中國乃農業國。秦皇漢武，凡有為的君主，莫不以安定
農村為首務。結果塑造了中華民族一種鄉土情性，對故鄉
的土地房產，有特殊偏好。

離鄉別井？除非被迫做「逃戶」，否則「牀前明月光」
的思鄉之苦搵鬼受。至於「戍邊」、「去國」，例如流徙
到薩拉熱窩、馬達加斯加，其結局不說而知悲涼。這是中
華民族世代的共識，月是故鄉的圓。

中原以外，都蠻夷之地。不是荒涼，就是茹毛飲血冇文
化。我中國呢，禮義上邦，民豐物阜，誰不痴往？大同與
小康，中國人發中國夢。就是移民到了外國，也天天在做
夢，夢著回國去，享太平清福。殊不知，福從來沒得享，
中華歷史頁頁血。什麼禹湯文武仁愛信讓，全是知識分子
自編的鬼話。事實是，中國社會亂多治少，小遷大移，走
難才是常態。歷史上罕見的大唐盛世玄宗開元年代，逃亡
戶亦「凡八十餘萬」（參《舊唐書》卷一零五《宇文融
傳》），佔全國總戶口幾乎百分十。留在老鄉的故事，還
不是一個又一個淒涼？

天朝夢碎，西洋夢斷。今日在國內的死命往外鑽，在國
外的拚力爭回流，繪成一幅近乎精神分裂的華人流動圖。
做中國人最驕傲？國鍵真說不出口。

(1999-06-01)

媽媽文化

　　中國人極重孝道。凡頂撞老母，都大不孝。由只講孝順不講是非的媽媽文化哺養出來的孩子，一切唯媽媽「媽首是瞻」。就真的不服氣，在人跟前也得擠出一副千依百順，我愛媽媽的模樣。好一句中國是我媽媽，沒有媽媽便沒有我。有時「真情」流溢，還會痛哭零涕，惟恐天下不知道有他這一個孝子呢。

　　漢世「察舉孝廉」，孝的故事奇多。今世沿承媽媽文化而察舉「紅」「無」，政治交心頻呼，我愛媽媽難免。就移民外國做了番邦公民，孝順祖國老母仍須永不改變。母親的血臍帶絕不可斷。做孩子的，不外是一隻由臍帶控制的紙鳶。母親想放便放，要收便收。讓母親開開心心從心所欲，是中國媽媽文化的倫常。稍稍逆意已不該，何況搞批評？

　　今年「香港電影金像頒獎典禮」上，為人母的過氣奇女子，以慈母教訓孩子的口脗，在台上說「冇建設性嘅批評就係徹底嘅破壞」，很有中國媽媽文化的風味。對，在媽媽眼裡，孩子永遠是個孩子，不懂事，講幾句說話也會「徹底」地破壞家庭的。

　　想家國興旺呢，乖乖，一切聽媽媽話。至於何謂「冇建設性」，國鍵識少，問你娘吧。

(1999-06-15)

我悲觀

　　人說我悲觀，沒錯。我確是一個悲觀的人，凡事偏向壞
處想。悲觀的人大抵沒什麼安全感。要求高，不滿足，平
日牢騷特別多。性格使然，殊不易改。

　　有飯食便該滿足了？有「選舉」便是「民主」了？在華
人佔全國人口近百分十的加拿大，有一兩個華人當上參議
員、國會議員、部長、教授，便叫「種族平等」了？洋人
在你面前用唔鹹唔淡的廣東話大喊一句「你好嗎」，華人
在加拿大便是備受尊重了？樂觀的人也許會這樣想。悲觀
的人卻會懷疑，這會不會是主流社會自演的戲。平等？路
漫漫兮艱辛呢！

　　樂觀的，凡事向好處想，卻容易上當。那選擇跑來加拿
大的，性格恐不會樂觀到哪裏去。若果真的樂觀，對香港
和中國的前途又怎會不看好，寧願冒險連根拔起跑來加拿
大吃西北風，也不吃中英精心合烹的佳菜？怕中毒？Tim-
othy Ferris 在《The Whole Shebang》第十二章卷首引
James Branch Cabell 之言曰：「樂觀之人聲稱自己已住在
一個於可能範圍內最好的世界。悲觀的人正正害怕其言為真
。」唉，美好社會，僅此而已？

　　「六四」，悲觀的人稱之悲。樂觀的人卻謂之「風波」。
風波一過，忘啦！

(1999-06-22)

我不孝？

　　中國文化以家庭爲基石。維繫家庭在乎一個孝字。媳婦孝順翁姑，兒女孝順父母，天經地義。沒有孝就沒有倫常，沒有了家庭。若以國家論，則國家是「大家庭」，小家庭的一切人物無論尊卑老嫩，都是「大家庭」的兒女。小百姓孝順父母官，孝順黨國，孝順皇帝，是千百年封建家庭思想下政治上的道德倫常。於是，凡不聽官府的話，不聽皇帝的諭，都是不孝，都不道德。至於未經國家批准而私自去國，罪同未經父母首肯而擅自離家，永世要背上離棄父母大逆不道的惡名，甚有犯罪感。

　　把統治者當成是自己的父母，是中華民族的悲哀。這種思想既左右民主思想的發展，亦是中國遲遲未能走上民主坦途的最大絆腳石。中國人移民後，心中那一種不孝的罪疚感，每隨年華之老去而愈自覺深厚。洋人可不同，他們不會把統治者當爹娘，也絕不會視官吏爲家長。在政治文化上，他們沒有什麼祖國老母情意結。要走便走，要移民便移民。不會在外國的地方大喊世間只有媽媽好。也不會天天擾攘著要重投阿媽的懷抱。

　　《尋找他鄉的故事》鍾景輝那陰沉的慈父低喚遊子的旁白，中國人聽了，攝魄勾魂。離鄉注定從此是悲涼，你還敢走嗎？

(1999-06-29)

骨氣消磨又百年

北約濫炸南斯拉夫，炸掉中國領事館。兵凶戰危，正「米落四維奇」所謂，戰爭沒有無辜者，係人都要負責任。比如明代以來日本迭次侵華，皆緣中國氣弱骨軟。日本仔不妨狡稱，「食得唔好啗」，是中國人自己說的。

戰場之上，獸性掩蓋人性，什麼事都可以發生。誰對誰錯，萬世糾纏多無頭公案。布拉格中國領事館捱炸，全球華人，爲之龍吼，爲之敵慷，怒責美國欺壓。北約之師，雖以美國爲首，但成員尚有英法德，還有我們入了籍的加拿大，她們不用負責了麼？父母突然搞反美，全家動員，上下一心，盡忠盡孝得可以。有時孝心沖昏頭腦，沒想過自己是加拿大人。

不過，請放心，中國人的民族激情向不敵米。百年前恥辱更深的「八國聯軍」「火燒圓明園」，洋兵入京之際，才新鮮熱辣的那一道光緒《諭內閣以外邦無禮橫行當召集義民誓張撻伐》的上諭，說的什麼「人人忠憤」、「人人敢死」、「臨陣退縮」乃「竟作漢奸」，都可即時報廢。據郭廷以《近代中國史綱》，聯軍抵京，「各國佔管區居民紛向洋兵送『萬民傘』」，「喬顏媚敵，載道口碑」（頁三三六），直如北京美國領事館重開那日門前黑壓壓的人龍。誰說歷史不重演？

(1999-07-13)

123

千年災患人且獸

　柏楊先生一部《醜陋的中國人》，名動港台。國鍵當時是個窮教學，沒餘錢買閒書。對柏先生另一大著《中國人史綱》唸起來像「中國人死光」，甚類數月前多城中文電視台猛播某大電訊公司的廣告，畫面一大群華人遊行高叫「中國人打俾中國人」，頓挫之間驟耳聽來是喊著「中國人打x中國人」，俱教人膽裂。

　移民加國後才翻了《醜陋》一遍。柏先生對儒家思想確有誤解之處，然而，他狠批現代中國人的狹隘、窩鬥、虛驕、散沙、奴性、扣帽……，在生活上稍具觀察力的人，都不會以之為謬。雖則這種種的陋病未必都全因儒家而起。

　柏先生以美國之優，撻中國之劣。殊未知漢唐文化亦包容並蓄恆努力於自我完善。可嘆唐中葉後國力下滑千年，壓得中國人一代代變酸變腐變冷。今日硬要身心兩殘的中國人仿傚衣食無憂的美國人天天開懷大笑大嚼、講多謝，未免太頭巾氣。千百年來中國人饑腸轆轆，顛沛流離，不是給官紳奴役，就是受土匪欺凌。日煎夜熬，該感謝啥？

　神州遍地，呆瞪盡一雙雙蹙眉愁眼。柏先生在綠島還有人送飯。中國人之在天牢，卻隨時做喪心病狂的點心。命且朝夕難保，還有心情講什麼她媽的「文化」？

(1999-07-27)

萬載捱貧聖亦偷

中國窮了千多年而不亡國，確有點走運。中國的傳統文化韌力甚強，也許該記一功。要求一個才呱呱墮地就要斷奶捱餓的人能夠和食飽唔憂米的美國佬一樣笑容綻得燦爛，未免強人所難。人窮志短，容易自卑。一個自卑的人突然暴發，那一副狂妄的嘴臉，八十年代的港台富商、九十年代的中國「大款」，都是樣板。

貧富一水而隔天涯，其舉止心態之兩極反覆乃出乎人性，未必關乎文化。捱窮的自然去爭，不爭即死。千多年的貧困，塑造了中華民族有理冇理大小必搶的民族性格。要搶得成功，就必然是只談手段而不論品格。執輸行頭，有禮方是傻瓜。柏楊先生提倡的「對不起」、「謝謝你」，可真說笑！

看呀，在西方學術界裏面，治「比較教育」享盛名的某兩洋學人，還不是因爲相爭而互鬥，見面時臉黑黑形同陌路！就多倫多吧，廿年前車少人少，彬彬有禮。今天呢？人車爭路，司機們爆粗口、舉中指、亂響號、莽轉線、衝紅燈……，竟習以爲常。「對不起」？「多謝」？唉，給「拂」少一句已是萬幸。受過教育豐衣足食的人尙且如此，你又怎能期望在生死邊緣掙扎著的中國同胞天天笑臉迎人行禮讓呢？

(1999-08-03)

為圖活命何妨醜

　　順我者昌，逆我者亡。洋人在這方面也是能手。國鍵在
OISE 念書時年紀還輕，誤以為中國文人才醜陋。洋人民
主自由，襟胸一定廣闊。豈知兩年生活，方證僕與柏楊，
對洋人品性同是一知半解。國鍵在修語意學時稍提己見，
述證西人誤解中國語言，其理論有時失實。小小犯上，幾
害得自己給女洋教授打入十八層地獄。什麼學術自由、尊
重辯證，在大學裏面，同樣非我族類者誅。一涉及飯碗，
人就醜啦。

　　讀書人陰狠。「多謝」、「對不起」，都是煙幕。內裏
有你好看的。中國文人窩裏鬥，OISE 某洋教授 聞之，竟
陰陰笑曰：天下烏鴉一樣醜！鬥，原來中外俱同，華洋無
別。讀書人那陰綿綿的毒骨掌，凡領教過的，都知厲害。

　　世世挨窮，代代相斥。中國人都各自為壘。良性競爭往
往成為踩貧妒富的生死淘汰。整人的技巧，愈窮而愈工。
儒家的「安貧樂道」「忠恕禮讓」，隨民族墮落而流為空
話。為萬年計，中國還須節育、推廣教育、落實民主法制。
今日世界人口六十億，中國人佔四分一。那塊已耕了五千
年的瘠田，你還能企求它多擠出點什麼？

　　傳統文化早亦氣似游絲。黃台之瓜，何忍再摘！

(1999-08-10)

包容是福

中國人喜歡炒。炒樓炒股炒菜炒魷，無炒不歡。赤火烈焰紅鍋滾油薑蔥蒜頭燒酒爆鑊一炒，保你涎不停流。雖則油氣熏天，臭汗淋漓，卻吃得豪邁快意。洋人則愛焗。在密封的焗爐內將肉焗兩三個鐘，慢吞吞，總怕大油煙污了牆壁家具，煮起來殊不過癮。此謂之文化差異。

文化差異處理稍一不當，容易演成種族衝突。黃太太炒菜而洋鄰告上法庭，謂有損健康。殊未知洋人所好之後園燒烤「霸拔橋（barbecue）」，對鄰居之遺害實不下於中國人之炒菜。寒舍之一氧化碳警報器，也曾因鄰舍「霸拔橋」製造大量一氧化碳，經冷氣機通風口抽進屋內而顯示高讀數，險些兒給嚇死。炒菜油煙話會致癌，一氧化碳何嘗不是奪命！唉，互相包容而已矣。

戶外烤肉，人多屋窄的東方社會向不歡迎。八月九日加版《時代周刊》報道，住在日本豐田城的巴西人，慘受當地居民歧視、排斥。其中原因，是巴西人經常「霸拔橋」，通街炭煙嗆人。夜間播鬼咁嘈的拉丁音樂，又破壞安寧。右翼的種族主義惡棍，自然乘機生事，挑撥仇恨。倒連累了日裔巴西人也給標籤為罪惡的化身，都惶然不敢夜行恐遇襲。在此大量華裔船民非法湧入加國之際，慎防多城炒菜一案也炒出了排華情緒。

(1999-08-24)

利之所在情奪理

　　人說西洋人依理，中國人任情。針不刺肉不知痛。近日中國「船民」大舉仆登加國，凡事講理的加拿大人，還不是一樣狗急跳牆，情緒激動到劈頭便一句「即時遣返」。

　　人性自私。利由我享，責則你負。法律是相安無事、大家稍具理智時虛假的點綴。一旦亂了起來，違法多而守法少，守法的往往便是替罪羔羊。多倫多交通意外頻生，本因習慣於違規超速者日眾。人眾即成勢洶，反怪責守交通規則者駛得太慢阻塞道路是元兇。這算是什麼道理？

　　Bertrand Russell 在《An Inquiry into Meaning and Truth 》（ England : Pelican Books 1940）說，真（truth ）之為真，總須仰仗一個驗證之媒介（verifier）（頁二一五），以證其別無可假。若以斯言檢視「真民主」，則驗證者必為「群情」。群情若然不講理，喊都無謂。

　　倒不要嘲笑香港特區政府處理「居港權」時不依基本法了。若駐加京的中國使節猶厚顏地多講兩句挖苦加國難民政策的鬼話，宅心仁厚的加拿大人光火起來，也許會喪失理性，就將船民拖出公海了事。

　　「六四」、「居港權」，證明中國人向甚情緒化，對義理極之反覆。國鍵流著炎黃血，自不免亦隨時會跟風「轉軚」。

(1999-08-31)

附皮而活

　　毛澤東是知識分子，對知識分子的處境和心態，知之甚詳。中國的知識分子，從來是寄人籬下討飯吃，能夠做權貴門下的食客，已叫懷才得遇。社會大眾之抬舉知識分子，不因知識分子知書識墨，只緣做知識分子方稍有機會得「遇」，一旦飛上枝頭沾貴氣，得狐假虎威地吐氣揚眉，那才真教尋常百姓們景仰。

　　毛澤東看穿了這點，開國大典才八年，在一九五七年的七月九日，已苦口婆心地告誡全國的知識分子，此後要仰「無產階級」」工人農民的鼻息。「皮之不存，毛將焉附」。在新中國沒有了帝國主義、封建主義、官僚資本主義、民族資本主義、小生產五張所有制的舊皮，若不改附無產階級的「新皮」，就「沒有別的出路」。（並見《毛選集》卷五《打退資產階級右派的進攻》。）亦即是說，想吃飯便得依附共產黨。

　　知識分子在舊社會附皮而活的悲慘命運，在新中國亦休想可望擺脫。臭老九仍舊要為一份微賤的口糧，撲身權貴之家做一條可憐的哈巴狗。

　　做哈巴狗是中國知識分子恆久的宿命。這確是惹人同情的。所以，看官遇見哈巴狗，當要憐之憫之，恕其在不尊重知識的民族裏面為半斗米而別無選擇。

(1999-09-14)

明哲保身須善隱

中國文人怕死，脖子上卻又長了個余豈好辯的人頭。對世間的大奸惡，恆處於欲批忌批，矛盾得很。為求兩得，自古便抬出一種「隱」的文化。夫隱也者，猜謎語也。經過三千年的集體練習，中華民族巍然已執其牛耳。每年元宵燈節，例表演一下。

在仰仗皇權的民族裏面，猜中燈謎竟又未必可喜。獎個銅錢固好，倒運而貼了性命，斯亦見慣。所以，猜謎的高手，就胸有成竹也不會貿然開口。他還會先鑑辨一下主子的臉色，又或以「隱」射「隱」。須知快人快語，往往比猜不中的鈍胎死得更慘。三國時代楊修屢猜中曹操的隱語而給殺頭，端的為戒。

做人想飛黃，首要做的，不是多讀書，而是多學習揣度人主的心意，多掌握猜謎的技巧。只要練好這門工夫，包管騰達。

國家領導幹部若念唐詩，你懂應以宋詞。某退休高幹看罷《雍正王朝》，急忙勸大家好好學習揣摩中央領導同志的「心意」，你知此實出於三千年來有出息的惜身文人塑造出來的很有中國特色的封建政治文化，善意拳拳。雖則廿一世紀而仍需靠賴揣度承恩以活命，未免悲涼。

(1999-09-21)

一語便成揪

中華民族有一種「好隱」的脾性。凡事不宜直言，要轉彎抹角。一語而道正別人的死穴，既不禮貌，亦足招殺身之禍。於是言詞之間，最好含含糊糊，隱隱晦晦。孔子教人「訥於言而敏於行」，「訥」（遲鈍），是一種美德。人說中個語文表達情意未及英文精確，這也許不是中文本身有問題。有問題的，是語言上隱隱鈍鈍的態度和習慣。

和長輩或權貴交談，模棱兩可是高手。《史記》卷一二六《滑稽列傳》記齊威王荒廢政事，喜歡「隱語」。矮仔淳于髡「說之以隱」，謂王庭之中有大鳥，三年不飛不鳴，問威王此是何鳥。王乃悟曰：「此鳥不飛則已，一飛沖天；不鳴則已，一鳴驚人。」從此圖強，傳爲佳話。其實矮仔之言，空疏到極。

彭德懷、劉少奇等人，大概沒讀通中國隱的文化，不懂得語言以隱爲妙。其結局自然不是給揪鬥而死，就是給關進「牛棚」，好好學習中國人謙默做牛的道理。在中國做下級的，從來沒有「鳴」的資格。就要鳴，也要鳴得有節有度，陰聲到連自己都唔知嗡乜，方可在上司面前吃香。若大鳴大放講逆鱗的忠語，則吃香可即變成吃燒香，冤哉枉也。

正是心存諾諾佳學問，語意曚曚好文章！

(1999-09-28)

人間無聖君

中國文化與西方文化之差異，乃中國文化相信人性可以改造。西方文化對於有原罪的人，卻早已心死，只祈上帝打救。人世康寧，有賴制度。

中國人對於改造人，卻總是死心不息的。天天教人「良心發現」，日日盼主「懸崖勒馬」。若事與願違，家破人亡，則須「認命」，兼且要負點改造不力的道德責任。

問責人間慘劇，頂多也是拉統治者身旁的「小人」落水。例如明朝萬曆帝身邊的太監，又或《還珠格格》皇后的乳娘老媽媽。然而‧中國人之「愛屋及烏」，往往被理解為打狗看主人。告「小人」即係告皇帝，是大大的忤逆。結局當然還是清脆的一句：係我錯！

余命不值錢，主心方足貴。《雍正王朝 》《還珠格格》的突然風靡，是華人社會那一份企盼聖主賢君的痴心夢想，又一次集體發作。

賢君夢續，苦難當繼。推翻帝制近百年了，只要統治者一出場，滿腦子求聖主打救的人們仍然不自覺地屈膝一跪。國家元首也不過人民公僕，跪啥？懲治貪官，還要寄望於「皇帝」的「微服出巡」，要押注於朱鎔基的翻生「雍正」麼？唉，醒醒吧！

(1999-10-12)

五十今歇

　　共和國建國五十年金禧，國鍵「解放仔」，今亦五十。
於國乃共醉紅酒，京華展炮利兵強；於我可今歇白髮，多
城慮眼花體弱。更那堪半世家國舊事，每十年總傷心一次。
　　《論語》卷一《為政篇》，孔子十五歲而切志於學；三
十歲而自立為人；四十歲而無所困惑；五十歲而洞知天命；
六十歲而耳順心通；七十歲而從心所欲、不失法度。
　　孔子聖人，五十歲便看通宇宙人生。國鍵陋儒，活到五
十歲猶閉塞之極，半生白卷。唯一可大書特書，乃自幼慘
受港英殖民地教育，因而十五知讀書不成三大害；二十而
知冇錢莫望娶老婆；三十而知升職「擦鞋」不可分；四十
而知事業無成枉人世。五十呢？唉，驗身報告一出，驚知
健康下滑無可違，少病少痛才最最重要。什麼中風、眼盲，
五十便須有所準備。醫生跟前，即時歇多幾句。
　　打後，大概是六十知行樂及時；七十知隨兒女之所欲，
兒女話乜就乜，住老人院都得；八十知大限隨時而至，無
刻不感謝天父恩賜……。
　　天理循環，死生有命；人道轉移，分合有數。塵緣雖說
晃眼，五十年未必易捱。台灣地震還沒震完，「嘆」百年
已太足夠。金禧閱兵，天安門前，卻嚷什麼領導人「萬
歲」？

(1999-10-19)

牢化

中國封建，西周定制。賜爵分邑，劃地封王。土地一劃，從此圈內爲牢。漢代雖廢封建，然搞私人圈子劃地稱王的封建思想，三千年來代代承傳。獨尊儒學，結果給曲解成道德的枷鎖。思想年年僵化，士子們卻甚得閉門劃地稱尊之真樂。是謂牢化。

二千世紀的香港，教育不但奴化，更要牢化。英國佬深知牢是中國文化的本質。無規矩不能成方圓，中國人愛的是規矩框框。

考試依足「標準答案」，直如明清時代照搬「四書五經朱註」考八股舉人。八十年代學校搞「民主」，指定要多開會、多寫報告、多「諮詢」。實則總難逃由「上面」一錘定案的定式。將教師的精力枉花在形式主義下的八股會議和文書雜務，牢內加勞，不肺癆就怪。

中國人，權位愈尊，牢的思想愈牢。劃地爲牢唯我是命的封建心態，每與年事俱進。表面民主，骨裏獨裁。剛出道的小伙子們，不知就裏，兩下子就爛額焦頭。

亡羊補牢。走失了羊的即時反應，不是快去尋羊，而是趕緊修補棚牢。是以亡民主事小，補牛棚事大。加拿大委伍冰枝任總督，洋鬼子民主破牢的胸襟，只知將牛棚加閘加鎖加固的中國人，恐怕不會明白。

(1999-10-26)

堂堂華夏豈無人

A＆E電視網絡製作《千禧百傑》（Biography of the Millennium），選介千年以來對人類社會有大影響(influence)者，幾盡是紅鬚綠眼。亞洲人入選，僅成吉思汗和毛澤東。成吉思汗蒙古裔，屬否中國人於今難說。故而入圍之中國人，只得毛澤東。千年以來，難道中國除老毛之外再無耀世翹楚？

評價，亦負面之極：贊曰「毛帝」(Emperor Mao)。與殺人不眨眼的希特拉、史太林同魔。洋人眼中，此千禧年中國人對人類之貢獻，可謂完全空白。

尤氣結者，百傑之首，竟推德國佬古騰堡(J . Gutenberg, 1398?－1468)。論功，話係「發明」活字印刷術。蓋十五世紀以後西方人文與科技之飛躍，全賴書籍得大量印行。古騰堡今日無端端榮膺千禧第一傑，實該感謝洋眼患「色盲」。

國鍵幸無色盲。檢宋人沈括《夢溪筆談》卷十八《技藝》，那發明活版印刷的，卻該是生活於公元十一世紀的中國人畢昇。同生千禧，古氏可以奪魁，早生四百年的畢氏，怎不列冠？今竟百傑不入，足證西人對中國歷史，若非無知，就是扮盲裝啞。

也莫怪。近三百年西方人才輩出，領盡風騷。中國人還不是一樣鴕鳥頭阿Q腦，邊瞎扯邊自慰著麼？同樣係——盲。

(1999-11-02)

革命未成

　　孫總理遺言：革命尙未成功。若依邊總理的藍圖，要成功實亦不易。總理失策在，搞國民黨一黨專政。
　　將中國傳統儒家思想與西方民主政治制度結合，是近代中國的巨大工程，難度恐比天高。儒家文化講上尊下卑，西方思想講人人平等，彼此風馬牛。總理於民國初期，原情鍾歐美民主議會政治。只可惜，在俄國革命前三年，卻撲身搞一黨政權（one-party government ）。一九一四年，總理在日本另組「中華革命黨」，獨裁控制，黨員都要立誓向他「個人效忠」（personal loyalty）（SY Teng & JK Fairband,《China＇s Response to the West 》,New York : Atheneum 1967, p.259）。這和舊日主子要臣僕效愚忠的封建思想，有啥分別？
　　授予領導人獨斷獨行的權力，無異製造大獨裁。KS Latourette 說得好，通過金字塔式的制度，孫逸仙成爲黨內實質之獨裁者（a virtual dictatorship），而《三民主義》，便即時成爲「權威」（authoritative）（《 A Short History of Modern China 》,Baltimore：Penguin,1954, p.140）。結果，近百年的中國政治，依舊是君君臣臣。頗不同的，只是由黨團替代舊社會士大夫集團。改了一個名稱，實質臣民仍要向高高在上的「皇帝」———獻命。

(1999-11-09)

貴乎自由

多城殘陽巴士站，幾個華裔學生在聊天，操廣府話。突爾，馬路對面跑來兩個洋小伙子，指著便罵：中國人呀，滾回中國吧！

中國人為什麼要滾回中國去呢？眾頗愕然。若依此「邏輯」，豈不白人都該滾回歐洲去了？據說，原住民印第安人也都是從老遠的亞洲划艇來的。那麼，唯一不用滾回去的，恐怕就只剩下源於北美洲的──禽獸。亦只有牠們，才最有資格叫人滾。

動輒叫人滾蛋的，也不全是沒教養的洋娃兒。華語電台，時不時就聽見同胞哮叫：咁愛國，點解唔返去喎？又或者：咁討厭加拿大，點解唔走啫？十足六零年代香港人叫左仔返大陸的光景。

加拿大之可貴，貴在自由，任你天南地北，夾中雜加。俺自中國來，那抒發一下祖國情、月旦一下香江事，又有何不妥？為什麼移了民講點故園事，就是討人厭、要閉嘴？這和沒知識的種族主義洋娃兒的狹隘心腸，有什麼分別？移民加拿大，雖或做過客，呆他兩三年捱寂寞風雪，然後搖一下頭，帶著鄙夷而略帶同情的眼光，走人。但，你還是有權發言的──包括回流後在老家大罵加拿大害人窮。

(1999-12-07)

烏斯道

　　烏斯道先生，不知何許人也。平日常烏乎於聖賢之道，
故以爲號。近因《雍正王朝》有個什麼鄔思道，帶挈他名
噪一時。烏斯道亦確有實學，經史百家，無不通曉。對於
讀聖賢書所學何事，見解尤其獨到：學而優則仕，不能仕
就叫鬱鬱不得志。不得志的，可退而教學鄉庠私塾，以扑
稚子之頭爲樂；又或者臥龍草廬，日以夢獲人主之垂「顧」
自娛。高傲狂易，近乎變態。視富貴如糞土？無官而自貴
？信者癡人。問心，沒有「功業」枉士人。至於應否食昏
君之祿助紂作孽，那就須換別個角度看。

　　什麼叫做換一個角度看？烏斯道總必旁徵博引以爲證：
嗱，鄔先生若不助雍正奪位，任由雍正之不肖兄弟繼統，
老百姓會否因此遭逢更大的災難？汪精衛若不與 仔合流，
中國人會否因此死得更多更慘？鄧小平若不彈壓「六四」，
這十年的經濟發展會否如今日之卓有成效？港府若不外放
張敏儀小姐往男尊女卑的日本當使節好挫一下她的傲骨，
香港一家兩制下妾侍的地位能否得以苟延？

　　烏斯道的腦袋，總是不停地在不同角度上打轉的：看左
時盼右，望前時顧後。「兩害取其輕」，自道是「中庸」。
唉，真係真係，污了斯文之道。

(1999-12-14)

佛口塵心

　《金剛經》對於何謂佛、何謂法，有極為精妙的闡述。佛本無佛，法本無法。「所謂佛法者，即非佛法」、「說法者，無法可說，是名說法」。是「一切有為法，如夢幻泡影」，都是不存在的。

　佛本無相，色即是空。自性皆無，何須執著？是以執著於空、執著於無、執著於非相非法，和執著於色、有、相、法的人，同樣可笑。《金剛經》云，「法尚應捨，何況非法」，一個捨字，足證菩提。

　中國人信佛甚篤。不過，如何棄執捨迷，卻往往是個頑塞者。佛言破執，中國人卻偏好「揸拿」。因為愛揸拿，對揸上手最富質感的土地房產，自然如蟻之附膻。信心在於，塌了還有塊瓦。買股票呢，最好當然是買「官股」了。萬一市場大跌，群情講手，政府自要掏出公帑來，渣還是有的。讀書呢，最好讀拿鎚拿鉗的工程科，又或拿針筒拿手術刀的外科。至於文史哲之類靠口技，在今日沒有了考狀元當大官的揸拿，當然便一釋手而給扔入萬丈深潭。潭裏沒設救生圈，讀了就連命兒也是沒揸拿的，還能別談些什麼呢？

　民主死硬派也甚不化，殊未知中國人求的是飯碗，不是空無的佛語。───講多無謂，請賜實惠。

(1999-12-21)

宜化戾氣為謙和

中國文人大都怯於權貴，勇於私鬥。私鬥也者，是文人與文人之間因私心而互捅。書愈讀得多而愈怕惹禍。犯上既是死路，則揚名立萬而又可放膽去盡者，莫如揮筆誅殺同行——大家都無權無勢，鬥其愈貧寒者而愈少後顧之憂。

文人相殘，固宜先看對手。對方若有權貴撐腰又或已官拜芝麻由士而仕即脫離了窮酸文人的行列，自不能以等閒置之。須知惡當怕、善始欺，方文人本色。倘不怕惡，則挺窮之外遲早還會栽在權宦手，一家賤命難保；若不欺善，則一不能演自己天下之無敵以爭口飯吃，二不能舒自己失意之烏氣以撫平鬱結之心靈。是知三千年來攀附權門黨同伐異，實中國文人謀生的技業與本能。那些不求功名不喜踩人的、不靠邊站扮搖旗吶喊的白痴，便得去歸隱。亦只有歸隱，才可稍保全點赤子之心，消釋點比鬥文藝爭天下第一的暴戾之氣。

若仍在江湖走動，殊難免「開口嗌著脷」。萬一驚動對方呼朋喚類作別類「曬馬」，那就大傷和氣。也害得自己在筆風墨雨之下，壞了名節。

是非之地不宜留。每當座上有人指名道姓大罵某某學藝不精，該窮死一世，引來一座附和聲討之際，你最好悄然離去。

唉，同是天涯淪落人，相逢何必頻相斥？

(1999-12-28)

加入世謬

「世貿」之外，別見「世謬」。

近日才加入作會員昏昏然說著荒唐語者，計有美國克林頓政府、加拿大克里純政府、多倫多警察協會、多倫多大學及ＴＡ仔、日本極右翼盲仔等等。

克林頓國情咨文：美國有責任令中國選擇走正確的道路（to choose the right path）。———凡美國佬說正確的，就叫正確？

克里純千禧送大禮，宣布用我們納稅人的血汗錢去挽救經營失當的ＮＨＬ球隊：此之謂———「寧願吃少餐，時裝錢咪慳」？———又或：「寧要核子，唔要褲子」？

多倫多警察協會賣「車窗貼紙」籌款，用以偵訐敵對政要的陰私：中世紀教會神父手執十字架兜售「贖罪券」，只要有錢，天堂當下即是；今日警察揸槍發行汽車「貼紙」，確證有錢可使鬼推磨。———際此春禧，祝君發大財！

多倫多大學聘請研究生教書、批改試卷、打分：——預科生原來是夠資格教初中的。

多大助教（ＴＡ）大罷工：助教們的正職其實是學生（full-time student），做學生的竟公然與學校當局對著幹，「文革」又來啦！

「南京沒有大屠殺」：極右派 仔素盲，怎看得見？——然而，歷史教訓，下趟再來，中國人給砍頭前，該先捐眼角膜。

(2000-02-15)

來吧,「劏得光」!

小賭怡情,大賭丟命。有身家一千萬,拿一百幾十萬去炒,輸贏不相干。若押上全副身家再加借貸,贏固億萬,輸則傾家。

吾民族之蕩產,實由類似濠江風塵男女亡命的「嘥冷」性格。「還珠格格」常掛在口邊的那句輸了就頭一個命一條,聽了大家竟都快意得很。有前冇後,打死罷就。想研究中國人這脾性,只要拿自己的身家往澳門葡京狠狠地賭一鋪,感受一下那種煙硝蔽日不生即死的豪邁,晨曦跳樓前寫的遺書,必字字珠璣。

賭仔脾性難改,事事迷信。對於賭癮入骨、皇靈入心的中華賭仔族群來說,共和之後怎共和?袁世凱的陰魂永在,黃大仙的神魄長存。一個沒有自信且近乎自卑的族群,不靠「仁君」打救,不靠巫祝指路,還能靠什麼?

前途要靠長官,更靠長官新年去求籤。大家天天賭命,不跟著浩浩天威的領袖——例如毛主席、李超人——去下注,可跟誰?就真遇上諸如「大躍進」一躍而折足,那沒關係,還有「文化大革命」。就「金融風暴」之一刮而斷臂,也沒關係,今天還有 tom.com。若真的給「劏得光」也沒大關係,頭一個命一條。不賭得轟烈,算啥勇敢中國人?

農業社會中華民族淳樸踏實的民風,在哪?

(2000-03-07)

文史.Com

文史哲的學術研究，本多屬虛擬。從虛擬到邏輯推斷，又或堆砌史事，靠的是文字。文字藝術鋪陳之真真假假，在現存社會難求實證。然而，種種似證未證的虛擬，卻往往因權威之一言而成為人們思規行為的指令（Command）。恰如今日大行其道的 dot com，足可懸幡招魂。殊未知神明原幻，人生似夢。指來指去，都不外乎得個憑空。

鏡花水月。以人為內容的文史哲這類產品，本就不必要用太過嚴肅的態度去對待。文字遊戲，何必當真？

雖說不須太認真，然而，投身文史哲學工作的，卻又直如投資現代電腦科技的虛擬世界，計錯了數大可粉身。事關生死：其極少數之成功者，或可一躍龍門，得崗而當上教授、人大，名利雙收。從此父母得光，妻兒得光。其餘失敗者每陷貧病交迫，潦倒為輸得光、死得罡。其多光或多乾，與今天眾生所唱之「多冗（.Com）」，聽起來甚有聲同質似之虛妙。

資訊的「.Com」靠網，文史學術，同樣靠網。前者光纖，後者人脈。姑無論由光纖或人脈織出來的效果，一搭通都能直達寶山，也都是不論明路暗路，能抓銀的便是好路。所以，搞文藝要存心買「.Com」，結局是「德光」還是「剎光」，混沌無常，看你。

(2000-03-14)

華人生活慣邋遢？

今周多市大事，衛生局封查不潔餐館，華人食肆成了眾矢之的。三數酒樓曝光，蟑螂處處，鼠屎堆陳。國鍵茶樓常客，大吉大吉！

衛生惡劣，鐵證如丘。業界有慌忙作補救，有藉辭以死撐，亦有激動到在傳媒鏡頭前疾言叫屈，痛斥下令搞好餐館衛生的多市市長賴士民「唔係人」、「唔了解中國文化」、「唔尊重多元文化」……，十足「還珠格格」的理不直而氣壯！

注重衛生乃「唔係人」？中國文化不談飲食衛生了？為「尊重」多元文化便可置市民健康於不顧？笑咳人。

笑中當然帶淚，還帶著一大條聽來似甚合理的解說：市場競爭大，鬥平鬥賤，請將就一下；華人飲食習慣素如此，大菌吃細菌，拉三千年肚子視等閒；中菜款式多、工序繁，不免顧此而失彼；從業員散工眾、品流複雜，控制難……。衛生差劣，罪豈在我？

一大堆，拆穿都不外是管理的問題、是人的質素的問題。多市鄒至蕙議員問得好：為什麼不加點價，讓客人吃得安心些？經營不來，乾脆關門算了，何必苦了自己害了人？

死撐，只會加深罪孽，多給主流社會一個抹黑的口實。至於文化問題，在這事上還是以不提為妙。

(2000-03-21)

有禍同享？

　　《還珠格格》落幕，提出人生最寶貴的東西是「饒恕」。人貴能恕，孔子早就說過。恕也者，「己所不欲，勿施於人」（《論語》卷八「衛靈公」）。先師何世明牧師，並以此證儒學思想實與基督教精神相通。《聖經》記耶穌教訓：「你們要別人怎樣待你們，就得怎樣待別人。」（「馬太福音」七章十二節。）基督教之「己所欲施於人」和儒學之「己所不欲勿施於人」，幾乎同義。

　　然而，國鍵卻認為二者貌似而神異。儒學恕道「勿施於人」頗消極。自己所不想的，不加諸別人便是。基督教恕道之「施於人」，卻是積極得多。自己想享福，先使別人享福；自己想受人尊敬，先去尊敬別人。儒學恕從內修，不害人就叫好；基督恕由外得，要先去役於人為佳。難怪中國人都大家自掃門前雪。掃雪而不轉嫁鄰舍，已是君子。

　　二十世紀中西文化大雜燴。今天在黃土地上混種出來的，卻竟是個不中不西的福獨我享、禍攬人當。儒家消極之恕和基督積極之恕，雙門之下同湮滅。難怪報刊電台，常有同胞吐苦水析慘情，由衷地請大家來「分享」。分擔分憂還可以，死人塌樓，有什麼好分享的？不是有點兒虐待狂麼？

(2000-03-28)

我來故我在

　　加拿大華人的前途，不完全取決於華人投入又或融入所謂主流社會的程度，也不取決於政府對華人的態度。前景是否璀璨，得看華人自己的力量。

　　我們移民來加拿大，打工納稅。生活得好，絕非受著什麼主流社會的恩惠。入了籍，就是加拿大的一分子，既不須看主流社會的面色，也無須驚動我們尊貴的總理先生，為安撫排華的右翼政團，細數亞裔移民在加拿大有怎多的貢獻。

　　我來故我在。難道沒貢獻的亞裔移民就得要滾蛋？加籍華人在這裏有著合法的生活權，有沒有貢獻，不是一個教人操心的問題，何勞總理先生年年跑出來說話？總理的善意，正正反映，主流社會很多人士對移民、特別是有色人種的生活權，始終抱著懷疑的態度，有著種族的偏見。

　　種族偏見向來不易消弭。進步如加拿大，也不可能在百年內完全解決。土生土長的華人，就西化得連血液也混了洋，在洋人眼中，始終還是異類。《多倫多星報》近期報道土生混血兒的愁惱，甚值得那些誤信在生活和文化上棄漢從洋即可解決種族問題的人們，多多反省。

　　融入主流，僅一廂情願。加國華人除了加強團結、壯大華人的政治和經濟力量之外，相信別無更好的選擇。

(2000-04-04)

平權之外

一族群有一族群的獨特文化。在加拿大，華人若想有較大的生存空間，獲得社會更公平的對待，最好的辦法，除了努力認識和接受加拿大文化之外，更須致力承傳中華文化。因為，華裔族群若喪失了自己獨特的文化性格，便即渙散，人便成了浮泊於異國主流社會裏面不中不西的孤兒。這類孤兒，最容易遭人任意凌虐欺壓。

想子女活得快樂，請先自團結，讓下一代多學習中華語言文化。特別在「加拿大聯盟」等右翼勢力大張旗鼓的今日，華人更應及早籌劃，自謀多福。

文化是身份認同、團結族群的基礎。中國文化雖有不少弱點，但長處也實在很多：尊師重道、孝順父母、慈愛子女、言行忠信、樸實自持……，都是美德。下一代若能認同我中華思想價值觀，都稍懂華語，則同氣同聲之下，一個類似加拿大猶太人議會的加拿大華人議會（Chinese Canadian Council），將不難成立。

在西方民主社會生活，要據理爭取，要展示力量。若處處被動，但求平權，終非善策。我們不但要監察，還要積極參與政府制定政策。國鍵等老餅們由亞洲帶來的黨國私怨和貴洋賤夏的自卑認命觀，都是阻礙加國華裔社群發展、讓洋鬼子看得過癮的垃圾。

(2000-04-11)

拓跋恂的冤魂

公元三九六年，鮮卑族拓跋氏建立北魏，未百年而孝文帝於國力鼎盛之際，強迫妻兒宗室南遷洛陽，推行「漢化」。在漢人來說，當然大喜過望。因為不費吹灰，漢化才四十年而鮮卑族果如所料，抽筋淹頂。

孝文帝錯不在於移民，也不在於漢化，而在於全盤否定自己的鮮卑文化。南徙洛陽，挨得住河洛暑熱，已非容易。還硬要族人一塊兒去洗腦，統統忘掉塞外草原的歡愉，在陌生的環境下添個古怪的漢姓。胡服母語，禁穿禁講。娶老婆要討個漢的……。

馬頭移植牛腦，騎射調去犁田，可活得快樂嗎？結果，貴如皇太子拓跋恂，也因體肥怕熱，「追樂北方」，無時無刻不想著遁返代都。用現代流行的術語，叫做頂唔順兼思「回流」。可惜事敗，給父親孝文帝杖個飛起，廢為庶人，尋賜死（《魏書》卷二二恂傳）。

切斷文化，迫死兒女，導族群於死地，誠千古罪人。今有帶同皇帝仔皇帝女移民加國的同胞，迫家人挨北地苦寒不特已，竟還為了融入什麼主流，嚷著要徹底洋化，一律祇許吃西餐講番話，滿以為斬斷中華臍帶便成白人，便可以立足異國。拓跋恂的幽靈，在嚴棒之下亦必復暗裏罵他一句：「是凋跋」！

(2000-04-18)

勸王丹轉業書

王丹先生：

你好。我們天各一方，素未謀面。認識你，是因爲你的無比勇氣、高風亮節。你在《明周》的專欄，字裏行間恆散發著文士風骨夾家國憂懷的芳香，讀之常令人心傾神醉、自慚濁穢。唉，生而得留芳史冊，死將何憾！

不過，客居北美，求生始係首要。要求生，就不能不暫且放下鞭礪中華氣節。若沒法子養身活命，民主壯志，更難實踐。長期靠賴獎學金又或什麼人的捐獻來過活，亦絕非至計。須知出錢的人，對你多少寄存盼望。若不合意，便會絕你炊糧。而文史哲這類貨色，餘燼殘陽，維生難仗。是以上上之策，莫如速速轉業，好保障未來生計。否則定必應驗近日高唱入雲的那句咒語——「死路一條」。雖則千古風流人物同一死，說咒語的人，也無不殊途而同歸。

王先生，快轉行改讀科技金融吧。若堅執文史，也須掛文史頭賣網絡肉。要多向柴玲、李祿學習，搞財經，大隱隱於市——股市。先打好經濟基礎，討個好老婆，生個乖孩子。血淚文章，現在來寫未免太奢侈，亦只合吃飽無憂米的閒老，方自花費得起。先生若能齊家，歷史必更爲你鼓掌。珍重珍重。祝
哈佛轉系成功！

國鍵頓首
四月一日

(2000-04-25)

人道於我是空談

中國的儒家思想，聽說是最講「人道」的。「人道」是一種精神，是對人對物的一種慈愛與關懷。孟子說，「仁者愛人」、「惻忍之心，人皆有之」。隱隱然認定中國人天生都是人道主義者。中國歷史卻證明，中國人愛的只是「人治」。至於「人道」不「人道」，Who cares？

在大講「人治」的地方，反是最不「人道」的。只要皇上皺一下眉頭，大家便得無所不用其極。爲了求生，爲了保位，「人道」算得上什麼？在一個爲了苟活連父母都可以鬥死的國度裏面談「人道」，真替錢穆夫子難過。

西方不講「人治」，卻重「人道」。在加拿大安省，就連實驗室抽白老鼠的一滴血，在過程上也一一要講「人道」，要先獲得「研究工作道德委員會（Research Ethics Board）」的審批和認可，否則都屬違法。所以，在眾目睽睽下手起刀落血花四濺的劏魚宰鴨絕技，決不能在多倫多的街市表演。中國的街市可不同，不親眼看著殺，叫什麼新鮮？

對弱小動物講「人道」，實大助於去暴歸仁。殺一隻小動物也要論慈悲，何況殺人？這一點點道理，那專愛一家老少圍坐一起「打邊爐」笑呵呵地將魚蝦活生生的放進滾水鍋，看著牠們瀕死掙扎而爲之大快的中國人，是不會明白的。近日潑天拿水攪住一鑊熟的港式慘劇，在中國社會裏面，有啥足怪？

(2000-08-30)

失落故鄉的國寶

中國古代，做盜賊做殺手的，都會講點良心、究些義。劫不仁不義之富，濟無依無靠之貧。女黑俠木蘭花、怪俠一枝梅，甚得人心。殺賢德劫君子這種敗行，他們決不會做。

《左傳》記載，宣公二年，殘暴不仁的晉國君主靈公，派殺手鉏麑行刺不停勸他改惡歸善的正卿（首相）趙盾。鉏麑晨早潛往趙家，只看見趙盾臥室的門大開，穿了整齊的朝服，坐著閉目養神等早朝。鉏麑不禁為之感嘆：唉，對國事恭敬如此，必是人民的好領導，殺一個好領導，謂之不忠，沒有達成國君的使命，謂之不信。結果鉏麑自己撞槐樹而死。

中國自從有了太監之後，鉏麑這一類的殺手，固早已絕迹。就尋常盜賊，也只會是認錢不認人。

數天前，吾族國寶粵劇大師紅線女在寓所遇劫。賊人不但沒有惜寶之心，劫財之後，還揍她個眼腫鼻裂。可證中國下層社會的盜賊文化，已隨上層社會文化太監化，一同腐臭不堪。禮失而求諸野？你必然會大失所望。

今天，禮失只能求諸四夷、求諸歐美。盜亦有道，只會發生在例如巴西這一類西方文化國。去年，巴西國寶球王比利坐平治街頭遇劫。賊人用槍指著他，再細眼一望，嘩，原來是大名鼎鼎的比利！賊人即時紅了臉，連忙賠不是，臨走前還親切叮嚀，囑比利 take care。

在中國，同是國寶級的紅線女，卻沒有獲得這種待遇。Take care 她的，是廣東省人民醫院。

(2000-08-31)

難為正邪定分界

中國的知識分子，大都患上精神失調症。

精神失調緣於精神壓力大。壓力之所以大，往往是因為功名利祿的患得患失，正道是「一朝可以龍跨鳳，隔晚又可褸穿窿」。身心恆處於拉緊的狀態，突然癲咗，有何足怪。

況且，知識分子一方面講道德良知，幻身成人間正氣，另方面卻又樂於爭名逐利，投身邪門圖自添身價；一方面說著（是說著）為窮苦百姓請命，實際又伸手向財閥攔銀獻計，替壓榨下層小市民的大鱷通風報信兼塗趾抹爪；一方面說想（只是想）退位讓賢，暗地卻為棧留名位而挖盡心思；一方面說淡薄名利粗茶淡飯，背地裏卻為名利夢而左請右託（又或托）、奔奔跑跑。左右逢迎，正邪兩立。忽而講良心，忽而說真金，神經本就有問題。

戒貪戒婪，今日已成舊物。想光耀庭門，那就不能不委屈一下，在大義凜然爭取自由什麼的同時，加露一臉向權貴乞憐、乞愛、乞賞識的惶懷。既要伸張正義，又要富貴榮華，不是太貪婪點麼？

芝香銅臭難一體。孔老夫子早說過，要粗飯清茶「樂在其中」，就得「不義而富且貴，於我如浮雲」。可恨賤儒總賦之以新解：清茶淡飯樂在減肥；不義而富貴，於我亦青天白雲。模糊是非，混淆黑白。對的不是好，錯的不是壞。心性矛盾人格不全的知識分子，確有他自己的一套睇法。

(2000-09-06)

見不賢而思齊

《論語·里仁》：「子曰：見賢思齊焉，見不賢而內自省也。」用廣府話譯意：孔子話，睇見人地有善德，自己都希望有；睇見人地有惡行，必自反省，睇下有冇佢咁衰。

孔子勸人修善省身，共臻聖境。可惜世人講善者眾，修德者寡。遠離不肖？講下就得。若以實論，則「見賢思齊」仰慕賢德者少之又少，「見不賢而思齊」心儀江湖大佬者多之又多。

即以吾民族之德性來說，除了「人望高處」的鬥富貴比權勢之外，近世還流行著模不肖仿低賤。人望高處的下一句是「水往低流」。大家既然都愛「水」，那麼效水之下流自然就順理成章不過。屎尿屁姦淫殺，全都賣個滿堂紅。不吐痰不抽煙不啪丸不劈友，又算得什麼「新青年」？只要衰唔過佢，對大家已叫有所交代。

於是乎，「阿乜仲乜乜啦！」之辯式，恆見說於中華：太夜歸？喂，阿乜仲唔返嚟瞓啦！粗口多？阿乜仲勁揪啦！打架？阿乜仲殺人啦！到處「蒲」？阿乜仲吸毒嫖妓啦！

在多倫多，駕車切線不打燈，給抄牌罰款，竟覺氣爆肺如屈食死貓。喂，好多人都唔打燈啦！在「四零一」高速至一百四十咪，給巡警捉個正著，喂，大把人都一百二十咪啦，多十幾咪都唔得，是種族歧視麼？

這等車手竟還公然在多市傳媒面前喊苦叫屈，話要搵律師。吾民族之自省能力，果真薄弱如斯？

(2000-09-07)

你的名字我的聖事

多倫多著名的愛德華王子公園，今夏多了一個花繁果茂的教學圃。圃旁白泥小羊徑，每數步，腳底往往碰上一排橫嵌地面刻有基金名和人名的小紅磚。———尊貴名字任君踩。

在中國？這可真開玩笑。特別是揸 fit 人的大名，又豈容你踩？就稍稍提一下呢，也給餵抽資（減肥？）的毒丸。學鬼佬亂喚名，不怕殺頭麼？須知國有「國諱」，家有「家諱」。直呼其名，罪同褻瀆神明。

吾族歷史，涉及君主的名字，皆列「國諱」，都避諱禁用。例如秦定一尊，始皇名「政」，秦代「正」月改稱一月。他父親莊襄王名「楚」，南方楚地便要改稱為荊。漢代劉邦做了皇帝，一切「邦」字皆改寫為國。宋代，皇帝廟諱共五十字，寫文章俱要避忌。若不慎寫了個同音，其後果不身陷刑戮，亦是貶官落第。

國諱之外，有「家諱」。祖先名字，嚴禁直稱。宋朝沈守約、湯進之做丞相，因父親都名「舉」，「提舉」一官便須改稱「提領」。唐人李賀，因父親名「晉肅」，晉和進士的進同音，害得他不敢應進士試。（洪邁《容齊三筆》卷十一、《五筆》卷三、《續筆》卷十一。）

李超人責怪傳媒政客合唱佢，語出真心。昧於中國避諱文化之香城笨眾，理當受誅。十一年前北京大學學生「擲小瓶」，今年香港又唱「老懵董」，不就是文革式對領導同志的恣意侮辱麼？

(2000-09-13)

語無倫次

（一）勝在姓路

港大「民調風波」，路祥安牽涉干預學術自由，全城譁然。大都搖頭嘆息：唉，咁都做得出，真係唔係路。路先生聽罷，喜形於色。忙回稟董特首：大家都話唔係路某咯！

（二）各有標準

「民調報告」發表，直斥路祥安「不誠實」。董特首同日發表談話，大讚路先生「誠實可靠」。終於揭露，讀書人的誠實和商家佬的所謂誠實，標準原來相差甚遠。

（三）公然串多一次

「民調報告」發表前夕，律政司強為路祥安出頭，「提醒」港大「自然公義原則」。———路先生那次約會鄭校長，還「提醒」得不夠麼？

（四）人誰無錯

「民調風波」勝利人鍾庭耀，教訓社會要有底線，「人誰無過，錯而能改」。歷史卻告訴，中國社會停滯不前，正因太多這種假仁假義。———唔改又點？奈我何咩！

（五）誓神劈願

董特首為平息「民調風波」帶來的疑慮，幾度公開保證，他絕不容許任何人干預學術自由或社會其他的自由。———神明在上，他作保證的時候，沒說過會包括佢自己。

(2000-09-14)

155

政制之癌

報載，香港政務司陳司長勸董特首炒路助理魷，碰了一鼻子灰。諸葛亮諫昏君劉禪勿寵宦官，淚寫《出師表》，於今在港上演。

正是英帝還政未半，而中道走投。今「民調」失分，益添疲弊，此誠危急存亡之秋也。不意君上庸惠，未張聖聽。宮中、府中，慘成二體。陟罰臧否，因人異同。見有作姦犯科，不付有司。誠護短偏私，使內外異法也。

稍稍讀過中國政治制度史的人，都明白中國封建皇朝的政治問題，往往出於由制度引發的宮中和府中無止境的權力鬥爭。

宮中是內廷禁宮，其人員是服侍皇帝的家臣：或替皇帝書寫（尙書）、或替皇帝打理車馬（侍中）、或替皇帝傳達意旨（侍郎）……。由於親近皇帝，「情如父子」，位卑，卻有權可弄。

府中是外廷政府。領導人是宰相，下統百官，掌國家的一切政務。宰相權力以漢唐最高。宋代以後，日漸廢弛。明代，號令實出內廷閹宦。權臣若張居正，尙要仰宦官面色。明清廢相置內閣，什麼「殿閣大學士」、「南書房行走」、「軍機大臣」，實質乃皇帝家臣居多。是知中國歷史愈近代而家臣之勢愈大，公僕之權愈輕。同皇帝的家臣鬥？未死過麼！

在新中國，內廷正名「中央文化革命小組」，內宦「四人幫」，與周總理領導的政府對著幹。在香港則稱「特首辦」，家臣叫「助理」。唉，二千年氣焰，咁易鋤得佢低？

(2000-09-20)

好了！好了！

中國人處事，最緊要「了」。只要能「了」，就「不了」也不是問題。港大「民調風波」，雖說驚天動地，終亦難逃「不了」而「了」的命運。事且有因，容我細稟：

港大校訓，「明德格物」。朱熹釋「明德」，乃「人之所得乎天」，亦即存於人們內心的德性天理。然而，朱熹既訓「大學」為「大人之學」，則今之港大「大人」恐未必多，「小人」卻甚不少。以大人明德之學同小人周旋，無乃雞同鴨講。若然「不了」，如何是「了」？

夫「格物」也者，朱熹注云，「窮至事物之理」。即是考究事物，獲取知識。然而，格物方法在於「今日格一物、明日格一物」，真係格來格去何時了。人生有限，可格之物無窮。此種歸納式的考究方法，可一拖而萬年。若不速「了」，如何是「了」？

是知「明德格物」，實天網恢恢裏面最恢的一個漏洞，是權貴藉以脫罪的一道護身符。把它放在貴族化的港大而不在平民化的中大，英國佬駕御漢學，果然出神入化。

「不拒絕亦不接受」，對亦錯時錯亦對。凡向統治者追討責任，結果總多是教你跟《紅樓夢》第一回那跛足道人唱隻《好了歌》：「可知世上萬般，好便是了，了便是好。若不了，便不好，若要好，須是了。」

中華民族是好的民族，當然也就是「須了」的民族。在混同真假模糊是非但求速「了」的社群裏面堅持公義？我呸！

(2000-09-21)

食塞米

老子《道德經》第三章：「聖人治：虛其心，實其腹，弱其志，強其骨。常使人無知無欲。」也就是說，為政之道，最緊要是空乏人的心思，填飽人的肚子，削弱人的志氣。老子最害怕人們有知識有慾望。因為一有了知識，就懂得思考，就懂得追求，就懂得造反。正所謂「民之難治，以其多智」（六十五章）。所以，在統治者心目中，知識和追求，是罪。

做了皇帝，一切便成「機密」。治民要術，「非以明之，將以愚之」。要將百姓教到頭腦簡單，有如嬰孩（四十九章），只知吮奶拉矢。

吃飽奶便叫滿足？老子未免將嬰孩也看得大扁。吾兒襁褓時，就肚飽亦常哭鬧著的，非要人抱他一抱不可。可見嬰孩生而有知有欲，未必食塞米。

愚民思想，不獨老子。孔子亦一丘之貉。《論語·泰伯》：「民可使由（遵）之，不可使知之。」同樣只要求百姓遵之，不求百姓知之。想知？你水平未夠，請閉口。

儒道思想是中國統治文化的基石，卻都帶著濃厚的愚民色彩。老子「為腹不為目」（十二章）的塞肚不論色香味的禁知反慾主義，固貓狗也未必接受。孔子叫人遵守禮教而莫問其所以然，同樣老扯著中國民主的後腳。世代相傳，吃粗飯做乖乖便是好。因此，「六四」千絲，最好唔知。

祖國報刊砍掉江主席在美國有關「六四」的談話，幹得真好！

(2000-09-27)

神乎其老

中國人與西洋人對於人老最終的結局，看法迥異。

在中國人來說，「人死如燈滅」，就佛教徒也未必深信，否則何來「六道輪迴」之說。況且，六道輪迴亦只限諸凡夫，其上還有一類叫做「超凡入聖」，可更堪細嚼。脫凡入聖而得登仙界，得搖身變而為「神」，這大概是有權勢的中國老人共持的畸念。因之愈老而愈覺快將成神，法力無邊，凡間莫奈他何。就算層次低一點的，也叫做「護法」。護法是神的左右手，屁當可以亂放。

即非由人變神，也尚有前生是仙的混說。權貴人家，幾無不是仙種下凡的。因為誤犯天規，才有打落凡間的一劫。只要塵緣一盡，老了就歸位升天，那怕是窮兇極惡。

須知無名無位墮六道，有權有勢升神仙。雖則神仙都會犯錯，但畢竟還是神仙。毛澤東詩詞，二九年寫道「人生易老天難老」，尚是人話。數年後，「踏遍青山人未老」，要把崑崙「裁為三截」，則已登天界，再非凡品。至於抗戰前夕之「欲與天公試比高」、解放在望之「敢教日月換新天」，玩的當已是神的遊戲。文革前決心「要掃除一切害人蟲」，斬妖除魔，那就是作為神的責任了。

西洋人呢，愈老而愈知快見上帝，接受審判，懺悔還來不及。中國人呢，愈老而愈真心自許為神，就有錯亦不能承認。幕幕是————神化老耄誤中國。

(2000-09-28)

今年歡笑特別多

悉尼奧運，列國競技。精采之處，令人擊節。中國今年金牌多，進步之速殆不止此，而尤在於百年來中國運動員臉上那難得的笑容。

金牌多寡，不關民族尊嚴。由運動員心底散發出來的臉容，反而最能展現一民族之盛衰。在這方面，中國今年寬顏多，最值得欣賞。

鐵幕人民慣冷面，參加奧運，是要向資本主義帝國進行生死的鬥爭，面對的是「敵人」。金牌若失，就是沒有完成殲滅敵人的使命，回國準備挨批。現在鐵幕雖拆，帶來的卻是貧窮。參賽變成是一盤生意，丟了金牌，回國就得挨苦，同樣是絕不能輸。

女子體操團體賽俄羅斯年幼的女選手 Y.Lobaznyak，在平衡木上滑足而拼死地抓緊木條重新踏上的一刻，低頭急瞥那父親 look 的教練時眼裏閃流的悽懼，活生生的向世人洩露了生活在這一個前共產大國的淒涼。

美國選手，笑容燦爛。奧運，只不過是一場遊戲，是一個 game。得金固喜，失金亦無所謂。正反映了美國人民物質和心靈生活相對充實。這，才是真真正正的有了民族尊嚴。

當然，在今屆奧運競技而玩到像加拿大某田徑選手在賽道上一落後就放軟手腳，有點太過。然而，將運動場看成是戰場，把出色的運動員說成是「名將」，組成個什麼「軍團」，殺氣騰騰的，令人們誤會中華民族愛打仗殺人，那就更加不幸。該檢討的，是那些動不動就想著要攞人命的文膽。

(2000-10-04)

豈能有恥

知識分子們慨歎，中國（包括香港）今日流行奉迎文化，令人痛心疾首。殊不知奉迎或諂媚，千百年來本就是讀書人求生的本業。歎息前而不先自照鏡子，同樣令人惋惜。

這當然也怪不了誰。讀書人不求功名，報國無從。文章濟世？獨恨文盲太多。要施展抱負呢，唯有做官。士而不仕枉讀書，還顧他廉恥幹什麼？

《資治通鑑》卷一七六記李鍔上書隋文帝，直斥當日「士大夫矜伐干進，無復廉恥」，幼稚得可以。可知干進（求官）之道，首義就是忘記廉恥？封建制度，人主操予奪之柄，東家唔打有西家，不順著龍顏辦事而何？人主愈驕，臣下自然就愈諂。唐高祖大罵隋代「主驕臣諂亡天下」（《通鑑》卷一八七），一語而道破中華二千年皇權政治何故為患。問題正正在於，人一旦有了絕對權力就必墮於驕。能夠表面虛應一下「民意」，已甚不易。唐高祖大讚李綱夠「忠款」（《通鑑》同上），讀一下《舊唐書》卷六十二李綱傳，不難發現，李綱其實天天在踩鋼線。遇勢色不對，必「乞骸骨」請辭，竅門在於不死撐，否則歷史上早多一個共產黨彭大將軍。

唐初，高祖感歎朝臣除李綱、孫伏伽外，「餘人猶踶齕風，俛眉而已」，亦即盡是搖尾乞憐的應聲蟲。新中國建於百年戰禍之後，米缸無米，出了個獻媚毛主席的郭沫若，又何足為奇？

(2000-10-05)

懷念杜魯多

在聖母院大教堂詩歌頌禱之國葬儀式中，加拿大一代巨人杜魯多，從此長眠楓土。

杜魯多深得人心，因為他畢生無私地為塑建加拿大成為一個獨立自主有大理想有高貴民族個性的民主國家而奮鬥。

杜魯多胸襟廣闊，目光遠大。對英國佬，他敢於說不。一九八二年，他促成各省（除魁省外）簽訂憲法，帶領加拿大正式擺脫英國。在加拿大的歷史裏面，他是個偉人。

對於南面美國佬，他一樣不賣賬。在裁減核武的問題上，他敢在尼克遜總統和列根總統面前企硬，贏盡反美的加拿大人的民心。思想崇高，理念清晰，信心堅定，勇氣無比。杜魯多的人權革命和他的自由多元社會觀念，今日已經成為加拿大價值觀的核心（參《Time》，Canadian Edition,Oct.9,2000,p.25），因之永垂不朽。人人平等，人人自由，各有文化。華人在此得以安身立命，實拜杜魯多之所賜。

杜魯多全心要將加拿大發展成為一個尊重人權、樂善好施、文化多元的人間樂園。他的努力沒有白費，加拿大今是全球生活最佳的地方。不過，這十多年來經濟不振，稅擔日重，加拿大人仁慈寬厚的民族個性，在沉重的生活擔子下已開始變質。新興的右翼政團對窮人（大部分是少數民族）的嘲諷，對領取福利者的仇視，在在說明，加拿大人的優美特質，或將隨杜魯多的大去而消逝。葬禮的鐘聲，多少夾雜了華人宜自謀多福的餘音。

(2000-10-11)

小心腦袋

錢副總理面諭陳司長,要「更好地支持行政長官(董特首)的工作」。

輿情鼎沸,不知好人心。

港督和布政司面左右而不利香港人,十年前已經發生過一趟。當日,情繫中國的一介溫敦漢學洋儒港督魏奕信,就常給磨刀霍霍力主對北京挺腰的驚官布政司霍德,架空欺負得慘。督司之爭,猛虎不敵地頭蟲。結果魏博士丟官,改派個手腕鐵硬的政治花花公子彭定康來。惡形惡相的霍德,也給治個豹隱。魏霍不和,替香港人招來彭公子,贈殖民地以黃昏歲月的驚惶。

「董陳不和」,誰勝誰負,港人俱殃。「港人治港」,論理,港人都是中國人,中央若一煩之下硬派個有居港權的京官來治港,在邏輯上你可以說不嗎?何況,地方長官不由本籍人出任,以防範地域同鄉上下勾結而坐大,本就是二千年來中國選派州郡大員的金律。

至於港人才可以治港,那當然也是天大的廢話。《北齊書》卷二十四杜弼傳,記載了相類的史實:北齊鮮卑化的文宣帝高洋,曾問杜弼「治國當用何人」,杜答道:「鮮卑車馬客,會須(該當)用中國人。」高洋聽了,很不舒服,認為「此言謗我」。難道鮮卑人就只懂打仗,不懂治國嗎?難道無產化的幹部就只知共產,一講到治港就唔夠班嗎?吓?

杜弼戇笨,宜不終老。六十九歲時,給銜恨在心的文宣帝賜斬。

(2000-10-12)

錢大過命

香港海關人員，在轉口貨櫃搜獲中國人蛇。人蛇來自福州，謀偷渡北美。記者忙赴福州探究。福州市民在鏡頭面前義正詞嚴：冇錢就冇生命，有錢就有生命。慷慨激昂，十足中國二千年外仁內利、人為財死的地道貨色。

孟子曰「何必曰利」。這當然是得個講字。骨子裏，大家都明白，不言利何以為生。一說到求生，仁義道德自得靠邊站。妻兒固然可以賣，若是走投無路，就賣身賣器官亦等閒。台灣近日股票狂瀉，在報道人蛇的同日新聞片段，恰巧就有台灣股民在熒幕前慘稱要賣腎還股債。中呼台應，真個擲命有聲。

人多，自不然命賤。中國人命賤和印度人看來相差不遠。在印度，只要你出得起錢，就活生生血淋淋的自割一個器官什麼的給你，可有何稀怪。有錢就有生命，這是千年飢餓錘煉而成的思想精粹。北大中文系某博士生，不就曾經刊登廣告，以割售己腎求活麼？血淚縱橫，讀過書和沒讀過書的，都拚著命用自己的微軀去證明———人不過是「寄蜉蝣於天地，渺滄海之一粟」。在銀兩面前，生命確係賤到極。

在加拿大，生命可矜貴得很，否則卻蘭湖的居民不會因為多市將垃圾堆往他們的後院而大動肝火。金錢事小，人命事大。有生命才有錢，冇生命就冇錢。生命不是蜉蝣，也不是一粟，而是珍貴無價的歲月年華。

所以，和一個動不動就賣身售腎的民族談生命意義，無乃向夏蟲語秋楓。

(2000-11-02)

請珍惜你的選票

美加兩地，齊玩大選。在多倫多，同期且舉行市選，頻撲到極。

政客傾巢而出，鬥演技口技之外，爭開空頭支票。在口不對心的政客面前問問題，決不能 too simple，也要避免 sometimes naive，明知故問激嬲人。江 angry 給我們的教訓是：與其枉花唇舌追問政綱，不如費點精神審視往績。

莫說大選於我無關。他日上台的是龍是蛇，關係華人福祉。是以投票之前，切記多了解各黨的理念和本質，要用華人的角度睇問題。須知美麗的口號和動人的承諾，往往不過是迷魂湯藥，飲了失身。

故此，觀政黨當如觀人，至要察其本心。在美國，有政黨在競選宣傳廣告中明目張膽地嘲諷中國人，意圖挑起種族猜疑，藉「國家安全」來煽嚇選民，你會投它一票麼？

不會。因為，凡利用種族猜疑、貧富對立等卑污手段來增加選票的政黨，對少數民族來說，都只會是凶惡的掃帚星。去選它和幫它競選甚或替它出選，都是搬石頭砸自己的腳。

在加拿大，那個政黨執政時對少數民族較好，有目共睹。至於在大選期間招攬一兩個華人參選作點綴的，當然不算數。華人著眼的問題，也不應盡是減稅減 GST 等小惠，而該傾力於他日在制度上獲得更公平對待的長遠利益。閣下的選票載負著加國華人百年的辛酸，別讓一句甜言蜜語，一頓早茶晚飯，又或礙於親友的關係，就輕易予人。

(2000-11-08)

真真假假

　　傳媒的責任，據稱是報道事實。什麼叫做事實？恐怕連受過史學訓練的人，也未易弄得清楚，倒難爲了那些新聞系出身的小記者。

　　困難在於，人類過去之事實有如消逝之光陰冇回頭，永不能如實再重演一次。故此，檢驗此等「事實」亦即史實之真僞，不能採用自然科學在實驗室原原本本再做一次的方法，而僅能依賴直接或間接經由人做的例如筆錄、影像、錄音、實物等證據去重組。可悲的是，凡事實一經人手，其是否仍是真實已不易說。因爲，但凡經過人，就有機會弄虛作假。由於種種動機和私心的關係，真人講出來的固未必會是真，實事所載的也未必一定不假。搞一大輪，結果恐還是落得個《紅樓夢》那一句——「假作真時真亦假，無爲有處有還無」。

　　真假之間，中國人學會了當戲睇。人老精鬼老靈，只有死抱著事事求真的西方記者（包括讀過幾年番書的香港記者），才會如此 too simple, sometimes naive。人世險惡，到處都是大話精。就憑 CNN 的一句報導，大家就誤信小布殊當選總統爲真事，不就太幼稚了麼？

　　唐代「玄武門之變」，太子建成有沒有射弟弟李世民一箭？晚清「戊戌政變」，袁世凱有沒有出賣光緒帝？「六四」死得人多還是殺得人少？小布殊在佛州是真贏還是假贏？江主席之支持董特首是真心還是假意？一切一切，除了小布殊臉頰貼的那塊小啡膠布和江主席扯火時青筋現的怒容之外，真相都永難大白。

(2000-11-23)

打乜鬼孔

千禧年美國總統大選，為了佛州選票打孔一事，民主黨與共和黨展開了一場驚天地泣鬼佬的政治角力。正是差之毫釐，謬以千里。戈爾和小布殊誰個主宰江山，得看那打歪孔的在法律上算不算數。至於會否由打孔而變成打扭如中台之街頭暴力，難料。因為共和黨那一副牛皮燈的橫蠻嘴臉，確易惹人他媽的想去摑它一巴掌。

共和黨堅稱機器點票較人手準確，正自墮於機械主義貶抑人文價值的孽海。人不如機？唉，不傷心就假。今日連簡單如檢視票孔的能力竟亦慘受質疑，做人可謂衰到貼地。難怪民主黨稍唱「民意珍貴，票票須計」，即時打動自卑心重的基層小民。大半世給踩至無地自容貧病交迫的阿茂，在國人面前忽被捧成左右大局的新寵，恰如新中國給毛主席抬舉而突然冒頭的工農兵，能不咸呼萬歲？

要手吨腳震的老人家和笨手笨腳的老粗對準打孔，猶如叫倒糞的去治國，乃強人所難。須知打孔這玩意兒甚不易玩。國鍵年輕時當教師，就常為方便改卷而需在多項選擇題「答題紙」上打答案孔而周章。格兒小小，總讓你打個眼花繚亂頻歪錯。最上一排還易，愈往下打而愈難。有些同工因之改用「燃香燒孔」的方法，甘捱那灼指熏眼之苦楚。足見佛州之要求人人打正孔，不就是存心為難那手眼不靈的老弱殘粗麼？

論打孔，用機器最好。至若點計由人手打孔的選票，還是以人手為佳。

美國佬掉轉來做，抵佢一鑊泡啦。

(2000-11-29)

可鳴鼓而攻之

中國文化大革命時期大力「批林批孔」。批林固好，打壓孔子卻摧毀了傳統文化，禍延兩代。故此，在中國凡要打孔，都須小心行事，造次不得。美國總統大選的另類「打孔」，不意也打出禍來。美國佬素與華爲敵，打孔本就尋常不過。是以國鍵移民美國而終於擇居楓葉國，蓋怕美國打孔會將小兒打成另個李文和。

當然，今天華人在加國能大談孔子，也絕非僥幸。得感謝華僑前賢，也多謝加人仁厚。論民主，加國尤勝美國；談人道，楓葉更越花旗。經百年自我完善，加國實已成爲多災多難的炎黃子孫最能活得安閒愜意的他鄉。

佳境得來不易，爲了自己和下一代，這一種好勢頭必須齊心力保。任何企圖傷害亞洲移民權益的邪見及惡黨，我們都應挺身予以嚴斥。就當選亦須予以杯葛，絕不能忍一時之氣，姑息養奸。雖知星星邪火可燎綠原，挑動排外情緒以求私益，對蠱惑那思想單純的小鎮人心最易奏效。什麼亞洲移民搶走飯碗啦、霸佔大學學位啦、「入侵」啦……，妖氣熏天。

搶走飯碗？加國華人年薪平均不過一萬八，遠低於全國均薪三萬一！廉價的技術勞工有助控制通脹創造利潤從而增加投資和職位，條數點計？富裕的亞洲移民帶來的財富和在這邊的闊綽消費，替加人帶來了就業還是失業？大學學位給亞洲人「霸佔」、社會給亞洲人「入侵」，難道凡黃皮膚的都不是加拿大人了？他們移民都沒經合法手續，是擅自闖關的？吓？

(2000-11-30)

無謂等死

父執輩恆誨示，該當遠離政治。搞搞震易招殺身，禍連九族。神台供著二千年用砍刀脖血雕鑄而成「勿談政治」的無形神牌，金光仍甚耀眼。有仔教落孫，政治骯髒，沾手不得。

那政治該由什麼人管呢？答案乃是，———由那膽生毛的。走投無路，橫豎要死，還怕什麼呢？成王敗寇，博贏便可翻身。打開中國歷史，除了有遠大理想的國父孫逸仙之外，餘多皆因窮途末路，迫著挺而走政治之險，——— a time for change。中國第一趟大型的平民抗命，是秦末陳勝吳廣的揭竿而起。為什麼要起義？只因被派戍守漁陽天雨誤期，依法當死。正吳廣所謂「今亡（逃跑）亦死，舉大計（作反）亦死」（《史記》卷四八「陳涉世家」），與其「等死」，不如博他一鋪。這與毛主席不甘等死而孤注一擲發動「文革」，性質雖異，心態類似。

可悲的是，膽大包天的政客賭的，通常都是那不談政治的懵眾的生命。歷史激漩，搞政治死，唔搞政治陪死。勿以為高招到遁跡深山空門，便可離劫。釋道宣《高僧傳》二集卷三三「釋僧朗」條，就記載了僧道被迫去死的故事。北魏攻涼州，由於涼州居民少，守城官兵「乃逼斥道人用充軍旅」。城陷，魏軍收得「登城僧三千人」，以「道人當坐禪行道」論罪斬之。唉，真個出家又死，唔出家亦死。還幸有寇謙之出來求情，才得赦免。做和尚唔搞政治就可置身事外？幼稚得很。若要求生，就得參與政治。親愛的加國同胞們，識唔識呀？

(2000-12-06)

169

謀變之前請三思

中國人在政治上之求變，可分兩類。第一類常見於中國歷史內憂外患民不聊生之際。橫死直死，拚命一變。西漢中葉，貧富懸殊，「富者阡陌，貧無立錐」，於是有「王莽新政」之變；宋代仁宗神宗之世，國弱民貧，外患頻仍，於是有「慶曆變法」、「熙寧變法」之變；晚清列強壓境，民羸國危，於是有「百日維新」、「辛亥革命」、「共產革命」之變。這一切之變，都出於生死存亡之急，故此都要急風暴雨，都叫做「革命」。

另一類之求變，在中國歷史未之有，今卻發生於廿一世紀之加華。打從華人在加國有了居留權、選舉權因之安居樂業豐衣足食後，政治靜得閒發慌，欲效西門大爺享點糟糠之外眠花宿柳之變，天天望有新搞作。看在彼岸赤貧的同胞眼裏，叫做「活得有點不奈煩」。

今天加國華人地位和生活都日見改善，為什麼還要參加一個右翼新政黨去謀變？須知愈右翼愈保守的政黨，例如美國的共和黨，都愈有扶富鋤貧、打壓少數民族的傾向。中間偏左的政黨，例如加國的自由黨，對弱勢社群的照顧會大方一些。閣下雖或富有望減稅，論膚色卻還是危如累卵的少數民族弱勢社群的一員。挺身為極右政黨說項，不是拿自己的命運來開玩笑麼？係時候去變，想變乜嘢先？若變大了有種族歧視的右派勢力，作為華人，豈不呻笨？

華人有今天的日子，真的掙來不易。選取政黨之前，誠望以華人整體的前途為重，熟慮深思。

(2000-12-07)

謀皮不成反害己

人之所貴，貴乎自知。落籍加拿大，明明是黃種少數民族，卻以洋人鬼佬自居，此謂之戆。

人世難解之結有二：宗教、膚色。受過種族戰亂洗禮的人，皆知各族平等互相尊重之可貴。排他斥異，自種禍根。故此，對於帶有種族偏見的極右保守政黨，有智慧的人必提高警覺。口誅筆伐還來不及，遑論入黨助之張勢？

入黨多交幾個洋朋友，種族界限就此泯滅了麼？可真妙想天開。別有用心的鬼佬樂意交你這一個朋友，只因他睇得起你，而你實在也甚有利用價值。真個當你自己友？發夢冇咁早吧。異國情鴛多夢散，更何況是政治上各懷鬼胎的苟合？身為華人卻參加白人主義的政黨，雖或抱著大唐公主和番的善願，結果毋寧與虎謀皮，未得手而先自作俍。

中國歷史，春秋戰國和魏晉南北朝華夷雜處而終能融成一族，皆因當日華夷之別僅在文化，不涉膚色。今天在加拿大呢，黃種卑列 visible minority，顯眼到令你在洋人社會中難向上攀。這幾年難得畀面有個華裔當上聯邦部長，咱華人們竟又同心合力射他下馬，洋人看了，可真咄咄怪事也。

這位華裔部長沒有善察華情，也許該炒。但作為華人，不向善待亞裔的政黨提意見，好另栽培個華裔來接班，反靠攏有排華傾向的極右政團，有理冇理以先拆同胞的台來逞個人一時之快，沒慮及整體華人政治前途之長遠利益，哀哉！

(2000-12-13)

死蠢

自由黨聯邦政府在中東問題上沒有偏幫以色列，加籍猶太人甚為勞氣，聲言在聯邦大選要踢自由黨落台。在安省猶太人聚居的康山選區競選集會上，與會的猶裔，血沸 裂，把爭取競選連任的自由黨聯邦移民部長卡普蘭(Elinor Caplan)罵個狗血淋頭。結果呢？大選日卡普蘭狂勝，得票比來勢洶洶的「加聯」多足四倍。

何解？皆因猶太裔在鏡頭前的火爆，不過是向聯邦政府展示力量的一場「秀」。一考慮到居加猶裔的切身利益，當然還是選自由黨好。種族清洗的血淚教訓、少數民族的孤掌難鳴，誰會蠢到因不滿自由黨中東政策的一時之氣，去冒種族主義上台將會加害自己之大險？這叫做———智慧。

反觀某些華人之支持極右政黨，理由竟是多多：不想自由黨獨大啦、想大幅度減稅啦、想付錢就立刻有專科醫生睇啦……。獨大即可妄為？恐怕未必。十年前，進步保守黨也曾經獨大，一夜卻幾亡黨。事實說明，只要民主選舉仍在，大權仍然操於選民之手。至於減稅和醫療私有化，對薪酬一向偏低的少數族裔包括華人，實惠未必會多。若然真的富有，也受得起種族歧視之苦，倒不妨效狡兔之三窟，高興時可往美國享他私家醫療之「福」。何必在此助長種族主義分子的氣焰，幫手去破壞加拿大一貫不分種族不分貴賤人人平等的優良傳統，迫她兼行美國醫療保險的惡制度，逐步陷沒能力交高昂保費的貧民和退休老人於窮病乏醫的絕境呢？

(2000-12-14)

華人何解不選華

「華人不必選華人」，是富有大同思想目光宏遠的偉論。對，大家都是人，分什麼紅黃白？上帝面前皆兒女，以膚色選人，是罪。

祇不過，在北美的現實社會，大同光景上帝情懷，仍停留在講的階段。美國黑人抗爭了幾百年，今屆參議院還沒多冒幾個黑。數十年的民權運動且落得如此，你還能有什麼興致去大談「黑人不必選黑人」的廢話？種族問題，依然嚴重。受無理欺壓而但望上帝打救、白人向善，又或化黃黑之軀而為白，都痴得可愛。基因工程還沒有重大突破哩，漂髮染眼，不過阿Q精神。洋人文化自戀症且一日未消，唐人街等價值觀和生活態度，也休想成為主流。作為少數民族，除了努力爭取洋人認同，在無以完全杜絕的種族歧視的陰溝中，團結一族之力以拓片安身托命的孤洲之外，還可奢望些什麼呢？

為此，華人必須參政，不這樣華情就更難上達。華人投華人一票，自是義不容辭。想搵個既了解華人思想又能精通英語華語的議員，不選華人可選何？這是從現實的角度去考慮，不存在任何種族偏見的惡毒元素。只要這華裔候選人不屬排華的格蘭杰(Betty Granger)的那一黨，他既能在沒種族偏見的政黨冒頭，我怎忍心不投他一票？「族裔分化」？過慮了吧。

國鍵敬重洋人，日常生活卻大多幫襯華人。若然不益自己友，華人和華人行業的生存空間勢必縮減。今天華人在政壇上還未站穩腳，就侃侃談著不必選華的高論，對華人才真的起了分化作用哩。

(2000-12-20)

同族三分親

儒家對於仁愛，早備親疏有別的解說。《中庸》云：「仁者，人也，親親為大。」從人性而言，人確有各愛其親的本性。是以君子修身，「不可以不事親」。事奉父母比忠君愛國，在道德上有更高的涵義。一句「親親之殺（差）」，道盡世間情愛各有差等的事實。在封建社會，「爺親娘親不及毛主席親」，當然是違反人性的笑話。人情之中，實則以父母子女之情為最厚。其餘夫婦次之，兄弟又次之，朋友居末。彼此了無關係，欲愛無從，除非你真個泛情無我，又或觀音化身。

推而廣之，同族相親，發自人性，特別都飄寄異國，同胞之情總厚多兩分。華人去選華人，只緣同氣；華人要求華議員多為華人爭利益，亦因連枝。沒情由不幫自己人。此中情性，在偉大博愛的放大鏡下，縱或大有瑕疵，然而，當你聽聞老布殊亦曾私耍手段，幫小布殊逃過前赴越南戰場的大難，你必喟然而歎，天下人心盡私親。虎毒且愛兒，何況是人？

奇怪的竟是，在加拿大有僑胞一方面痛責陳卓愉作為華裔國會議員而沒有好好盡力為華人謀福利，既無面目見江東，撐他下台自當然。另一方面，卻又大談華洋理應一體，叫人不要分你我，不要搞「分化」，華人大可不選華。一邊以自己人唔幫自己人而入人以罪，一邊又叫自己人不必幫選自己人而美之曰公，不覺得矛盾麼？

國鍵看美國溜冰，只捧關穎珊（Michelle Kwan）。奧運若中國奪金，必又拍爛手掌。何解？都中國人囉！

(2000-12-21)   ．

為登寶座出茅招

戈爾和小布殊在佛州選票的爭執，經美國最高法院定讞，間接判了共和黨的小布殊勝。再次說明，勝利總歸金錢權勢人脈的鐵三角。朝中有人好做官，再加幾道狠辣的茅招，不勝者何。CNN 天天直播，令人大開眼界的計有：

（一）斷章取義法：戈爾誓言，點票若順利完成，他必接受其結果。結果呢？在種種阻攔下，票還沒真點算過，共和黨卻指摘戈爾食言，順帶自誇經「點算」後又多勝一次。（二）暴力法：派黨幹部衝進法院大樓，推碰叫囂，點票工作被迫腰斬。（三）耗時法：在法庭上施盡渾身解數，務消耗時間。待點票日期「死線」一到，又話時機已逝，喊都無謂。（四）霸王馬上弓法：法律訴訟未完，共和黨的州務卿 Katherine Harris 存心「蝦你屎」，倉卒大筆一揮，唉，布之勝戈，米已成飯。（五）輸打贏要法：法庭判之贏，則大讚法官知法；判之輸，則狂詆法官枉法。（六）恫嚇法：聲稱若敗訴便即觸發憲制危機，陷國家於分裂。以「國家利益」來打壓民權，十足蘇俄共。（七）混淆視聽法：將未能在點票機點算因而引起爭拗的選票，與海外軍人所投未依章蓋有郵截的廢票，混作一談。（八）洗腦法：天天在鏡頭前重複又重複，曲說選票經已一點再點又再點，卻絕口不提有萬多張選票從未點過的事實。博你聽得多便信以為實，似足「中宣部」。（九）文字遊戲假邏輯法：在新聞發布會上，記者問，那未經點計的萬張選票該怎辦？冇腦的共和黨律師 Ben Ginsbery 得戚地答：閣下既然知道了數目，咁咪點咗囉！

(2000-12-27)

喊冤

　　人們對於事物的看法，每因背景和立場之不同而各異。

　　毛澤東搞共產革命，是站在舊中國廣大的受盡剝削的貧農無產階級的立場，去革大中小半資產階級的狗命。給褲袋和腦袋兩空的文盲老粗，來個報復性的大翻身，一宣三千年捱盡苦頭的屈氣。毛主席算不算貧農出身，查一查他的身世便可知曉。饒有趣味的是，他老人家文章詩書一代冠絕，實也不配是一腳牛糞的偉大的無產階級的一分子。

　　毛主席究竟屬於哪一階層的人呢？依愚之見，今之所謂中產階級是也。此中產階級，當是毛主席《中國社會各階級的分析》（《毛澤東集》第一卷）一文所指「中產階級」和「小資產階級」的混合體。在香港殖民地長大的人來說，大概是那些受過高等教育月入數萬，薪水高過普通勞工階層數倍的社會既得利益者。國鍵慚愧，忝列其中。

　　我們這一類人，毛主席認為，都「欲達到大資產階級的地位」、「發財觀念極重」。於是，大家都拚命地向上爬，或為李超人吶喊，或替商賈集團董特首挺腰。革命良心，大概未必有。

　　毛澤東可沒注意到，在中產階級中，總有一兩個是同情下層社會的自由主義分子。他們重視公義，憑良心講話。在只講權力金錢的現實社會中，或許有點婦人之仁。然而，論人的氣味，卻比鐵冷的財閥為厚。可惜在無情的共產革命下，都給打成反革命，死得可謂最冤枉。

（2000-12-28）

這是加拿大！

在三千年封建思想的荼毒下，中國人靈魂的深處，總潛伏看一種難以根治的奴才病原。一旦病發，鴿起眼來，其翻上則好一副卑躬屈膝求愛乞憐的奴才格；其垂下，則別一具妄自尊大盛氣凌人的主子相。在中國舊社會，就低微如奴婢，也常兼備著這種奴才和主子雙重性格。一有機會，都會對自以為地位較之低微的人發威，肆意辱罵，過足主子癮。

《紅樓夢》第二十四回，記賈寶玉見沒有丫頭們，自己便拿碗子倒茶吃。忽地有個丫頭叫小紅的，走上來接了碗去，替寶玉倒了茶，這可惹怒了丫頭秋紋，事後向小紅：「兜臉啐了一口道：沒臉面的下流東西！……你也拿鏡子照照，配遞茶遞水不配？」唉，原來斟茶遞水的奴婢，也妄自分個上流下流，要先照鏡子「配不配」。實難怪有一兩個舊封建的華人才入了加籍，就「上流」起來了，對於初到埠的新丁，隨意地兜面「啐」的一口罵他不配，居然主子起來趕人走。殊不知兜面吐痰這種德行，在野蠻的封建社會才會流行。加拿大是沒有主子奴才之分的民主國，只要你入了籍，就誰也沒權叫誰滾。大家談的是合不合法，而絕無「配不配」的奴問題。

國鍵入籍十年，可嘆「滾」聲猶未絕耳。發自洋頑童還可視為鬼話，若宣諸同胞之口，則倍教人心摧。

大家看法不同，卻都一番善意。何妨學學戈爾，豁然一笑，———This is Canada!

(2001-01-03)

177

款，莫擺了吧？

在北美洲，據聞，有小撮唐人老闆生性刻薄，封建專橫。你來打他的工，是他養活了你。你該感恩流涕，結草銜環。

這一種古怪的主子心態，在中國人社會乃多見不怪。就稍沾西風的殖民地香港教育界，裏面那品位不過高人一兩級的什麼校長院長之類，間中也會出現一兩個趾高氣揚自視爲「老闆」的人物。上班的時候，總要講點排場，找個校工替他／她捧公事包，恭恭敬敬跟著走。若再有吩咐什麼的，校工且哈腰唱一句——喳！

你若有校情上稟，他必然高高的坐著，你則必然是呆佬的——站著。若稍拂其意，則必然是：喂，你來打我工，聽命便是，想炒麼？

唉，大家都由政府出糧，都是打著納稅人的工，何須擺個大爺款？祇不過，中國人確又有點怪，一旦有了些許權力，三千年來隱藏的主子頑疾便易復發。「我給你一口飯吃」的架勢和氣焰，天般大。若他果是自掏腰包的，這還得了？

是誰養活了誰，資本主義和共產主義有極相異的看法。沒有了僱主，員工當然沒飯吃；沒有了員工，僱主一樣會踎街。時代在進步，主子奴僕的殘夢已斷。鬧鐘響了，乖乖，快點起床吧，早點返回辦公室，想辦法勸下面的伙計「大佬」們今天聽聽話話。再往神枱燒一炷香，誠心祝禱，祈下面的員工「老闆」們少跳草裙舞。若有樓面大姐突來話要請假睇戲，你切要沉得住氣，笑看臉兒，低吭一聲——喳！

(2001-01-04)

清場，只爲了你好

加拿大尊貴的總理克里純先生，在群眾集會中，突然給來趁熱鬧的「扔批黨」小伙子照面擲以「忌廉批」，給嚇了一大跳之外，也狼狼尷尬不堪。然而，他沒有當眾動怒，也沒有抓「扔批」的小伙子去勞改，更沒有下令皇家騎警以後要替他老人家預先清場。

在舊中國可不然。大富人家出遊，手下第一件要辦的大事，就是去清場。

《紅樓夢》第二十九回記端陽月初一賈府往清虛觀打醮看戲的事，王熙鳳的第一個動作，便是早幾天先派人去，「把那些道士都趕出去」、「一個閒人不許放進廟去」。由於「老祖宗」賈母也要去，上下自然更加緊張了。初一日才到了清虛觀時，恰巧有個負責剪燭的十二三歲小道士，不知好歹的剛走避不及，一頭撞在王熙鳳的懷裏，「鳳姐便一揚手，照臉打了個嘴巴，……罵道：小野雜種！往那裏跑？」結果當然是給抓起來喊打。唉，「小門小戶」的小伙子，又怎曉得富貴人家的架勢和規矩？

今天新中國民主進步，貴胄之家出巡，已少了「車輛紛紛，人馬簇簇」，也沒有了扛起幾爿朱底金字「肅靜」、「迴避」的巨木牌來鳴鑼喝道。但老祖宗出巡，畢竟還是要預先清場的。平日大三巴牌坊的遊客，自然要「都趕出去」，一個閒人也不許放進來。濠江總管爲了「安保」而做了該做之事，兼很有意思地派人假扮遊客示老祖宗以遊人如鯽的勝地真景。低聲忍氣如此，仲想點喎？難道想 sometimes naive 的小伙子們胡裏胡塗撞入去，又挨鳳姐一巴掌麼？

(2001-01-11)

仕途秋恨

　　陳太辭職，布薩落台，一比而盡顯華洋有別，器識不同。

　　陳太四月離任，據政府要員辭職須六個月前通知的規定，則呈辭當在去年秋，亦即九月赴京給北大人「訓諭」之後。據《明報》記者探得，陳太自回港後便是「心灰意冷」，在官商面前，暗吞那「人情冷暖」。「人情冷暖」，一句而勾出咱中國社會文化之精粹。錢副總理向香港人稍稍丟了一個眼色，堂堂司長，即時便落得個門庭冷清，難堪寂寞。爭打落水狗，十億神州擅「擦鞋」。中國人尊敬的是權位，不若西洋人敬重的是人。同樣是心灰意冷的布薩，可無半句人情冷暖的怨語。此所以中國權貴之死不下台，正因下了台若沒有「顧問」、「資政」這類「聽政」的銜頭，人一冷了，就蹲在街邊討飯的痞癩，也曉給喪家狗面色看。

　　在社會打滾，同工可得，知心莫求。洋人自幼學會獨立，過慣孤寂生活。人情冷暖，豈會惱掛心頭。客途秋恨，什麼「幽蘭不受污泥染」，什麼「玉容無主倩誰憐」，只有中國人才這般婆媽。老外最看得通，下台失勢，哪怕昨日是如何的花團錦簇，今日是如何的雪冷霜寒，一樣泰然。人世，本來就是一場寂寞，又何必為猢貍猻散而鬱結於懷。

　　布薩讓賢，說因「仔細老婆嫩」。宣布當日，英雄老淚暗輕彈，只因說及妻兒處。陳太下野，亦話要多陪老公。可惜笑容牽假，僅添證了中國政治人物之向無情義。中土求暖，痴了麼？

(2001-02-01)

奈何命賤

在三千年中國封建思想文化的牢牢束縛下，中華民族恐怕永遠難享有西方文化之民主平等自由。中國人體內的染色體，早有著一種ＤＮＡ，叫做儒家禮制。

在體制之下，人一生出來，若非上尊，便成下賤。下賤的人要仰承上尊而活，命中注定不平等。既要仰承，當然也就沒有什麼自由可言了。貴賤這兩個字，不但將中國人的身分地位清楚劃分，還將他們的身體性命，作了金釵寶玉和塵泥芥草之區別。閣下若非有財有勢，就順理成章的請自撥歸賤命一條之行列。在權貴眼中，芸芸草民，全都是生而為賤背負著中國式「原罪」之下賤微物。生生死死，都須由尊貴的「恩公」作主。

還幸儒家之論尊卑，尚頗重視愛賤恤下之仁念。《左傳》昭公三十年游吉曰：「禮也者，小事大，大字（愛）小之謂。」在下的要事奉在上的雖生而定局，但做大的也得要講點仁道。只可惜戰國以後，中國人的染色體又多了一種新ＤＮＡ，叫做法家刑戮。在儒家的尊長獨裁和法家的唔聽話即殺的互動之下，中國人便天生一副順民任殺格。公堂之上，向青天大老爺下跪，此謂之「禮」；驚堂木一拍，你不立時招認便是刁民，得「大刑侍候」，此謂之「法」。該不該殺，全仗那讀過所謂聖賢書的長官的一念之間。你的唯一選擇，是認命。

所以，「南京大屠殺」日本仔槍下的三十萬亡魂該不該死的問題，對於咱等死不足惜的草芥賤民來說，本就沒資格置喙。國家領導人都說日本人也是受害者了，你還嗡嗡些什麼呢？

(2001-02-14)

小布殊,你真棒!

美國總統選舉點票兩黨互砍,傷痕累累。慘勝的小布殊第一件要辦的事,就是親自打電話給極之憤怒的民主黨黑人民權領袖傑克遜,致問候之意。傑氏怒氣,為之半減。且又連消帶打,率先公布兩位內閣成員國務卿鮑威爾和國家安全顧問賴絲,都是黑人。黑人團體抱怨共和黨歧視黑人,登時就站不住腳。先前傑克遜號召黑人們在總統就職典禮當日遊行抗議,即時又變得空洞乏力。打後再委日裔的峰田當運輸部長,又挑個華裔的趙小蘭做勞工部長,保守的共和黨在大選期間和有色少數民族的緊張關係,幾煙消雲散。

小布殊上任翌日更赴黑人會友眾多的教堂守禮拜,高調地再一次洗擦他來自德州在傳統上頗忽視有色人種權益的保守形象。面慍口訥的他,一月之間,竟大智若愚地移動了幾磚支撐民主黨的有色族裔的礎石,果真係「人不可以貌相」。

趙小蘭之獲用,除了她本事外,相信和小布殊著意安撫西岸華裔愈發高漲的反共和黨情緒有關。況且美國亞裔和拉美裔黑市勞工問題嚴重,委任趙小蘭,情況頗類先前獲提名之查蕙絲乃拉美裔,而能源部長則找個阿拉伯裔,都明顯地有著族裔背景的考慮。所以,趙小蘭升官是叨華人之光還是沾華人之「黑」,又或是華人叨趙小蘭之光抑或趙小蘭必將比美國人更美國而對付華人,恐將永無答案。不過,將唐人街違法剝削的勞工問題,交由華裔部長去整治,知己知彼,兼又省了壓迫少數族裔的嫌疑,論光,還是小布殊的耀眼。

(2001-02-15)

都是藉口

　　高行健說，文學凌駕政治。高先生在香港，只談文學，不談政治。毛澤東說，政治凌駕文學，毛主席在大陸，只重政治，不重文學。

　　中國人就是這樣子，凡事總要弄清楚高低。誰凌駕著誰，隱隱然就有了個主從之念。這一種身分的釐定，構成了中國社會文化的主要部分。即是之故，中國人姑無論新交舊雨，見面之時，通常必先打量你的衣著，再問一下你的近況、你的職級、你的住區……。不先搞通誰超越誰的問題，話就很難談下去。對上和對下的語言，畢竟是很不相同的。社交場合的這種摸底，文雅一點叫做「關懷」，通俗一點叫做「八卦」。

　　若論其實，則文學的本質就是文學，寫作素材可無所不包；政治的本質就是政治，覆蓋範疇亦無所不備。故此，文學和政治彼此雖是不同，其涉足之範圍卻大可互相摺疊。若從文學的角度看，乃無處非文學，若從政治的角度看，則事事皆政治。就吃飯前不大喊三聲感謝毛主席，也可能犯上政治不正確。

　　然而，文學和政治之間本身並無必然的相屬關係，又何來誰凌駕著誰的問題？毛主席以政治為高，意在箝制有自大狂的知識分子。高行健以文學為上，亦十足傳統文人為免麻煩故而避談政治混句遁詞。晚明羅貫中在《水滸傳》中，寫宋江等「忠義之士」給「逼上梁山」，如何因為北宋末年政治腐敗而「替天行道」，「殺天下賊官污吏」（張鳳岐校注記引《金瓶梅詞話》語），不就是大談著政治麼？

(2001-02-28)

避談政治

　避談政治，是中國千百年專制政治屈殺文人而醞成的文士心態。這一種怕殺頭的政治心理病，西醫大概叫做 obsessive compulsive disorder。

　二千年前，春秋戰國，百家爭鳴，大家有乜講乜。公然頂撞君主甚至乎死諫者甚多。秦代雖云坑儒，但西漢文人仍舊政論滔滔。董仲舒大談「天人合一」，結果且搞出個「王莽篡漢」的大頭佛。

　東漢之後，政治才開始成了禁忌。要談，不如談「訓詁」，研究文字學。又或脫離世俗，遁歸「清談」。東漢末年「黨錮之獄」，文士與宦官攬住死。董卓入京，從此亂世浮生，做人呢，還是李白《行路難》那一句「含光混世貴無名，何用孤高比雲月」好。魏晉「竹林七賢」，劉伶酒鬼；隋唐佛學，看破空無；宋明道學，專注心性。清代上追東漢來個「考據」，情況仿如今日之高談正音正義，將小考證看成大學問。正是國家興亡，關我乜事。「且樂生前一杯酒」，千載名？你要啦！

　此無他，皆因愈讀得中國史書多，就愈發怕死。從這一意義上看，香港學校今欲廢中史科，未嘗不是一件好事。想政治進步，最好還是多讀西史，可愈讀而愈知官唱民隨絕非理所當然。美國名演員珍芳達因為反對越戰，除了參加反政府的示威抗議外，還親往越共營地做訪問。美國人可沒當她是美奸。在中國呢，就哼半句異聲，便成賣國賊，罪及抄家了。所以，徐老頭叫高行健不要談政治，高就不便談了。這是很值得大家同情和原諒的。

（2001-03-01）

剗邪

中國政府打壓「法輪功」，稱之為「邪教」。香港天主教區反應強烈。這當然不代表天主教是贊成「法輪功」的。只是「邪教」兩字，既翻出滿清康雍以降迫害中國天主教徒的舊賬，復勾起共產中國無時不趕絕在華天主教活動的新怨。

正邪不兩立。中國人對於「邪」這一個字，向有著趕盡殺絕的藏義。一認定是邪，便殺得振振有詞，心安理得。至於邪與不邪，卻很大程度由必然係「正」的官府定奪，再經讀屁書的忠君知識分子胡謅以圓其說。清康熙三年，楊光先向官府上《請誅邪教狀》，斥天主教為「邪教」，教徒「內勾外連」、「謀為不軌」。雍正元年，閩浙總督滿寶為了逢迎雍正厭惡天主教的心理，上奏力指天主教「邪教偏行」「人心漸被煽惑」，建議將天主堂都改為「公廨」（官署），「嚴行禁飭」。不數年而教難迭起，教堂盡毀。南京天主堂改為積穀倉，杭州天主堂改為天后宮……。此後一百三十餘年，教士教友被害者難以悉數（方豪《中西交通史》冊五，五章九節）。新中國秉承我中華民族不愛君國便成「邪」的德性，天主教徒若不加入「愛國教會」，若不斬斷與羅馬教廷「內外勾結」的關係，自不然都難有好日子過。建國五十年來，聖堂毀拆，修院解散，樞機主教、主教、神父、教友給關在獄中的甚眾（參《美華人天主教文摘》，二千年三卷六期，頁十七）。

中國文化講包容？中華民族重仁愛？都書生管見。實際是，貼個邪字即可亂剗。

（2001-03-14）

萬世之業

　　據香港無線電視新聞報道，中國對西部大開發的計
劃，已開始落實執行。漢唐以來改善西疆人民生活的
夢想，大概快可實現。

　　新疆古為「西域」，未入中國版圖前，雖非中國疆
界(boundary)，卻向被視為中國國防上之國境(frontier)
，它關繫著中華民族的興衰存亡。因為，若失了西域
的控制權，玉門關和陽關便即受壓。兩關若失，河西
走廊（今甘肅省武威、張掖、酒泉、敦煌）洞開，京
師長安便甚危殆。是以西域乃漢唐以來有為君主例必
悉心經營。漢武帝世，派張騫出使，置「使者校尉」
（宣帝改稱都護）；東漢明帝時，遣班超西征，復置
西域都護。始自漢朝，中國已在西域天山南北兩道（
「絲路」）屯駐重兵。為了駐兵之生計和改善當地人
民生活使之歸心，已著意協助發展西北經濟。農耕之
外，鑿井、「坎井」（地下渠道）等取水和灌溉工程
的技術，亦因之同時引入西域。

　　清乾隆之銳意經營西域並終將之併入版圖而為「
新疆」，固一代盛事。民國初年，對新疆亦頗思開發
。例如民國五年（一九一六）曾派林競前赴考察，歸
來寫成《西北叢編》。林於「自序」力主傾「全國之
資力才力」以經營西北。蓋西北今雖「榛莽未開，交
通不便」，卻是「全國未來之生產泉源」，極要「特
加珍視」。並籲有志者「相率投荒，共作千秋萬世之
業」。可惜要到廿一世紀才由共產政權去注資投荒，
西北可真命苦。但祈今番開發真的有益西部百姓，而
非為貪官藉機開發財路。阿們。

（2001-05-03）

呆佬拜壽

一九二一年七月二十三日晚上八時，中國共產黨第一次全國代表大會在上海法租界望志路一零八號（今盧灣區興業路七十六號）秘密舉行，正式成立中國共產黨。

倥傯八十載，中國共產黨今夏喜迎八十周年黨慶，據《明報》，中共爲此而加強控制輿論，硬要衆傳媒歌功頌德，一起合唱「三個好」———「共產黨好、社會主義好、改革開放好」。並禁嚴批評毛主席和文化大革命，以免沾損黨的「光輝形象」。這是很符合中國傳統禮教底祝壽文化的。

老祖宗九秩開一榮壽吉日，一切得講好意頭，此實中國千年社會的優良風俗。這一天，諸色人等，都該以竭力討老祖宗的歡心爲心。姑無論真心假意，都要祝她萬壽無疆、福如東海。爲要逗她笑，再肉麻的也不怕講。例如沒有她就沒有爹，沒有爹就沒有我⋯⋯。跪在老祖宗面前，也須循例發誓，永遠做聽她話的好子女。「好」這一個字，不就是子字加女字而來的麼？

是日也，近似「四」「死」「瓜」等聲絕不宜發；瓷杯瓦碟，絕不能砸。若不慎講了聲「四」，又或碰碎隻碗，不但會即時捱罵捱打，打後一年若老祖宗有什麼不測，罪必算往你頭上。又壽宴當晚，大家興高采烈吃著壽麵的時候，你切要一口氣吞麵如吃意大利粉，並邊吃邊說麵是愈長愈好。切忌因麵太長而溜口說了句「壽麵（命）太長，待我截短佢」。無心的一句話，你大可成爲害她來年做不成壽的兇手。

唉，老祖宗都八十歲了，做孩子的就孝順孝順吧。壽誕何妨滿油嘴好意頭，好沖喜一下？

(2001-05-17)

187

蠕蠕公主不華言

北魏末期，六鎮反亂。居於漠北的蠕蠕（柔然）民族因之復興。公元五三四年，北魏裂為東西，各自「競結（蠕蠕主）阿那瓌為婚好」（《北史》卷九八「蠕蠕傳」），都希望拉攏蠕蠕做後盾，在軍事上壓倒對手。公元五三七年西魏文帝為了迎娶阿那瓌長女郁久閭氏，可忍氣吞聲到要先廢掉元配乙弗后。因為阿那瓌的女兒，是不做二奶的。

公元五四六年，因為政治上的需要，東魏丞相高歡亦被迫娶阿那瓌的女兒蠕蠕公主過門。由於蠕蠕聲大夾惡，為了「國家大計」，高歡的髮妻婁昭君無奈要「避正室處之」（《北齊書》卷九皇后婁氏傳），自己甘願做小。為了國家利益，西魏的文帝和東魏的高歡，且都降格作了蠕蠕人的乖女婿。

堂堂的蠕蠕帝國的公主，紆尊降貴嫁來中國，對於這卑弱國家的一切，當然是不屑一顧的。無怪郁久閭氏之往西魏，「營幕戶席一皆東向」。負責迎接的元孚請改向正南面，郁久閭說：「魏仗向南，我自東面。」（《北史》卷一三悼皇后傳），真個睬你都傻。而蠕蠕公主之歸東魏也，亦「一生不肯華言」（《北史》卷一四蠕蠕公主傳）。下嫁去一個有求於我的弱國，操其語言未免有辱國體。在歷史上，亦只有小國的領導人，才會以公開賣弄識講幾句大國的語言來引以為榮為傲的。

此所以克林頓或小布殊在公開討論國是時，從來不會夾雜一兩句唔鹹唔淡的中文。因為，就女流之輩如蠕蠕的公主們，也曉得講了有失身分。

(2001-05-23)

國情不同搵鬼讓

從政者先須具備的品質，是包涵。競選期間，容或拗的面紅耳赤，極盡詆毀。但一到塵埃落定，風靜浪平，則前時的萬種恩怨，俱可一笑而化煙。小布殊和戈爾兩大陣營在美國總統選舉期間對壘，由講口發展到幾乎講手，結怨甚深。但當戈爾一聲「讓步(concession)」，還不到兩小時，小布殊就站出來老友鬼鬼地講話：閣下雖不曾選我，我卻必竭誠為閣下之利益而服務，好取得你的信任……。

鬥爭已經結束。對敵人多踩一腳，於己無益，於國有損。就算真的有百分之九十五以上的黑人沒投他一票，他也絕不介懷。這叫做政治家的胸襟和量度。這也是美國民主政治的一種優良傳統。美國人要的只是公平較量定輸贏，卻沒有「勝者為王，敗者為寇」的怪思想。

成王敗寇，只合在主尊僕卑、上貴下賤的專制的東方社會才有。政治鬥爭，這當然是血腥的了。因為不見血就沒法分勝負。可不是麼，成王敗寇的另一同義詞，是不成功便成仁。做不成王而成了階下囚，不甘做奴僕的便得自戕。至如那做成了王的，對敵人也少不免執意於斬草除根，趕盡殺絕。總之處處嚴防，防他春風吹又生。這是幾千年東方文明的政治「智慧」。為眾反對者的利益而服務？為爭取眾反對者的信任而努力？為國家著想而拋開成見容納政敵？哈哈，不把你百般折磨而讓你死個痛快，已叫仁至義盡啦！

中國的政治鬥爭，是一步都不能讓的。一讓便成劉少奇，此身從此獄中度，死時磨至皮包骨。

(2001-05-30)

千年之沙須先治

中國經營西北，向甚艱辛。地理交通、民族宗教，無一處不頭大。特別是沙漠化日益嚴重的今日，處理若稍不善，禍亂隨時因之而生。

西北地區之沙漠化，殆不始自新中國。漢唐之世已見風沙肆虐。中古天山北道，哈密(Hami)雖云土地肥美（嚴耕望《唐代涼州西通安西道驛程考》），高昌（吐魯番 Turfan）亦「氣候溫暖」「穀麥一歲再熟」（《魏書》卷一零一「高昌傳」），然而東晉南北朝時（約公元五世紀），據西行僧侶所記，天山南北道大部分地區實際已荒墟難行。

例如法顯於東晉安帝隆安三年（A.D.399）與同學慧景等西往天竺，由敦煌陽關走天山南道入鄯善（古樓蘭），途中已是「多有惡鬼熱風，遇則皆死無一全者」，又「上無飛鳥，下無走獸」，只能「以死人枯骨為標幟」（《大藏經》卷五一「高僧法顯傳」）。是則陶保廉所謂玉門陽關路「唐宋以後，淪入流沙，杳無人煙」（辛卯侍行記》卷五），魏晉已知其然。北魏之後，連漢代之玉門關亦被迫廢棄（勞榦《論漢代玉門關的遷徙問題》）。足見西北沙漠擴張的速度相當驚人。

民國初年，據林競所說，就甘肅張掖以西即俗稱所謂「關外」，亦已萬里荒漠，人煙稀少。出嘉峪關之後，更是「戈壁中沙石參半」「細沙纍纍」，一片荒涼景象（《西北叢編》，台北中國文獻出版社，一九六五，頁一九七）。種草植樹以抗沙，實在刻不容緩。因為風沙問題若不獲解決，則一切之投資開發，都難望結實開花。

(2001-06-06)

沙從何來？

中國西北地區沙漠化，若究其原因，則眾說紛紜，俱見道理。曾經前赴西域考察的英國人斯坦因(S.A. Stein)認爲這是由於山嶺積雪減少，導致水流乾涸；利諦模(O. Lattimore)則認爲此乃氣候改變，社會與環境失去均衡，雪山融雪少，水質化學素過濃，而渠道又因日久而淤塞（《An Inner Asian Approach to the Historical Geography of China》，in《Studies in Frontier History》，Paris Mouton & Co;1962,P.492)，耕地被迫廢棄。結果當然是耕地日縮，沙漠日伸。

若用今日的尺度看，則雪水多少和水質優劣，牽涉的正正是個環保的大問題。沙漠地區之所以擴大，皆因植物的不斷枯萎。而植物之枯萎，除了氣候的改變之外，大部分原因出自人爲。———例如戰爭破壞、砍伐過度、山林失火……於是植物愈少而沙漠愈大，沙漠愈大而氣溫愈高河水愈少，植物又愈加少了。互爲因果，惡性循環。

林蔭翳日的雪山，春夏間融雪速度本來相當慢，涓涓不絕是流水。可惜樹木給砍伐殆盡，烈日炎空，雪融豈能不快。結果春間暴洪過後，夏際水源便無以爲繼。河水涸竭，植物枯萎，強風之下風蝕作用加劇。十年八年之後，原本綠油油的原林，都成了黃蒙蒙的沙堆。

所以，中國沙漠的惡化，與其怨天，不如尤人。中古時大家還可以將罪推到草原民族連年戰火的身上，今天中國大統一而惡化依然，誰之過？爲了賺錢，就草根灌莽亦掘個清光了。

唉，看來沙漠化的已不單是西北，更且是中國人的頭腦。

(2001-06-07)

191

且任佢講

　　人的思想言行，最難解讀。治人文學科之所以難，正因人的情緒心思，變化萬千。心猿意馬，就唐僧佛祖，也未必盡猜得通透。

　　所以，要清楚了解某人的語言，向來不易。例如敝加國總理先生說要「保持競爭力」，聯邦政府的各種開支，立因之而左縮右減。冷不防近日卻關埋門引進法案，給自己和各議員們大幅加薪。理由且亦係———「保持競爭力」。

　　在安省呢，保守黨政府對教育醫療交通水電，同樣以「保持競爭力」為由而左摌右節，兼唱「私營化」。若都落實，論理政府膊頭輕了，省長和省議員該減薪才對。殊不知省府又自閉門加薪，一加便數十巴仙。理由呢？哈哈，同樣一個「保持競爭力」。所以，「保持競爭力」的潛台詞，輒因對象不同而暗藏加減兩義。對低層的小市民，係共渡時艱的減減減，對高層的大官，是挽留「人才」的加加加。十足無良公司大老闆，董事酬金勁加，小職員薪金狂減。這都叫做「保持競爭力」哩。

　　就同一小事，亦每因對象不同而各異其義。閣下遇上窮朋友而與之點頭，卻白吃了檸檬，你只會憫然感歎：唉，何必太自卑！若遇上個富的，自覺受辱的你必將大為火滾：嘿，使唔使咁驕呀！事情相若，而反應迥殊。閣下的心，確也是難解的。

　　所以，若給朋友「跣」一大鑊，問題未必出自朋友，而大可來自閣下的解讀能力。

　　盡信書本不如無書，盡聽友言不如無友。袞袞塵言，滔滔世事，向來都係因人賦義。那領導人的話，你竟全信了？

（2001-06-13）

讀聖賢書所學何事

文章濟世，多少總背負點社會的道德責任。臨深履薄，最好係「述而不作」。天天「老作」，離事言理，於世未必有益。

此清人章實齋所以主張以史學精神替代經學也。因為史學著重史實，而經學雖或基於古史，可惜年代久遠，未必都切合今情。清代顏習齋大罵訓詁清談禪宗鄉愿，誤了蒼生，且嘲中國讀書人「無一不脆弱，爲武士農夫所笑」者，理亦在此。蓋恢宏的議論若脫離社會現實，只係空談。空談的書讀得多，必會「讀書愈多愈惑，審事愈無識，辦經濟愈無力」（並見錢穆《中國思想史》P.190）。

中國傳統的讀書人搞經濟，確多是一塌糊塗的。之夫者也詩詞歌賦，一流；養妻活兒經營生計，九流。太平盛世時可偉論多多，超凡入聖，到民族有難要辦實事了，則雞手鴨腳進退失據，有時連做人的原則也模糊起來，對眼前發生的事實，忽地更患白內障了。

宋代士人治國，夠教人心寒。中國的讀書人呀，大多是遍覽群經胸懷大志的駝鳥。就跑了往外國，聽別人談起「種族歧視」，也會搖頭擺腦的說中國古籍沒這類記載，「種族歧視」信不會有。

對，在中國人來說，給人歧視乃古之未聞。就天安門前用坦克驅趕手無寸鐵的學生，亦古所未有。說了且害功名，何妨摒諸腦後。

孫逸仙說：「宇宙間的道理，都是先有事實，然後才發生言論。」加國華人反種族歧視、反人頭稅，中國學生「六四」反貪污，不全都是先有事實的嗎？

(2001-06-14)

小布殊這個「揪街」

在美國廣受歡迎的清談節目《大衛‧黎特文》（David Letterman），每談起當今總統喬治布殊，總愛下加「dumb guy」一詞以爲譖。夫 dumb guy 也者，蠢才之謂也。小布殊聽了，以他躁急的脾性，必然氣到爆。你愈譏他蠢呢，他當愈急著以行動來證明他之大有爲。結果 dumb guy 兩字，竟得切意中文音譯之「揪街」。他上場未及四個月，便通街見人就「揪」，圖以打打殺殺來建立自己的威霸。

布 Dumb Guy 第一個驚世的「揪街」行動，是單方面宣布撕掉有利全球環保的「京都協議」。繼之是不顧全球反對，NMD（國家導彈防禦系統）硬上馬。再繼之是公演一幕「中美撞機」，囂然全不把歐亞放在眼內。不覺使人想起秦始皇此中國之第一 dumb guy 來。

始皇與小布之貌品實頗相似。《史記》卷六「始皇本紀」秦王十年條，記述大梁人尉繚往見秦始皇，勸秦王用賄賂各國大臣的方法來破解各國之「合從」。蓋人性多貪，收了錢就可賣國。只要花三十萬金，什麼「合從」聯盟便自收檔。

秦王甚善其計，見尉繚時「亢禮」（行平等之禮），十分謙卑，直如小布未當總統之時，也經常說他自己是 v ery humble 的。然而，尉繚睇人通透，私下卻說：「秦王爲人蜂準（高鼻），長目摯鳥膺（膺，突向前。鷙鳥悍勇），豺聲，少恩而虎狼心，居約易出人下，得志亦輕食人……。」論相，今小布亦高鼻鷙鳥豺聲；論品，小布亦虎狼心，未得志時謙卑易出人下，得志時動不動就去咬人。唉，「揪街」再世，殆無寧日矣。

（2001-06-28）

擾人清夢

　　廣東人最愛熱鬧。在廣州，大時大節固是鑼鼓喧天，鞭炮震耳，就平日也是吵昏腦的。屋內，麻將歡聲是不分晝夜，百年酸枝麻將桌上，恆拍出爽神的霹霹啪啪；屋外，無日稍停乃汽車響號，廿四小時地嗶哩叭喇。大家習慣了嘈，耳膜自然比較厚。講說話大聲而不自知，發嘈音打擾了別人而不自覺。

　　因此，在國外酒店過夜，最怕遇上三兩個口不停講的廣東來客。人一現，睡房外原本是寧謐的長廊，可即時給熱哄成唱卡拉ＯＫ的酒廊。這倒罷了，只望他們快快各自歸房，還走廊一個清靜。可惜卻大多是事與願違，好戲還在後頭。

　　倦得要命的你才朦朧入夢，冷不防鄰房的門突然呼地一聲打開，傳來了住客往長廊別房的遙喊：喂，阿牛，你地識唔識開浴室個花灑呀？長廊盡頭的另一邊，竟不消一秒就有了同樣宏亮的回響：喂，阿九，先開水喉，再將喉上那小掣往上拉就得啦！呵，得喇，你地聽日去邊度食早餐呀？係咪各有各去啫？……喂，梗係來你個度先啦，早餐你鍾意乜嘢？……隔廊對唱了足十多分鐘，才忽又門兒嘭地一聲，一切復歸靜寂。

　　你呢，卻是聽了歌兒，消了睡意。原想睡一覺好的，這回可要眼光光望天光了。余也廣東人，平素大聲慣，算是自作的孽。至若老外，可真無辜了。

　　在外國的地方且日夜吵如此，今香港「中央圖書館」竟規定來人只許靜靜讀書，不許喧嘩鬼叫，不覺得太嚴苛了麼？

（2001-07-04）

從心所欲

　《論語·爲政篇》，子曰：「七十而從心所欲，不踰矩。」孔子的意思是說，他老人家要活到七十歲才做到「隨心去做，都合法度」，在言行上達到從心所欲卻都合乎道德的高境界。

　現代的中國人當然要比孔子棒，就十來歲的靚仔，早已經是「從心所欲」了。至於是否「不踰矩」，who cares？

　今日，香煙固是不分老少隨心就抽，濃黃的煙痰，更是隨口便吐。那易招祝融的煙蒂呢，當然也是隨手即扔。「從心所欲」從到這地步，孔子在九泉之下，大概不會瞑目。

　「解放」又或移了民，中國人有了自由，「從心所欲」從此也有了「個人自由」的新義。唔准吸煙？喂，想干涉我的「自由」麼？二手煙、播菌痰、招火蒂，可敵得「自由」兩字麼？自己快活不理人死活叫做「自由」，是新世紀炎黃子孫假洋鬼子的新邏輯。

　這類人相信爲數甚眾。在加西華人旅遊團常往參觀的某人參場裏面，就貼滿了各種因表叔「自由」而來的告示。姑錄原文以爲鏡，好照一下俺中國人「從心所欲」之新貌：

　在前往人參場接待處的迴廊道上，每數步，必見備置盛滿白幼沙的大圓鐵桶一個，上插T形厚紙牌，斗大的中文字寫道：「請勿亂丟煙蒂，熄滅後，請丟入桶內，謝謝。」在男廁裏面，滿目也中文字：「使用完請沖水，謝謝」、「請勿將衛生紙和紙巾沖入馬桶中！謝謝」。

　這是加拿大華人食肆和商鋪普遍的獨特景觀。老外若識中文，必嘆之以爲奇。

（2001-07-05）

教養得法

在溫哥華的國際機場，每逢夏日，一天總有幾團日本學生在此轉機，前往卡加利等城市學習。在候機室裏面，日本學生所表現出的自律精神，確令人肅然起了敬意。他們天天如此的進進出出，也甚具日本向外宣揚國體博洋人好感的實效。

比之在歐美國際機場經常鬧著什麼中國貿易考察團團員集體失踪的駭人新聞，洋人對大和民族自必另眼相看。

國鍵今夏在溫哥華機場遇上的日本學生團隊，個個衣著光鮮，談吐溫文。團隊橫列十行，每行四人，都站得整整齊齊。領隊老師忽地輕輕拍了拍手，加了一個眼色，即時便自鴉雀無聲，原來是要派登機證了。派證時，老師也是很輕聲的，決不像香港老師要用「大聲公」。分發妥當後，只見又低聲吩咐幾句，學生瞬便轉身變成四行，已是女的居前，男的殿後！啓步前往登機閘時，途中又自四併合爲二了。唉，看去都不過十來歲而已，而紀律秩序竟嚴明如此，若中日再戰，散沙一盤的中國人可有難了。

在中國人來說，不守規矩才叫「自由」，漠視公德始謂「西化」。殊未知洋鬼子的地方也是挺講秩序和寧靜的。在大學，既沒有學生堂上講手機之劣行，也斷沒有教授在堂上突然跑出課室外邊抽一支烟的「羅曼蒂克」。大家都知道什麼叫「互相尊重」，夫之謂教養。

百年前鄭觀應已指出，中國不知西方富強，「不盡在船堅炮利」，而在於「教養得法」（《盛世危言初刊自序》）。今教育千瘡，品行失調，而竟有人囈說 Manhattan plus，果阿Q得很呢。

（2001-07-11）

賣假嘢

中國自八十年代改革開放以來，贗品之風愈吹愈烈。書畫固然假嘢充斥，就用來寫字繪畫的文房四寶紙筆墨硯，也是偽貨流行，市場多的是冒充的水貨。貼的雖都是名廠招牌，下筆時方知是假。去幫襯大國貨公司？移民時買了兩盒「箭鏃」印泥，用之一樣「領嘢」。

這當然不能怨鄧小平，因為魚目混珠賣假貨，本就是俺中國人千年來精通的絕技。宋人岳珂《桯史》卷十三「冰清古琴」，就記述了岳珂踢爆士人賣假古琴一事。

此冰清古琴本經「博古知音」的專家等人檢驗，證實真係「數百年」的唐代古物，值錢百萬。買賣雙方正討價還價之際，豈知岳珂卻指出琴上所書唐德宗年號「貞元」之「貞」字，唐人沒道理為避二百年後的宋仁宗趙禎的諱而闕寫旁點。唐世不知宋代事，這個仿製得連專家也無法識穿的所謂唐代古琴，當然是宋代所造的贗品，只可惜因為士人怕殺頭而露了馬腳。牙擦擦的岳珂遂於結語慨言「今都人（京師之人）多售贗物」（《桯史》，北京中華書局，八一年，頁一五六。）唉，天子腳下且如此，何況那山高皇帝遠的香江嶺南？

所以，在中國裏面賣假嘢，—— 假藥、假護照、假字畫、假承諾、假合約……，千百年來已是咱們生活上見怪不怪的搵食技。是以毛主席的「大鳴大放」乃真心還是假意，鄧總書記的「一國兩制」是正語還是偽言，中國人反正習慣了真亦假時假亦真，學岳珂當眾去玩踢爆未免有點唔化。要撥偽尋真？可真個余一弱一微也。

（2001-07-12）

活著

中國人有一種很世故的想法，批評國政便是批評國家，說國家領導人的錯便是以下犯上、是兒女說父母之非。張藝謀話齋，有些可以說，有些不能說，最緊要——活著。

這大概是二千年皇帝專制殺頭文化的血花淚果。官家是「大」，民家是「小」，做小的向大的提意見，講一下政治，便是「僭越」。「僭越」的代價是殺頭。是以國家大事，小百姓、小婦人、小丈夫、小李、小潘……，總之凡附著一個「小」字的，都沒發言權。

秦統一之前，中國沒有「皇帝」，情況還好一點。做「王」的若做得不好，百姓可以通街亂罵。約公元前九世紀的周厲王，「暴虐多傲」，老百姓爲之「媽」聲四起。厲王忙派人到處監視，又以殺頭作威嚇，結果搞到「國人莫敢言，道路以目」（《史記》卷四「周本紀」）。

舉國雖云收口，人們在街上卻還是以眼色代語言，宣示不滿，這算是先秦政治史裏面罕見的一頁。「王心戾虐，萬民弗忍」（《左傳》昭公二六年）之下，沒三年厲王便給趕了下台。先秦的人比現代的忍功淺，決不像今天的中國人，姑無論處於海外海內，對不良政治都長期地習慣了「道路以心」———唔講得嘅。大家「心照啦」！

活著比自由更重要。大小的階級差別將是永恆。做小的，國家事情固干卿底事，縱使有幸同枱吃飯，你也沒有點菜權，點菜是大人的事。做小的就起筷，通常也有點躊躇。若想活著，宜多識相，自夾一件雞肋便是。雞腿，是大人才有資格吃的，你配麼？住在加國的當是別論，因爲雞腿只賣九毛九。

（2001-07-19）

歡喜若狂

北京今年申辦奧運，終於得手。中國國力和體壇地位俱獲確認，作為中國人，沒理由不歡賀欣慶。

不過，歡欣還歡欣，慶祝歸慶祝，若亢奮過度至於「狂」，在世人眼裏，反有點莫名其妙。這是自卑心的強烈反彈？是「百年屈辱」的「一雪前恥」？是昔日「國威陵夷」今朝「復振」？是中國人因此就昂首「站起來了」？是中國以後便財源滾滾百事皆吉？……。

北京市民歡喜若狂的笑眼，裏面擠出來的兩行熱淚，閃爍著的固不單是申奧成功之喜，且還是中國歷史上老百姓可喜的事太少，可悲的事太多。歲月煎熬，難得有喜，就小小的也可至於狂，———直如「范進中舉」。

狂喜之後，往前一看，恐怕荊棘仍舊滿途。四九年新中國建立之日，天安門群眾歡喜若狂；六六年「文革」之期，天安門「紅衛兵」也歡喜若狂。誠望今趟天安門慶祝大會民眾的歡喜若狂，結局和上兩次的不一樣。

多倫多市今番落選，作為住在安省的加拿大人，可更該歡喜若狂。克里純、夏理斯、賴士民，俱好大喜功，在今日大削教育醫療經費、對新移民子弟的學習支援幾砍至零的灰暗歲月，還敢在國人面前自稱有百億之金搞奧運，不是在充大頭鬼麼？若稍有閃失，來個翻版滿地可，多市居民，豈不遭殃？

況且多城歡愉本甚多，夏日眾嘉年華已夠你瘋，少個奧運何足道？這回實該感激賴士民 say the wrong thing at the right time。

今得兩全其美，國鍵竟亦狂慶，立乾兩盞，祝賀北京多城都運好！

（2001-07-25）

尚看民智

據報，中國政府批准洋教士來華傳教了。對唯物主義無神論的共產政權來說，這無疑是令人費解的進步。也許黨終於明白，世間除了唯物之外，尚可唯心。宋明理學、禪宗佛學，中國文化向來講的大多是個心字。基督教主張信者得救，神蹟因信心而得，這當然也是個心的問題，自不能盡用唯物觀的什麼科學方法去觀照。

然而，人心難測。教育程度低的中國老百姓的心更難測。民智未啓，慣常受著官家的蠱惑和不良分子的煽動，很容易群起躁動，十分行腦。故此，「教難」之在中國，不全自中國政府對基督教的無知，多少實因百姓對事物之愚昧。

鴉片戰爭之後，洋教士挾強勢來華佈道。不法信徒，常憑英法教士的特殊地位，欺欺霸霸，在民間積怨頗深。於是小小流言，便是構成非理性的暴力盲動。例如一八八七年光緒十三年，四川龍水鎮天主堂剛落成，群眾竟因聽信有傳教士剜挖小童眼睛和藥而吃的流言，即時「群情憤激」，「立將教堂焚毀，夷爲平地」。

此後信教與仇教彼此冤冤相報逾十年，終釀成一八九八年七月三日余棟臣聚眾以什麼「扶清滅洋」爲號，到處「搗毀教堂、殺戮教民」的大禍事來（事見《民國重修大足縣志》，卷四。按大足縣屬四川重慶府）。較一八九九年山東義和團的「起義」，還早好幾個月。

十字架在黃土地上的情仇，不單源自中西文化的差異和中國當權者的頑塞。更重要的是，中國實在有太多思想簡單心浮氣躁人云亦云的———識盲。

（2001-08-02）

靠惡？

某剛獲釋的中國女學者在美國公然說，有美國人
在背後，她可不害怕（中國政府）。

這正是千百年來中國人習染的有貴勢之家「照住
」便可活得大膽的心態。十九世紀以來大堆的「教
案」、「教難」，其中便是部分中國教徒恃著有英
法洋教士撐腰而激發出來的。「國共內戰」，國民
黨也自以為有美國佬「照住」了，共黨豈足怕。解
放初期，中共得賴蘇俄大哥「睇住」，把美國看成
「紙老虎」。就香港回歸，也痴痴地認為有十億同
胞做後盾，從此便是安泰。豈知這和搵惡勢力做靠
山一樣，最終栽於惡勢力。

靠人不如靠己，要靠自己心中的義理。可歎現代
的中國人，不幸都給磨個不成樣，遇事只懂靠有力
人士去解決。

今天洋人誇稱不懼，勇氣來自《聖經》真理；中
國人之所以無恐，卻全靠後面有個「大隻佬」。思
之慼然。

先秦時，吾族本也是憑義理來論怕與不怕的。要
是自己沒做錯事沒理虧，還怕什麼呢？此正《孟子
·公孫丑》載孔老夫子之談「大勇」：自我反省，
若不理直，雖面對的是穿粗衣的普通人，難道就不
覺得恐懼嗎？若問心而理直氣壯，雖面對著千萬人
，也是勇往直前了無所畏的。

所以，在公開場合，宜學鬼佬，學孔孟，憑對錯
論勇懼。須知為正義而陷牢，賺人眼淚；有霸王在
後撐腰而得生，活著也不光彩。雖則大家都貪生怕
死，但在舉世盯著的鏡頭面前，張揚自己有硬後台
幹啥？

（2001-08-08）

真係唔識嘢

　　人生在世，年歲有限，知識無窮。各隔一方，生活環境不同，見識自然有別。楊慎《古今諺》載「牟子引古諺」云：「少所見多所怪，見橐駝言馬腫背。」（李調元編《函海》第二十二函。）將駱駝說成是腫背的馬，這當然是見識的問題。不過，由於他從未見過駱駝，不知駱駝為何物，罵他「唔識嘢」又未免太過。君不見吾族初見洋鬼子的飛機時，還不是一樣驚呼大叫「鐵鳥」？

　　所以，在封閉國家裏面生活的老百姓，不知外邊的世界，偶而指駝為馬，也是很值得原諒和同情的。因為錯不在他們，而在私心太重防反防亂的統治者用了愚民的治略。且在中國歷史裏面，但凡分裂而治，都各自明目張膽地以蒙蔽百姓為要務。例如南北朝時代，南北分治，住在南方的南朝人，就誤認為北方中原乃蠻荒之地。北魏時楊衒之寫的《洛陽伽藍記》，就載引了陳慶之的自白：自南朝以來，「號洛陽為荒土」，「長江以北盡是夷狄」。殊不知自己親身去洛陽看過之後，「始知衣冠士族並在中原」（周祖謨校釋，香港中華書局，七六年，卷二，頁一零八）。慶之返南方後改穿北朝服式，江南竟因之流行起來哩！

　　所以，有心人叫反共人士多往國內看看，實在一番好意。看過了若仍大罵，固無話可說。還幸上京朝過聖的「有識之士」，回來大都洗心革面、脫胎換骨。直如陳慶之之流，北上一看，嘩！始識自己才真「阿燦」。

　　國鍵淪為「加燦」，論見聞當遜「阿燦」。神州奇事，又豈能不倍加稱怪耶！

（2001-08-09）

庸才易上青雲路

繁榮盛世的香港人說，世間沒有懷才不遇這一回事。可謂「一朝得志，語無倫次」。

世間懷才不遇的實在太多。不遇的原因至少兩大個：一爲社會環境所不容；二爲個人機遇之不濟。

在黑暗的政治和社會環境裏面，愈懷才可愈難遇。就豐衣足食，也未必代表政治和社會不腐朽。唐玄宗盛世，以李白杜甫之才，可「遇」了沒有？

據郭沫若《李白與杜甫》之「李白杜甫年表」（北京人民文學出版社，七二年，頁二五三——二七九），李白要呆至四十二歲始得有幸應詔入京，供奉翰林。四十四歲被高力士、楊貴妃等讒毀，離京放還，此後再無官職。與李白同時代的杜甫，一樣潦倒。二十四歲、三十五歲兩赴長安應試，都「肥佬」，唯望在朝權貴「薦舉」。呆望到四十四歲，始撈得個什麼「右衞率府胄曹參軍」的笑咳人的卑位。四十六歲雖勉強得個「左拾遺」，不一年卻已貶作「華州司功」，旋且棄官，要到五十三歲才憑藉嚴武的關係，官拜「檢校工部員外郎」。祇可惜「得遇」未及一年，便因嚴氏之死而打回原形。

世情總是如此。八百年後英國的莎士比亞同樣爲此而哀：「見到天才注定了做乞丐，見到草包穿戴得富麗堂皇……，見到瘸腿的權貴殘害了壯士，見到文化被當局封住了嘴巴……。」（《莎士比亞十四行詩一百首》，屠岸編譯，香港商務，九四年，頁九三，第六六首）。

庸才當道，夫復何言哉！

（2001-08-23）

嚇懵了麼？

李少民博士在今年春夏之間的個人經歷，若真如其所述，確是很令人同情的，也甚具探究當今中國人治法制的價值。在封建框框重門深鎖的中國社會裏面，「自由的代價」，二十一世紀仍不免是身傷心損，一字兩淚。

李博士遭中國當局無理扣押，給關了五個多月。經審訊間諜罪成，由於領有美國護照的關係，早審午判晚放人，被驅逐出境。判的既只「驅逐出境」，沒加注終身不准再入境又或褫奪居華權教書權之類的條文，自可輕輕鬆鬆的往美國打個白鴿轉，掉句美國是吾家，便又安安穩穩的飛回香港教書去了。

幸運如此，不該感謝天恩麼？大難不死有後福，自由重獲，心情輕快。在八月七日的《明報》，他發表了一篇叫做《自由的代價》的文章，洋洋灑灑，詞情並茂，既交代了他為自由付出的代價，且也強烈暗示了若未經許可而引用《自》文，也要付出代價，故不忘在「前言」下面方框顯眼處，加一行粗黑而極具警嚇效果的字句：

「本文的版權為作者所有，未經許可，不得以任何形式使用、出版、發表、引用或複製本文的任何部分或全部。」

翻版當然有罪，但連引用經已發表的文章也論作侵犯版權，則未免太過荒謬，無別於接觸過台灣半官方組織便判你間諜罪。論理，既經公開發表的文章若不涉及新發明和專利權的話，實在沒理由要經許可才可引用。不許引用，如何討論？若不容討論，那李博士為啥發表文章？難道僅想賣大錢麼？倘共產黨也來這一套，凡引用江主席的「三個代表論」，豈不都可打成侵犯江主席的版權而論罪？

（2001-09-05）

搞笑之都

香江近日笑話多。「掃把頭」還未笑完,官商笑話又起,唔咳都難。

某地產集團董事長,慨言香港年輕人留學只懂自煲臘腸飯,不懂往外邊吃漢堡包,糟蹋了認識西方文化的好機會,讀之失笑,可真不知留學之慘。煲臘腸飯不僅解鄉愁,且實慳皮醫肚。在多倫多,臘腸一元一孖,吃足兩餐。漢堡包則最儉一餐亦兩塊錢,在有錢人看或是窮家食物,對捉襟見肘的留學生來說,卻屬奢華。況吃漢堡包和了解西方文化亦無必然關係。國鍵在多市吃了八年漢堡包,未見得對洋人就多添了解。董事長之肺腑言,無乃囈語。

才剛笑喘,曾司長又擲出家庭月入二萬可買二百五十萬元樓房的偉論,益教人噴飯。權貴之家不知民疾苦,竟至於斯!曾經在港吃過供樓之苦的中產人士,莫不知就月入七、八萬而負二百萬元的債,已甚不易挨,遑論區區二萬?

方抹去笑淚,揭看報紙下一頁,赫然是港大校務委員會主席的專訪,一句港大「國際排名約二十五位」,又係爆笑。學術實力強如加國的多倫多大學,世界排名亦不過二十。才給某顧問公司評為亞洲僅列第八的香港教育制度,其大學竟入全球二十五大,可信麼?

排名一說固惹笑,文中且謂香港學生入大學時「已曾往海外旅遊三、四次」、「香港學生視野好過其他(地區)大學生」,唉,確又真係豪門之見。香港一般貧學生有沒有機會往外遠遊已是疑問,復將外遊次數與視野高低掛鉤,那天天在國外帶團的導遊領隊,其視野豈不都是世間最廣的?想笑死人咩!

小子不敏,借問大德,何謂———「視野」?

(2001-09-12)

怎一個三字了得

中國現代史，無「三」不歡。由「三民主義」到「新三民主義」，由上海工人「三次武裝起義」到粉碎國民黨的「三次反共高潮」，再由毛主席強調共產黨具備優於其他黨派的「三大作風」，到五零年七屆「三中全會」推動建設新中國，跟著又來個「三反」、「三面紅旗」，「三」到老百姓都暈陀陀。然後便是「文革」毛主席大談「三要三不要」，亂足十年再到十一屆「三中全會」扶正，小平同志「三上三落」……。二十世紀中國這一部驚天地泣鬼神的災難史，就這樣給「三」了出來。

是則二十一世紀，中國革命史還是要「三」下去的。

才不過一年，江澤民主席就急急掏出個「三個代表」來。江主席在「講政治、講正氣、講學習」的「三講」之餘，更嚴肅地指出，偉大的中國共產黨代表「先進生產力的發展要求」、代表「先進文化的前進方向」、代表「最廣大人民的根本利益」。

「生產力」當包含資本投資（資產階級），「文化」指的該是知識（知產階級），「最廣大人民」當係無產階級和工農貧民。易言之，士農工商有錢冇錢有腦冇腦，今都全由共產黨作代表。

這個「三代」當然也不是什麼新發明。一九四零年抗日之際，中共政權在組成人員的分配上，就曾推行過「三三制」：共產黨員佔三分之一，代表無產階級和貧農；進步分子佔三分之一，代表小資產階級；中間分子及其他分子佔三分之一，代表中等資產階級和開明紳士。

落場打牌，「三三制」與否，一樣叫做搓麻將。共產黨會因「三」而改名？別異想天開了吧。

（2001-09-13）

千年士癡

中國的知識分子，千百年來總多患上癡心妄想症。癡癡的期望著朝代換一個字，——例如得個「文」「武」之類的，天下便自大治。

此所以王莽篡漢改號曰「新」，因為就小小的一個新字，便可滿足讀憎書的中國知識分子那「勵精更始」的千秋夢。名儒若董仲舒之流，自可放心歸家，誇言「五德」已經「終始」，「禪讓」業已成功，請大家安寢。

壞鬼書生虛夢多。新瓶之內，盛的原不過是舊液。王莽之所謂新，竟係恢復先秦西周之舊！這倒也沒大關係的，因為知識分子熱衷也不過是改個字，至於政治文化的本質有沒有改，實非彼之所願聞。君權神授，知又如何？

是以知識分子的中國夢，總不離天降聖人，蒼生得救。可惜天賜聖人絕少，降你為害百姓的假聖人真暴君卻極多。可笑的是，三千年封建災難大眾讀極未夠，康有為之輩，還認為吾族二千年之「不得見太平之治，被大同之樂者」，皆因未能做到孔子《春秋》所寄「新王行仁之制」。「新王」、「仁政」之外，當別無方。結果光緒「新王」固令人失望，夢見改制度而「復見宗廟百官之美富」（《孔子改制考敘》），亦真如其言，空得個夢」。

但夢還是代代癡發下去。例如近日江主席才提出「三個代表」論，知識分子就以為共產黨勢將改名，高興到囓議改曰「人民黨」，謂中國憑此得救。較之康有為，唉，更癡得可愛。

若「建華」果真能建華，「澤東」果真可澤東，那賭仔何妨個個叫「通吃」，失婚何不立刻改名曰「春來」？

正是由來同一夢，休笑古人癡。

（2001-09-14）

爲死難者哀

　　恐怖分子突然向美國發難，騎劫四架美國民航機作日本神風敢死式偷襲，把紐約兩大幢摩天世貿大廈和華盛頓五角大樓之一角，炸個灰飛煙滅。繁榮熱鬧的曼克頓，頓時墮爲地獄。

　　正是飛來橫禍，「恐怖」難防。有尖端科技又怎樣，沒想到人性之惡，非理性所能想像。上萬條無辜性命，就在種族宗教的深仇火海中突然枉送。

　　這回美國人可真親自體驗，什麼叫做「屠殺無辜」，什麼叫做「恐怖莫名」。「南京大屠殺」，美國人隔岸觀殺，大概只當作驚慄片看。劇情和事實也許有出入，作爲人呀，怎信會冷血至此？是以評論「日本侵華」猶如講「影評」，任講對錯。只有親受其苦的中國人，始有徹骨摧心之傷痛。血債若不獲償，何以慰千萬慘死於日軍刀下的冤靈呢？

　　戰後美國爲私益而偏幫日本，這和包庇兇殘成性的恐怖分子有大分別嗎？「九一八」、「一二八」、「七七蘆溝橋」、「珍珠港」，日本人用的全是「突襲」；「南京大屠殺」，殺的也多是手無寸鐵的平民，不是恐怖分子是什麼？可惜中國人卻沒有小霸王布殊的氣慨：凡國家若蔭庇襲擊美國的恐怖分子，等同向美國開戰論！唉，美國包庇日本，又點計先？

　　歷史向來詭譎滑稽。九月八日，美國才大事慶祝一九四五年在三藩市簽訂擺明庇護日本的什麼《三藩市和約》，滅絕人性的戰爭恐怖分子，竟得擺脫戰爭責任，也毋須向受害國賠償。沒料到三日之後，美國自己卻也成了日式神風敢死的恐怖分子受害國。其慘烈之處，見者流淚。然而始作俑者，益教人唏噓。

（2001-09-19）

講而不做方叫好

朱鎔基總理批評香港人「議而不決，決而不行」，香港人咸認一語而擊中香港政府的要害，殊未知百年來殖民地香港的官僚文化，和千年來封建的中國官場一樣，為官之道，正正就在這得個講字的八字真言。

「議而不決」？問題不在於「議決」，而在於誰才有權去「決」。沒有督爺的拍板，沒有皇上的朱批，那怕議足一年三百六十日，就決出來的也遠不及主子的一句話。所以，在殖民地和中國的官場，從來是只有假民主的議，沒有真民主的決。決定權牢牢的握在主子的手裏，在議事堂上，你只宜勤加操練「揣摩」「承意」的絕藝，且曉得在適當時候掉一句——領導人的話，「句句是真理，一句頂我們一萬句」。

就上頭真的有了個決定，由誰來執行呢？你又不難發現，問題不在於「決行」，而在於搵誰來執行。香港和中國的官場，由來是多做多錯，少做少錯，不做不錯。想升官？不錯便是。是以愈高層而愈識「講多做少」的道理。一級一級的往下「卸膊」，到了最低層的「能者」，卸無可卸，始要「多勞」。但大家都明白，做得好是上頭的功，做得不好是咱揹的鍋。結果當然也是馬馬虎虎，拖得就拖。況且主子天天愛唱「大理想」，你若真的聞歌起舞，結局恐怕必如模範教師楊耀聲，給舞個跳樓身亡。

議而決，決而行，責任不在於下，而在領導人肯否承擔責任。小布殊一上台，便即實幹。若政策果真失敗，又或推行無方，四年之後，咎之在我，躬鞠下台，絕不會藉口「下面推動不力」來飾過，也決不會學中國庸碌的封疆大吏——講就天花亂墜，做則前顧後慮。

（2001-09-20）

吾族之恥

　美國紐約「九一一」大災劫，萬條無辜的性命，彈指之
間，給國際恐怖分子炸個微塵。稍有血性的人，莫不為此
悲憤。卻有為數頗眾的中國網民，竟然同聲「叫好」，實
教咱好仁愛善的中華民族丟盡顏臉。

　遇難的飛機和坍塌的世貿大樓裏面，可沒有中國同胞麼？
就真的不關中國人的事了，但死的畢竟是人，是千計的善
良人命，有什麼好拍掌的？

　「壯志飢餐胡虜肉」？「笑談渴飲匈奴血」？岳飛也許
打仗太忙，未及注明這不過是詩詞上將軍殺敵的豪情壯語，
針對的也只是入侵大宋領土的金兵，目的亦全在「將士作
氣，中原可復」（《宋史》卷三六五《岳飛傳》）。中國
人不是禽獸，又怎會真的吃人肉喝人血，向無辜的番邦平
民亂開殺戒，且鼓掌稱快，美之曰「愛國情操」？

　江湖事江湖了。戰爭，也應該在戰場上了斷，何必濫殺
無辜來洩憤？況且殺人，就怎講也算不上是一件值得高興
的事。美國佬在廣島長崎擲原子彈，飽受日獸蹂躪的中國
人，當然不會太反對，但相信也絕不會因之而叫好。中國
人重視生命，不輕易言殺。就窮兇極惡給判刑鍘頭，到底
還是悲劇一場，其中毫無值得歡欣狂喜之處。是以中國古
代死刑，例在秋季執行，正合蕭風悲雨愁煞人也。

　質素低庸自暴醜。中國空軍機師王偉在年初「中美撞機
事件」中慘死，固要向美國佬討回公道，但藉用恐怖分子
的濫殺來視作替王英雄出了烏氣報了仇，這不但是阿Ｑ無
恥，對衛國殉職的王偉戰士的在天英魂，相信亦極之侮辱。

（2001-09-26）

去釣魚吧

「米治湖協議」拉倒，加國各省摩拳擦掌。政客卻不慌不忙，叫大家都釣魚去。

在美加，釣魚是一項鬆弛身心的體育活動，是一種優游的遣興消閒。只要大家都往湖濱海旁坐一坐，風平浪靜，慮滌愁消。人世間的爭鬥，上釣與不上釣，都變得可笑。

中國古代，釣魚也未必專為搵食而設。釣魚是鬥力鬥智鬥耐性，樂與不樂，不在乎有無魚穫，而在乎與魚兒共忘湖江煙水裏的一種雅趣。

《新唐書‧隱逸傳》記張志和這一個「煙波釣徒」，他釣魚是從不設餌的，蓋「志不在魚也」。宋代趙德麟《侯鯖錄》載唐代大詩人李白與當朝宰相論釣魚，宰相問李白以何物為釣線魚餌，李白答的是：「以虹霓為絲，明月為鉤，天下無義氣丈夫為餌。」（杭州大學中文系《古書典故辭典》，江西人民出版社，八四年，頁二七一。）魚杆上端繫的，畢竟是一種怡養性情磨煉志氣的高尚情操。一把它扯往謀生，即時就變得天天在金魚缸邊釣股票金魚思財不思義的市井之徒般低俗。

現代中國人確也餓得慘。釣魚這種玩藝兒，不知從何起而變得事關生死。由用錢買魚退化為靠自己釣魚為食，隱約看見政府在迫窮人回復「自然經濟」自釣自食冇釣冇食的原始生活。就移了民到了這裏來，也未易忘懷。美加老外釣魚甚少拿來吃，只有咱同胞才會帶備砧板，釣它一大籮兼就地切頭去腸，帶回家去作主糧。

香江今日，池中無水魚難養。就有，也早給黑白兩道的大鱷釣光。風高浪急，全球缺水，梁司長今叫失業人士去釣魚，聽了倒有點何不食肉糜的悲涼。

(2001-09-28)

黃沙堆是英雄塚

美國出兵攻伐阿富汗，為雪恐怖分子襲紐之深仇。霸主發火，諸國焉敢不從？雷霆萬鈞，阿富汗這趟似乎死定。然而，世事無絕對，文明社會與野蠻社會的軍事較量，歷史說明，還是以陰溝裏翻船的為多。

就咱中國堂堂大國，歷史上之對付中亞諸野蠻民族（今民族平等，改稱「草原民族」）例如匈奴、柔然、突厥之屬，初都以為可取生番首級如囊中物，豈知大謬不然，自己的頭顱給生番砍下漆為飲器的，倒比比皆是。

何解？皆因中亞地理環境惡劣，而草原民族皆刻苦善戰故也。中亞沙漠，地則細沙纍纍，荒無人煙；山則壁立千仞，路險道危。夏天異常乾熱，烈日焚身；冬日風寒雪冷，飛沙走礫。莫講打仗，叫你在那裏生活一日也難。

論挨得嚴苦，平日生活舒適慣的文明社會——特別美國——顯居劣勢。在沙漠生活的草原民族呢，自幼便習慣「水草為家」，「戰則家產並至，奔則與畜牧俱逃，不齎資糧而飲食足」（《魏書》卷五四《高閭傳》），殺敵如同搏獸，要生存就必須快而狠。你去打他？唉，來如風兮去無跡，都是游擊戰的天才。

是以中國歷朝之經營中亞，有苦有甘。以漢世之強，名將李陵尚且全軍盡墨；以北魏鮮卑之悍，與柔然打足一百五十年，而結果也是陪了夫人，柔然未亡而自先分裂。此無他，實因在沙漠瘠地上討生活的，盡「遊魂鳥集」，正源懷所謂，「歷代驅逐，莫之能制」，就傾全球之力以擊之，結果恐亦僅得個「胡人頗遁，中國以疲」（《魏書》卷四一《源賀傳》）。冬暖爐夏冷氣的美國大兵，憑什麼自詡必勝？

（2001-10-03）

制夷兩策

中國人對付亞洲貧瘠沙漠的草原民族，歷來有兩項政策。一為用武，再利用俘虜的胡人守邊外討，此謂「以夷殺夷」；一為運用謀術，致力維持中亞各少數草原民族的「勢力均衡」，使之互相牽制，無力侵犯中國。

且以公元四世紀的北魏為例。北魏對抗橫行大漠的蠕蠕（柔然），就善用了這兩種方略。為了以夷殺夷，北魏在北疆邊境建置「六鎮」，利用住在六鎮的胡族例如降居中國又或被虜的高車蠕蠕等裔，去抵抗蠕蠕。此魏蘭根所謂「寄以爪牙」（《北史》卷五六《魏蘭根傳》），顧祖禹所謂六鎮「恃為藩衛」（《讀史方輿紀要》卷四）是也。不過，推行以夷殺夷，控制和駕馭這等胡類部落鎮民，亟需高度技巧。稍有閃失，便生叛亂，容易偷雞不成蝕把米。北魏末年六鎮反亂引致北魏亂亡，有史為鑑。明乎此，則美國佬八零年代助阿富汗抵禦蘇俄，卻沒有控馭阿富汗游擊隊的長遠善方，實在大不智。

至於勢力均衡，則五世紀北魏坐觀中亞高車蠕蠕兩虎相鬥，最是可圈可點。保持「中立」，在國防上實深具意義。其後蠕蠕不敵，投奔中國，中國既存心要維持這一種均衡局面，又怎會讓蠕蠕就此亡國，好嘗一下涼州刺史袁翻那句「若蠕蠕全滅，則高車跋扈」（《魏書》卷六九，《袁翻傳》）的苦滋味？結果自不然是助其復興，使之仍為「我之外蕃，高車勁敵」，務令兩族續玩「連兵積年」，互相劈殺，「然後一舉而并之」。夠陰毒了吧？

今美國之對付阿富汗，僅一味情緒化張牙舞爪。夫兵者凶器，盛怒已甚不宜，何況倉卒動武，思慮不周，提防又甩大牙。

（2001-10-04）

阿二魚湯

　經濟已臨衰退，市民旦夕斷炊。香江戶部大人梁司長，叫失業人士釣魚以自食，並拋出一個「替人煲湯」的見識，只要肯用腦用力，煲湯也可煲出活路來。

　這當然是個好建議，雖則「替人煲湯」實不始於八十年代，七十年代工廠和寫字樓「包伙食」之風已焉甚盛。新蒲崗又或中環，午餐時間，不難看見專送飯菜羹湯的單車騎士在飛馳，白衫藍褲黑布鞋，在陡斜的威靈頓街往上使勁踏。車尾那小鋼枝長方平架上面，疊放著四大碟菜，左右兩側且巧妙而平衡地掛著一大罐湯一小桶飯，雖全都用黃舊的白布緊緊蓋紮，卻關不住車兒經過飄溢的飯香。工廠區的藍領和中環區的白領，若肯花點錢，經半晝拚搏便可安坐下來，享受那熱騰騰的四菜一湯絲苗飯，也不過十元八塊。

　經濟起飛，港人賺錢的腦筋向稱霸。到了梁司長的二十八元送一壺湯，已是八十年代開到荼蘼春已盡，且已殘到酒樓大集團向家庭式伙食商搶生意，冇牌向有牌頂爛市。司長今番竟許為新事物，實覺有點怪。

　不過，釣魚與送湯，確亦逆境求存的好辦法。二十年前的深圳，不就是釣魚（例如水魚、金龜）和煲湯（例如二奶雞湯）雙管齊下而繁榮起來了麼？香港今既淪為二奶命，深圳大翻身的經驗益堪借用。昔日貧困唔多識字的深圳士女們，也想出了這一條釣香港痳甩佬魚再加送阿二靚湯的妙計。香港人只要拋下身段，為什麼就是不能？

　為今之計，當在釣魚和煲湯方面下死工夫。為了生活，也為了鞏固妾身的地位，給北大人送的湯，質量務要——超越佢阿媽。

（2001-10-05）

美國大晒？

　小布殊為要剿滅躲在陰渠的國際恐怖分子，神威大發，迫令全球各國，都要聽令：要麼就與美國為友，跟大佬去誅惡；要麼就與美為敵，視與恐怖分子同謀。

　有中間路線可走麼？沒有。因為，出兵保護美國的利益即是保護全人類的利益。大是大非，不容有騎牆派。

　小布殊他講得太好，只要能將拉丹緝捕歸案，把爪牙一網打盡，是否合法，是否依德，都不在乎。只要舉起「美國利益」的「義旗」，一切便是合理。十足共產黨之揪鬥「牛鬼蛇神」，既可以不擇手段，也同樣憑藉著小布殊這種國家利益至上，不白即黑的簡單邏輯，恣意把你來摧殘。

　要麼就擁共，要麼就反共；要麼就聽毛主席，要麼就是反革命；要麼就做無產階級，要麼就做無產階級的敵人‥‥。

　請二揀其一，不設「棄權」。因為「不支持」即是「反對」，「緘默」等同「對抗」。就算稍稍猶疑一下，也是對黨國不夠忠誠，不是牛鬼蛇神是什麼？

　暴烈的革命，熱熾的斬妖除魔復仇感，都火紅火綠的燒過了火候。

　若細心想想，小布殊憑什麼發號施令，迫全世界要即時表態？憑什麼說不幫美國就是與恐怖分子合流？憑什麼證明美國的耀武揚威是百分百的在「伸張正義」？憑什麼否定在正邪之間人們還有選擇不邪不正又或亦邪亦正的權利？

　正義和公理，不由美國佬說了便算。對恐怖分子固要斷然芟絕，但美國佬的氣燄，也不見得就是弱勢社群之福。

（2001-10-10）

該感謝誰?

自小兒第一天上幼稚園初班回家吃晚飯突扔一句
「感謝上帝賜我飯吃」而讓我大吃一驚之後,吃飯
該感謝誰便成了個大問題。

在教徒來說,該感謝上帝當百分百正確。因為沒
有上帝創造萬物,飯就無從吃起。

不過,宗教之外,解說還有一大籮。年來加國華
人,見解便更多,有說:

該感謝父母(帶他逃奔香港、復移居加國);

該感謝加拿大(賜以移民簽證);

該感謝美國(其子弟兵為捍衛美洲的自由民主而
淌血);

該感謝共產黨和新中國(沒有她們照住可站不起
來);

該感謝肯僱用唐人的老闆(否則要揸兜乞食)。

知恩圖報,是中國人的美德。然而,國鍵向來卻
相信,施恩者頗多各懷鬼胎,別有盤算。尤其政界
利益當頭,仁義居後。除了廿四孝父母又或聖人善
人之外,無私而徹底的奉獻,世間不多有。且看民
主如美國,一涉「國家安全」之利,什麼人權法律
平等慈恕,不全都貶值了麼?

西方政府是自由的守護神?是眾苦的救世星?這
一類美麗的謊言,天真的人才會十足相信。如果沒
有利用價值的話,加拿大會准你移民來?若非利之
所在,美國佬會隨便出兵?純粹為正義而戰,你全
信?

所以,國鍵今天在加拿大有碗安樂飯吃,除了該
感謝上帝賜我靈魂、父母予我軀殼之外,最感謝的
還是自己及妻兒親友。特別感謝自己半生刻苦耐勞
,竟沒染上嫖賭毒,故而可以提早退休賞楓雪。至
如什麼加國美國祖國恩,唉,國鍵實在唔多覺。

(2001-10-11)

開倉派米啦

港人鬧窮，望官府開倉賑濟。濟燃眉之急，該否派米，一時又成城中熱話。

派？財政大爺謂有違「香港精神」，且教訓香港人要秉承自食其力自己釣魚的美德。套用洋鬼子甘迺迪的那一句話：莫問國家為你做了些什麼，只問你替國家做了些什麼。

在美加，雖則莫問國家，但國家在你莫問之下做了的好事卻也多：社會福利保障啦、失業救濟啦、年老退休金啦……，經濟環境差的時候，大家也不致即時餓斃。

在香港，今天面對的，也不是一個「精神」問題，而是個快將斷糧餓死的現實逼切的問題。談釣魚精神，有個屁用。

香港沒有美式的社會保險制度，手停口停，不開倉賑濟自必加深民怨，官迫民反。況且坐擁千億儲備而作守財奴，以為官家財富滾存愈多而社會必愈穩定，則更大錯特錯。

且以隋代速亡為鑑。隋文帝「開皇之治」，長安太倉、洛陽洛口倉等官倉，「儲米粟多者千萬石，少者不減數百萬石」（《通典》卷七），而由百姓自己儲糧以防天災凶年的「義倉」，又皆充實。然而開皇十四年遇上大旱，「人多饑乏」，隋文帝竟是「不許賑給」！今香港老百姓的私倉已空，政府竟傚隋文帝，想民亂乎？

還是唐太宗罵得好。隋文帝「不憐百姓而惜倉庫」，死攬住官庫，只益了煬帝這種敗家仔，正係「徒益其奢侈」，遂亡其國。是知為政之要，「務積（儲蓄）於人，不在盈其倉庫」（《貞觀政要》卷八）。美加官家窮民間富，恰乃致治。既能令百姓續命，就短期舉債又何妨？

（2001-10-12）

何必咁激

「九一一」事件發生之日，大家怒極，對恐怖分子滅絕人性的惡行，無不想立即食其肉寢其皮。條件反射，在美國聖路易市，竟有人打電話往電台，要殺盡聖路易的回教徒。

悲情過後，兩種傾向。一為愈講愈激，情緒偏往極端化，且把自己幻化為正義的真身，餘者盡皆妖孽。批評美國外交政策的人，自不然都是恐怖分子的同情者，給罵作：「涼薄」、「冇人性」、「幸災樂禍」、「反省個屁」……。

請問，吾等批評國民政府腐敗、抗日政策失當，難道都贊成了日本仔在南京進行恐怖大屠殺不成？

另一種傾向，則為憤激之後，復歸冷靜。冷靜，是客觀分析事情的先決條件。恐怖活動猶同鼠患，決不會無端而來。滅鼠之時順道探討一下鼠患的原因，有何不好？

恐怖分子的來歷，恐怖活動何以偏針對美國，都是無法迴避的大問題。算把今天的恐怖分子殺盡，問題便完全得到解決了麼？是什麼原因令部分激進回教徒走向極端的？是美國的中東政策抑或回教狂熱出了岔子？一大堆疑問，單靠天天歇斯底里地喊著正邪決戰殺殺殺，便有答案了麼？

古語有云：「民不畏死，奈何以死畏之。」對一個生不如死的赤貧社群來說，以「殺」來威嚇他們，有大意義嗎？

倒還是美國佬自己按捺得住， CNN 天天在探究原委。間有批評小布殊的中東政策，也未見被斥為與恐怖分子同科。即紐約遇襲當日，CNN 街頭訪問，已有美國人搖著頭說：以美國這麼一個偉大的國家，竟未能為世界締造和平，端的失望！

美國人民的素質，果略勝一籌。

（2001-10-17）

219

玩死自己

科學家的發明,對人類文明有莫大益處。然而,劍有雙刃,發明若使用失當,隨時成為毀滅人類文明的利器。

核子和生化科技,若落在喪心病狂的恐怖分子手裏,人類的命運如何,不言而慄。近日談得火熱的利用幹細胞(Stem Cells)複製人和人類器官的尖端技術,拉丹之徒若然得之,世界就此拜拜。

因為,拉丹及其黨羽不單從此長生不死,且可無限量自我複製。剿之固然難盡,殺之實甚無窮。是以科學家之從事幹細胞研究,在今天已不僅事關宗教道德倫理,尤涉恐怖分子藉之繁衍不息。要不是八月中旬小布殊已宣布了一個半推半就拖泥帶水的有關美國幹細胞研究的國策文件,相信今日美國定必追隨德國佬,對這種終會導使人類自我複製的生物科技,就此禁絕。且連已存的那六十五條「幹細胞系(Stem Cells Lines)」,都會她媽的一刀割斷。

這當然不是誇大其詞。幾百年前咱中國的《西遊記》,第三回便寫了經常失控專搞破壞的孫悟空,為了奪取先進武器,單人匹馬打個觔斗去了傲來國,直往兵器館,「即拔一把毫毛」,念念「咒語」,叫聲「變」,就變做了千百個悟空模樣的小猴,把武器「盡數搬個罄淨」。

複製人這觀念,原來咱中國才是老祖。吳承恩且甚有遠見,讀之直教人提防拉丹之類照辦煮碗,除了阿富汗伊拉克,甚或美國境內有幾萬個複製的拉丹在發施號令之外,他還會偷偷潛往美軍的核彈基地,即拔幾條老毛出來,暗喝一聲「變」,那美軍的乜彈物彈,都即時給他搬個清光。

(2001-10-18)

同情心，當真？

文藝作品該以「感情」爲主要內容，這大概已是一般文藝工作者的共識。傅庚生《國文教學識小篇》言：「感情是文學的主要因素。」是也。從事文學的人———也許都可稱之爲文人———自須具有「真摯的情感，濃郁的同情心」（《國文月刊》四十八期，開明書店，四六年，頁一一）。

「九一一」屠紐，文化界幾無不義憤塡膺，口誅筆伐，爲遇難者而哀，爲人類遇此災劫而慟，這都是發自真摯的同情心。人世無常，好端端的美麗的性命，電光石火之間便化成灰燼，直《金剛經》終卷那句「如夢幻泡影，如露亦如電」，短暫而虛假得令人發儍。這不單死者可悲，就生者亦因瞬間極大的惶恐，一切均無可測而墮入無垠的恐懼和傷痛。特別是生活在北美洲的，紐約僅在咫尺，同情心裏面，少不免也夾雜著一股強烈的生死一線的切身感受。對恐怖分子的毒恨，自又加多幾分重。

國鍵向來贊成死刑。打瓜恐怖分子，因他們自作自受，殺人者宜自嘗被殺的滋味。追殺恐怖分子，足慰人心。寬容恐怖分子？大概只有悲天憫人愛心無限的宗教人士才辦得到。

只不過，若爲追剿恐怖分子而胡亂發動戰爭，殃及無辜的平民，霎眼間也枉死了無數的性命，若閣下只冷冷的說聲「遺憾」，說是「戰爭少不免」，則閣下在「九一一」向橫死者所流露的「同情心」之真，便甚可疑。

難道回教徒就不是人？抑或中東南亞太遙遠，佢死佢事，不值得我們同情了？

中國的壞鬼文人，感情和同情心，向來僅爲自己而發，只怪傅先生沒加說明。至若作品拿不成諾貝爾，於此亦頗露端倪。

（2001-10-24）

吾日三省

《論語‧學而篇》，孔子曰：「吾日三省吾身。」
聖人說，他每日都多多反省自己，看一天裏面有
沒有做錯事。有則改之，無則加勉。

自我反省，是中國儒家的基本精神。每天生活，
有錯無錯，都該反省一下。否則錯而不知，罪孽更
深。反省過後，若然無錯，則笑罵由人，直孟子所
謂，「雖千萬人，吾往矣」。若真錯了，面對的算
是手無寸鐵的沙漠賤民，也該為之愧懼難安。大仁
大勇，此之謂也。

「九一一」災劫，美國政府有沒有自我反省？答
案當然有。否則就不會即時把中東和亞洲的外交政
策，作了一個一百八十度的大轉變。以色列和巴勒
斯坦的流血衝突，在美國的干預下，即時叫停。小
布殊且公開宣布，不反對巴勒斯坦建國。對印度和
巴基斯坦的制裁，也速速取消。「中國威脅論」？
不但銷聲，且突然向北京堆起笑臉講合作。

美國，是一個善於反省的偉大民族。她的強大，
正建築於因事制宜、時刻自我檢討的反省精神上。
這與儒家精神，意外地竟頗有兩分貌似。

恐怖魔王拉丹指控西方剝削中東石油，吾等更要
反省反省。若然屬實，則加拿大作為美國在中東攫
奪廉價石油的「受益者」和「追隨者」，能不因自
己為虎傅翼享受賊贓而慚愧？可幸事實美加汽油卻
甚貴。

特別近半年，每驅車入油，我總因油價之又漲而
叫苦。這當然也未必事關美國，因為原油價格的起
跌，取決於市場供求。就美國也隨時受制於貪婪的
阿拉伯石油輸出國。反而美國由微軟壟斷市場，才
真的是擺明掠水，撳住來搶，受害者當然包括加拿
大。美國有恩於加國？唉！

（2001-10-25）

可善可惡

著名的美國故物理學家費曼(Richard P. Feynman)在他的《The Pleasure of Finding Things Out》的第六章，記述了他在夏威夷往遊佛寺，寺僧對他講了一句聽了刻骨銘心的說話：人們所獲賜的開啟天堂大閘的鑰匙，它同樣可以打開地獄的大門(Massachusetts:Perseus Publishing, 2000，p.142)！科學(science)之所謂價值(value)，實亦如是，它可以製造萬惡，也同時能夠生產一些（有用的）東西(something) (p.143)。例如應用科學(applied sciences)，既可以把人們從肉體上的困難(material problems)中解救出來（例如以醫藥控制疾病），但同樣又可以研製出超級傳染病毒，明天就在戰爭上使用(p.147)……。

同一條匙，可往天堂，可通地獄。或善或惡，原來不在於匙，也不在於科學，而盡在人們之一念之轉。

此正釋慧能所言，「思量惡事，化爲地獄；思量善事，化爲天堂」也（《六祖壇經》第六）。惡事善事，地獄天堂，不在心中佛性（鑰匙），而全看你的「思量」。若心生一絲復仇惡念，已足毀掉萬劫修來的善因，當下便成地獄。倘一念向善，縱萬惡如拉丹，卻也可洗盡前惡，眼前即是天堂。

佛性本來清淨，無善無惡。只因凡夫七垢六慾，一怒便起殺機。

通往天堂的「阿拉」之匙，今已不幸地開啟了恐怖的地獄大門。美國的「正義之師」，也不見得就可以帶領人類前往上帝的天堂。

憤怒的宗教和正義狂熱分子們呀，請都放下屠刀吧！

（2001-10-26）

又變啦！

上海亞太經合組織會議，中美舉行記者招待會，會上小布殊和江老總，都笑容可掬。會後轉身離開講台，小布殊且親蜜地輕拍江老總的背膊，看在美國反華之士和中國反美之士的眼裏，真個百般滋味在心頭。

才不過半年吧了，美中由死敵突化而為死黨，由年初美國大選「打孔」錯選小布殊上台而急著「打中」，再回到現在的狼狼「打恐」，兜兜轉轉，世情之莫測難料，其戲劇性較「九一一」有過之而無不及。而其中引發劇情急轉直下的中介物，竟都是一架飛機。

拍拍膊頭，必有所求。大家都行走江湖，盡在不言中。由大仇不共戴天，一夜而轉為直以生死相許，小布殊和江老總，都不愧是政治舞台上的老奸巨滑。各有所求，個人的面子又算得上什麼？妖魔化中國？小布殊詐作冇講過；挺台欺中毀機？江老總記不起曾發生過。為了國家之大利，為了人類整體的前途，暫拋前怨又如何？美國人教育程度高，倒不會大罵小布殊變臉，沒好好堅守反中立場，沒分清是非黑白。卻只有咱中國知識分子們，才會在自設的「黑白」框框內天天念喃嘸。

各為其利。政治舞台演的從來不是黑白片，而大多是色彩繽紛令人目眩的大製作。戲裏面沒有既定的公式，也沒有一成不變的善惡。仁義道德是儒，因形勢而變是法。天天喊著正邪誓不兩立，卻不知邪耶正耶分秒在變，結果定如韓非所言，「必為新聖笑」（《韓非子·五蠹》），淪為統治者佐酒的笑料。

江老總這趟連消帶打，既外示中國人以德報怨，內裏必又討了美國佬讓步的甜頭。美國成了暗啞底，老總能不狂笑一番———爽爽爽！

（2001-10-31）

少帥，錯不在你

張學良先生以百歲之齡，悄歸道山。中國現代史一位響噹噹的人物，安息主懷。一生功過，風消雲滅。唯遺先生那種不爲個人私謀、不爲黨派私利，只求國家民族公益的愛國精神，永照中華。

處身「西安事變」的動盪年代，先生在民間抗日情緒高漲，在共黨勸誘而國民黨掌摑的巨大壓力下，緊急關頭，先生沒有選擇獻媚日寇，也沒有選擇投靠毛共，亦沒有選擇愚從蔣公，只選擇了拋棄一己之榮辱，不顧個人之生死，做了一件驚世的傻事，卻扭轉了中華民族將亡於日本的命運。先生不是英雄，誰是？

「西安事變」的「兵諫」，乃形勢所迫，決非先生所願見。日本侵華，中華危在旦夕。而國共兩黨，一個以「攘外必先安內」，傾全力矢言剿滅「共匪」；一個則藉詞「抗日必先反蔣」，竭所能務要推翻國民黨。漁人得利，東洋鬼子因得肆虐。老百姓特別是愛國學生，對此極之憤慨。

一九三六年共產黨力主停戰抗日，頗因不敵於蔣，計在緩兵。毛周多次發表共赴國難抗日宣言，極力拉攏先生，並放還所俘東北軍以示好。而先生麾下的東北軍，向來是仇日之心重，剿共之意薄。十二月四日，蔣竟又下達軍令，東北軍要麼就立刻往前線殺共，要麼就調往福建安徽布防。十日，且召開中央將領會議，謀改編東北軍，攤明趕絕。先生當日面對的，已不單是該否服從軍令的軍法問題，且是個民族存亡良知抉擇的大問題。

趕盡殺絕，是咱醜陋中國人的天性。先生團結爲公，身體力行，陋儒又怎易明白？

兄弟鬩牆，處處封殺，畢竟仍係今日吾族吹奏的主打。唉！

（2001-11-01）

如果

　文人論史的通病，是經常沒頭沒腦的提出個「如果」：如果沒有「武昌起義」，孫總理早就垮掉；如果沒有「西安事變」，中國不會讓赤化實現；如果毛父毛母沒有生個毛澤東，共產革命就不致搞得這般兇……。

　歷史就是歷史，全是已經發生的事實，又怎可「如果」得來？第一流的史學工作者，只會把它蒐集、整理，提出觀點和見解。第三流的，才愛自設一個「如果」來混淆視聽。得出來的結論，當然也同樣是憑空臆測毫無史實根據的「如果」，了無參考的價值。

　《左傳》宣公二年，記載了正卿趙盾的弟弟趙穿在桃園弑殺國君晉靈公，而太史董狐直書是趙盾所為。理由是，趙盾在案發當日身在境內，回來後又不聲討趙穿這一個大逆不道。可惜董狐這中肯有力的論證，卻給老糊塗孔夫子外加一句「如果」：董狐良史，趙盾良大夫，如果當日趙盾離開了晉國，他的名聲就不致給董狐寫污。可謂狗尾續貂。

　若趙盾當日真的已離國境，難道就不會境外遙控，幹這弑君的勾當嗎？

　用「如果」來評論史實，固令人失笑。憑「如果」而對歷史想當然，則更屬無聊。沒有張學良的「兵諫」，蔣介石便必可剿清共產黨了嗎？事實是共產黨在當日有相當廣泛的民眾基礎，也獲得知識分子的狂熱支持。自一九三零年始國民黨出動數十萬大軍五次大圍剿，混戰六年而共產黨殺極尚存。不罵當日群眾之有腦、知識分子之白癡，卻假設一個「如果」而將大陸赤化之罪名推往張學良身上，公平麼？

　歷史巨輪之下，只見「因果」，沒有「如果」。

（2001-11-02）

迦畢試和喀布爾

阿富汗之東北境，歷爲中印交通必經之地。唐初釋玄奘往天竺（印度）取經，由長安出發取天山北道，踰蔥嶺（帕米爾高原），度雪山，入迦畢試國。迦畢試即在今喀布爾之東北阿富汗境內，與北印度之濫波相去不遠。

據釋慧立《大慈恩寺三藏法師傳》，玄奘未入濫波之前，曾在迦畢試停留。當日迦畢試信奉佛教，「迦藍（佛寺）百餘所」（台北廣文書局，六三年，卷二，頁十）。檢玄奘《大唐西域記》，迦畢試國「宜穀麥，多果木，出善馬、鬱金香，異方奇貨，多聚此國」，實爲物產豐盛的貿易中心，殊非今日之荒涼。然而，該地「氣序風寒，人性暴獷」，則係古今如一。風寒固不在講，其動輒發狂而亂殺人，暴戾粗獷，愛把死人頭骨串起來當作身首裝飾物（台北廣文書局，六九年，卷一，頁十五），與恐怖兩字，實已早結孽緣。

今阿富汗首都喀布爾（Kabul），漢唐爲高附城，漢世地屬大月氏，南北朝隋唐則爲嚈噠（滑國）所轄。據日人藤田豐八《月氏故地與其西移年代》，嚈噠「不外即月氏之異譯」（楊鍊譯，《西北古地研究》，台北商務，六三年，頁九八）。是則漢唐世迦畢試喀布爾一帶均受突厥種大月氏人管治。此沙畹（E.Chavannes）《魏略西戎傳箋注》所引「大夏國（Bactriane），高附國（Kabul），天竺國（Inde），皆屬大月氏」是也（馮承鈞《史地叢考》，台北商務六九年，頁九四）。

漢代張騫出使西域，路經高附城。唐世爲謀控制該區，置「高附都督府」，詳見王治來《中亞史》（中國社會科學出版社，八零年，頁一九五）。喀布爾，在七世紀阿拉伯未東侵前，早已是中亞名城。

（2001-11-09）

乖理

今年暑假十分賣座的美國電影《Swordfish（劍魚）》，講的是由巨星尊特拉華達（John Travolta）飾演的伽比奧（Gabriel），自稱係始自五零年代美國境內專用殘暴手段追殺阿拉伯恐怖分子的地下組織之新頭目，他爲了要獲得巨資支撐活動，竟也用上擄人勒索、濫殺無辜等恐怖方法，並誘迫由曉治積文（Hugh Jackman）扮演的電腦黑客史丹利（Stanley），去破解美國政府暗存在某銀行裏面那從掃毒而來數以十億元黑錢的電腦密碼。殺人放火掟炸彈，堂而皇之，全是爲了消滅外國的恐怖分子，爲了「保護美國人的自由和生活方式」（to protect American's freedom and way of living）。於此，任何的非法和暴力手段，都即時變得合理而且神聖。

故事主題不一定全是存心杜撰的編劇家的「老作」。事有湊巧，戲才上映不過三個月，小布殊發表的「打恐」宣言，竟直與伽比奧是同一鼻孔，聽了大有電影重溫，極具虛幻與現實互疊相諷之奇妙。

一聲「保護美國利益」，便成真理。有了真理，就可以使盡一切方法。姑無論合法與否，人道與否，都屬正義。就錯殺幾個無辜，又算得是什麼？這種思維，在美國原來早已潛存，難怪近年的領導人物，也多愈看愈似伽比奧。其他國家的領袖呢？不幸也頗愈來愈像史丹利。

在台下做觀眾的，一聽見有益美國，也即自動解畫爲有禆於「自由」，算用的是骯髒手段，一樣拍爛手掌，狂叫「好嘢」！

「自由」和「正義」若發展到要靠恐怖手段來支撐，在道德上還剩下什麼意義和價值！？

回教極端恐怖分子之邪惡，正正是他們都自認是伽比奧。到處殘殺無辜，還誇說是爲了你好。

（2001-11-21）

移民，皆因怕亂

國鍵文弱書生，雖幸運地未嘗經歷戰火，卻由於天生畏死，愈讀史而愈是聞戰爭而色變。

父執輩云，寧為太平犬，莫作亂世人。戰事爆發，子彈無情，一切即由人境淪作獸界，很多時兇殘至獸且不如。所以，世上只有那天生不怕死的好戰軍人，才會一談起打仗便眉飛色舞，——特別是那沒有兒女的。

國鍵反戰，其實也沒什麼大道理，純因怕死。己所不欲，勿施於人。明白別人也許一樣怕死，所以，就算自己不用上戰場，卻由於不怕死和不怕兒女戰死的人畢竟屬極少數，一講到戰爭，我還是要反對的。

住在美國的華人，相信也是反戰的居多。國鍵在美國同輩的親戚朋友，兒女大都剛剛大學畢了業，正合服兵役的年齡。開戰？可真開天大的玩笑。含辛茹苦養大的孩子，前途無限，卻一句唔該便徵赴戰場——特別到那沙塵滾滾寸草難生的阿富汗——去送死，情何以堪？大概是因為這個原故，他們罵共和黨和小布殊，罵得最狠。好戰的共和黨右翼得勢，大家肯定難有太平日子過。親友中唯一投票給小布殊的那位大嫂，可能就因她這糊塗的一票，令戈爾痛失密蘇里，今天倒自覺是愧對鄉親，成了千古罪人。

美國喊打，在加拿大的華人呢，竟也有莫名其妙的搖旗吶喊———打打打！若聽在美國華裔同胞的耳裏，可真的哭笑不得。在靠害乎？

正義？同情？邊個去打先？陸游《樓上醉書》那句「三更撫枕忽大叫，夢中奪得松亭關」，對逃避災亂庇身美加的華人來說，這回卻係「三更撫枕忽大叫，夢中身墮鬼門關」。大家可別忘記，我們移居加國，頗因愛她的安定平靜，無仗可打。兩岸烽煙今猶懼，打阿富汗，你去？

（2001-11-23）

人唔似人？

據《明報》載，中國報刊近日有一兩篇文章，責備當今中國大學生「缺少像古代太學生的修養和教育」。在大學裏面，居然還要訂立「上課不遲到、不隨地吐痰、買飯不打尖」等學規。據採訪的記者直擊，大學宿舍「廁所濃臭」，學生們是「司空見慣」的「隨地吐痰，亂扔煙蒂，廁所不沖」！

這，正是咱中國現代文明的縮影。記者難道沒察覺，凡有中國人居住的地方，大都見有隨地吐痰、亂扔煙蒂、廁所不沖的劣行麼？單罵大學生，似還未夠全面。

何故失禮如此？蓋因近代中國人之所謂「教育」，盡多是有「教」而無「育」的。經師易得，人師難求。做老師乃專職「教書」，以學生成績論優劣；做學生的，也天天不過上學「讀書」，憑會考成敗定英雄，倒沒說過是來「受教育」的。師生關係，你「教」我「學」而已。是以學校裏面，五花八門的都是「教學法」，未聞有「教育論」的。教出如此缺德的民族性格，又何足怪哉？

古之教育，教而育之者也。教是手段，育是目的。教為始，育為終。孔子「禮樂射御書數」「六藝」之教，始則學藝而為「博文」，終歸修德而成「約禮」。

錢穆夫子論孔學大體云：「凡人世間一切藝，皆必依仁據德而始成其為一藝者」是也。故此，學習知識（游於藝）乃不過「為學之始事」。而學習做人處事依仁據德（志於道），才是「學之終極」（《學籥》，頁三）。故知教育之終極目標，不僅在於學識，而更在於「學做人」也。

何始謂之人？答曰：須先具品德。只要欣賞一下所在廁所的衛生，是人不是人，自可一目而瞭然。

（2001-11-29）

菩薩貌，毒心腸

頗多人認為，拉丹「有一雙迷人的眼睛」，且問：「怎麼拉丹的眼神如此仁慈？」

人，真不可以貌相。魔鬼化身的，同樣有張慈祥的臉，一雙和善的眼，望之如見救世者。若不這樣，又怎做得成魔界的君王呢？能令人有所防範的，就不叫恐怖啦！沒聽過蛇蝎美人麼？

將妖魔鬼怪寫成是面目猙獰的怪物，是童話。現實的世界是，外表愈美麗而可能愈惡毒。有仁慈的外貌，未必相應地有副好心腸。

此所以西方人對於美，從不獨以外表來衡量。單從外表論美醜，乃閱世不深的無知與淺薄。莎士比亞早就認為，徒有外在美而缺乏內在的「真善」，亦即僅有形體美而沒有人格美，那不過是「發著爛草臭味」的「鮮花」。這一種發著臭味的鮮花，例如粗口爛舌心地邪惡的美艷女星，必逃不過花開花謝，瞬刻凋零的「死的暴力」。只有內心那真善的愛之美，才能逃過時空死亡的威力，總如「太陽每天有新舊的交替」，她卻「也就永遠的把舊話重提」（屠岸譯，《莎士比亞十四行詩一百首》，香港商務，九四年，前言，頁三至十三）。亦即是說，只有善的美才算真美，才叫永恆。

莎翁《十四行詩》第五十四首：「……玫瑰是美的，不過我們還認為使它更美的是它包含的香味。……薔薇跟含有香味的玫瑰完全是一類，…但是它們的好處只在容貌上。……玫瑰就不是這樣，死了還可以提煉出多少芬芳……」（仝上，頁七七）。

拉丹，不外是朵腐薔薇，身上流著暴力仇恨的毒液，奇臭無比。這類魔頭當然亦非世間罕見。就咱中國偉大的文革時期，有俊美臉龐而又殺人不眨眼的，不幸亦有好幾個。

（2001-11-30）

生命無價難計值

香城近日天天勉人「自我增值」，聽來甚不易懂。增什麼值呢？

生命本無價，叫我如何來「增值」？人值若然可增減，人豈不就成一堆加減數，義復可用之釐訂「價格」以量度其值的貨物？

多學點東西，自己就「增值」了麼？答案當然不。一個人的「值」，向來不能也不應用學識來論定。拿多幾個學位，學多幾門功課，自己的「值」就超越別人了？

若此為確，則以「才絕」「畫絕」「癡絕」號為「三絕」的大畫家大詩人顧愷之，他的「值」豈不就比獨沽一味書法的書法家王羲之高？能文能武的岳飛，他的「值」豈不就比能文而不能武的蘇軾大？能詩能詞能書能文的蘇軾，他的「值」豈不又比僅以詞聞世的辛棄疾多？有榮譽博士學位的周潤發，他的「值」豈不即時又比沒有博士學位的李小龍棒？通曉「兩文三語」的董建華，他的「值」豈不又比英文唔識多個唔懂廣府話的鄧小平強？……可真笑掉大牙啦！

正確的講法，不叫做「增值」，而該叫做「增加競爭力」。增加競爭力是一個求職的問題，是一個在社會上謀生的問題。它和人的價值沒有直接的關係。在西方社會，這叫做適應環境，叫做配合社會需要，叫做 to meet the needs。

今天電腦行業容易搵食？我便去學電腦。明天生化行業蓬勃，我便去搞生化。後天若然掏糞唔夠人手，我立即轉行去學掏糞。要者順世應時而動而已，又何必高談什麼增值不增值？

自己失業，只因所從事的行業出了問題，絕不因自己「值」不如人。請不要怪自己，若真要怪，且怪政府多踩一腳，天天教人去「卜值」，搞到你自卑到連做人的信心都失埋。

（2001-12-05）

最緊要化

《莊子》卷八下「則陽篇」記升蘧伯玉行年六十而
與年俱變，隨歲月而變化。往年之所謂「是」，今
年可以作爲「非」。而今年之所謂「非」，不難保
明年又大可視之爲「是」也（郭慶藩撰，《莊子集釋
》，北京中華書局，八五年，冊四頁九零五）。如是
者人生在世，既無絕對不變之是，亦無絕對不變之
非。若然固執於「必」，而不知世上實無必是必非
的事理，那只會自討苦吃。

生逢亂世，更須知「世事無絕對」之真妙。香港
「六七暴動」，三十四年前「左仔」惡行，大家本
都曾皆之曰「非」。殊不知三十四年後之今日，大
家才曉得當日之「抗英暴動」，甚得「廣大的民眾
支持」，乃保衛咱偉大民族尊嚴之「大是」。揾土
製「波蘿」係「情不得已」；擲石頭殺無辜乃「複
雜大環境」下之「無可避免」。死人事小，革命事
大。指揮和策劃暴行的左派頭目豈止不是窮兇極惡
，且該是抗英救民的革命英雄。不頒個大紫荊勳章
給他們，難道該頒給你麼？唔嬲得咁多，敬佢一
杯啦！

成王敗寇，人心向背，誰是誰非總隨時勢而逆變
。六七年時人心恐共，港英血腥鎮壓左仔，甚得民
心，砸得好！今天人情媚共，共產黨是再生娘親，
大家的諗法當又別然不同。爲娘親爲家國效死命，
不就是千百年來人們極力表揚的「忠孝之道」麼？
小小的一個紫荊獎章，又怎足以表彰孝賢、昭賞忠
烈？

是是非非原一夢，管辛棄疾什麼「試回頭五十九
年非，似夢裏歡娛覺來悲」。香港人畢竟較宋朝的
辛氏「醒目」，回歸中國不五年就醒覺過來，比蘧
伯玉的六十年要短得多。

（2001-12-07）

唔識死

　董特首巡區，主動與圍觀的途人握手。豈料遇有不識好歹的周某，竟耍首擰頭，縮埋隻手。害得特首大人一臉錯愕，幾乎下不了台。

　電視新聞播放，全港市民齊看這香港開埠以來破天荒視領導人行到的一幕，能不哄堂？此實中國三千年封建歷史未曾有也。

　周某何許人呢？不過麵檔小老闆耳。小老闆自道「見識少，讀得幾年書」，當然不曉得在中國社會裏面，冒撞大人罪可判死。今竟公然犯顏，九族更是堪虞。董特首宅心仁厚，表明不會介懷，只憂中國歷史裏面，爭為大人消氣以邀賞的爪牙鷹犬實在不少。周某若不負荊請罪，當眾自摑兩大巴掌，相信不幾天便有警察和衞生幫辦之類的執法人員登舖「拜訪」。他店子廚房的清潔，固然會給左挑右剔，要執到正一正，就店前行人道上他平日非法擺慣的圓抬摺凳，這回也因為阻街罪而天天被票控。

　這或尚可勉強應付得來。最糟還是維園阿伯這類貞忠之士，護主心切，糾眾前來「理論」，情況就很難說。萬一有老人家激動過度暈死鋪前，唉，以香港人的迷信，從此想有客人來幫襯都難。幾十年白手艱苦經營的小麵檔，豈不就此一筆勾銷？

　眾矢之的，返去休息。躺在床上，汗冷無眠。禍是自己性格方直而闖。只怪打了半生牛丸魚蛋，還未悟及中國人愛圓的才算「爽滑彈口」。握手雖則易沾細菌壞了肉丸品質，但總比不識圓滑自招煩惱來得好。

　今既急著跑出來認錯，大老爺們必「寬宏大量」的。但以後遇上大人出巡，就勿隨便探頭看熱鬧了。免害得一握之後，過猶不及，「一星期也不洗手」，那還有人敢來吃你的魚蛋麵麼？

（2001-12-12）

一知半解

有心人指出，反戰文人之反對美國「以暴易暴」、殺戮阿富汗百姓，是「一知半解」，是患了伯夷叔齊不吃周粟的「婆媽病」。

有趣的是，給診斷為「病源」的伯夷叔齊臨死那句歌詞「以暴易暴兮，不知其非矣」，竟亦難脫給人一知半解的厄運。

紂王酒池肉林，嚴刑（如炮烙）鎮壓，民心思反。但如何另覓聖王呢？當日伯夷叔齊等人相信，這須依循昔日堯舜禹湯上台那一套部落推選的程序，即後來儒家之所謂「禪讓」，否則屬於違法。是以周文王（姬昌）於商末民情鼎沸之日而暗中行善，各路諸侯有事都來請他「決平（仲裁）」（《史記》卷四《周本紀》），目的也是替自己來日在公選造勢。不料他才一死，而兒子武王（姬發）就急著動武。《史記》卷六一《伯夷列傳》記伯夷叔齊叩馬力諫說：「父親死而未葬，便去打仗，叫做孝麼？以臣弒君，叫做仁麼？」

如此不孝不仁漠視禮法，這和暴紂的胡作非為有何分別？故伯夷叔齊那句「以暴易暴」，不該作「以暴力推翻暴力」解，而應是伯夷叔齊嘆息於武王之以不孝不仁的手段去攫佔王位，無乃以「暴臣」易「暴君」（《索隱》），是不仁之臣，取代不仁之君而已。故歌詞下截，還有「神農虞夏，忽焉沒兮」的一句，亦即對上古神農虞夏那種公開推舉盟主的民主制度忽焉終沒，傷心痛絕。

伯夷叔齊恥食周粟而死，非因「人生觀狹陋」，而只因堅持自己的政治信念。猶同司徒華先生之反對「六四鎮壓」便一反到底。這種高尚情操，那大小通吃、見人講人話、見鬼講鬼話的韋小寶之徒，恐怕不易明白。

(2001-12-20)

235

事實不符

有論者認為周武王推翻商紂，是「結束了奴隸制度，開創了進步的封建制」。

商代是奴隸社會，固然事實。但不幸的是，西周仍奴隸如故。武王滅殷，即把大批的殷遺民貶為奴隸，隨同其他種族奴隸，替周人從事生產工作。西周的農夫和殷商的一樣，「事實上只是一些耕種奴隸」。而這等奴隸，且可以「當成牲畜來買賣」（郭沫若《奴隸制時代》，北京人民出版社，七三年，頁二六至三一）。西周還是個奴隸社會，是無庸置疑的。

奴隸制度的崩潰，不在西周建國，反之要待西周衰落封建制度解體之後，亦即春秋戰國時代。斯時諸侯兼併，列國內亂，隨著貴族末落，公族戰敗逃亡，很多奴隸得以恢復自由。而由於山林川澤的開放和經濟模式的轉型，大多且成了在市邑自食其力的工商戶，活得不錯。至於奴隸制度的明確廢止，卻還要等到西漢新莽世。

所以，西周之推行封建，對紓解奴隸固無幫助，精神上卻反深化了中國人的奴隸性格，使之合理化和制度化。

西周之封建，實因武王踐祚未經部族公推程序，而軍力又不足以控制全國，遂不得不採此策以安撫諸侯，以「藩屏」（保衛）周室。封建制是政治權力的明確劃分，凡爵位、封地、命卿、軍制、義務，一切須依之以為法。它又與規定由嫡長子繼承權力的「宗法制度」相輔並行。從此不但把中國婦女全踢出政經權力的門檻而淪為男人的附屬品外，就男人自己，在生而上尊下卑的封建階級之下，也不免都制度化地相對成為必須服從主子的奴。

西周封建穩住了局面，卻從此一刀閹殺了中國的民主，窒絕了百姓的平等自由，進步個屁！

(2001-12-21)

夏理斯的退隱

安省省長夏理斯年中辭省長職，宣布退隱，自道從此以弄兒為樂。這一種突如其來的故鄉念、舐犢情，據夏理斯自述，緣發於年初往家鄉遊時，猛然醒覺，事業雖重，鄉情更厚。餘生將多陪家人，且望政壇引退，足打消妻子下堂求去之決意，好挽救一段已經破裂的婚姻，云云。

你信？夏理斯政壇硬漢，這幾年打壓醫療、教育，從未見過手軟。保守黨中錚錚一猛將，二十年政界殺戮，今竟柔情萬種地突然轉性，難免使人覺得事有蹊蹺。

政客和文士天生性格不相同。文士柔柔弱弱，感情用事，可以不愛江山愛美人。政客陰陰狠狠，理智行事，他突然和你講情講愛，你便要打醒精神。

文士可放家庭在第一位，政客卻總以事業為先。對於愛妻愛兒，文士許一日不見如隔三秋，政客多一出家門便絕了痴纏。孫逸仙冷待元配， 蔣中正休了髮妻，毛潤之對老婆楊開慧遇害沒掉幾滴淚，皆政界之梟雄也。

當然，偶爾發了詩興而憐惜「賤妾煢煢（孤單地）守空房」如曹丕者，不是沒有，然始終卻還是曹植《白馬篇》那句「父母且不顧，何言子與妻」，來得真切。款款情深？問世間情是何物？此文士風流。政客呢，正所謂大丈夫何患無妻，只要功業成，又怎會沒妻房！

文士濫情，政客寡情。夏理斯的辭職「演說」，聽了倒令人心驚。難道是人近暮年，身體多病？抑或是「常理革命」潰敗，挫折太大？今借妻兒來解困，郎情恐非真。

夏夫人眉精眼企，沒似三從四德的中國笨女人那麼易受哄。最新消息：箍煲失敗，已經離婚。

(2001-12-26)

「以暴易暴」說

「以暴易暴」者，本義爲以暴虐換暴虐也，語見
《史記‧伯夷傳》。伯夷非議武王於父死未葬即興
兵伐紂，未經部族推選便妄自以臣弒君，不孝不仁，
就推翻了殘暴不仁的昏君，爲百姓換來的，也不外
是個同樣暴戾不仁的君主。

「以暴易暴」的本義，不一定反戰，而只是要戰
得其所。不合情不合理不合法的使用武力，那不叫
做武，而只能叫做「暴」。

若以之檢視歷史，暴秦末年品性兇殘的楚霸王項
羽攻剿秦軍，到處大肆屠殺。所經之地，「無不殘
滅」（《史記》卷八《高祖本紀》）。他與秦將章
邯訂盟，竟又出爾反爾，「坑秦卒二十餘萬人」。
破咸陽城，又是屠殺擄掠一番，「燒宮室，火三日
不滅，收其貨寶婦女而東」（《史記》卷七《項羽
本紀》）。人們送走了暴虐的秦帝，換來的卻是同
等暴虐的霸王。猶今日之阿富汗百姓，趕走了殘暴
的塔利班，迎來的是暴虐甚或過之的北盟。這是典
型的「以暴易暴」。

漢王劉邦呢？同是反抗暴秦，卻深謀遠慮。攻陷
咸陽，「財物無所取，婦女無所幸」。軍紀嚴明，
不似得項羽楚軍之姦淫擄掠。且又召見父老，「約
法三章」，廢除暴秦苛法。三令五申，「吾所以來，
爲父老除害」。結果當然逗得「秦人大喜」，爭獻
酒食以勞軍（《史記《高祖本紀》）。這仁義之師，
方配稱之曰「武」。同是用兵，但「以暴易暴」抑
還是「以武（仁）易暴」，本質大不相同。

有論者認爲新中國的建立，乃「以共產黨之暴，
易蔣介石圍剿之暴」，實胡謅亂扯。當日紅軍頗具
仁義之風，所過秋毫不犯，焉可謂之暴？建國之時，
老百姓確曾寄共產黨以厚望也。

唉！

(2001-12-27)

感慨今昔

殖民地時代的香港，中西文化薈萃，是資本主義和共產主義兩條道路的 intersection。獨一無二的地位，帶來了獨一無二的繁榮。

米字旗下，洋人眼中，香港屬於西方陣營，是大英帝國治下舉世最大的唐人街。裡面雖是烏煙瘴氣，但統治者乃番鬼佬，有法有規。往裡面逛，既安全又刺激，很有優越的快感。坐人力車，到香港仔海鮮舫學執筷子夾菜吃，又或往赤柱「蒲吧」，尋幽搜秘，其樂無窮。

五星旗下，黑眼睛裡，香港是個同胞渴望投奔的天堂。她本是咱中國的，血濃於水，就怎洋鬼子化，畢竟仍是個中國自己的地方。

香港，就如此機緣巧合地集華洋三千寵愛在一身，締造了一個亦中亦西的世界名都。

好景不常，天意弄人。回歸之後，榮寵不再。最致命的，是洋人從此睥之以為共產，而阿燦卻又睨之以為洋奴。政權交接之歡，換來的是不中不西受盡鄙夷之痛。自此由盛而衰，殆非人的意志所能轉移。哀哉董建華，真命苦。

在中國歷史裡，這種得天獨厚的大城市，由於歷史大環境的逆變而迅速衰落的，香港不是第一個。千年之前，至少有個叫揚州。

唐宋時代，南北經濟發展靠賴運河。揚州位處長江北面運河西岸，乃商貿必經之地。由於「地當衝要」，故「多富商大賈」（《舊唐書》卷八八蘇昌容傳），繁盛之極。只可惜後來河道淤塞，到南宋孝宗淳熙三年（AD1176）姜夔路經揚州時，已是「四顧蕭條」，甚有「《黍離》之悲」（《揚州慢》）。明清海運漸代河運，揚州更難復舊。今僅殘留炒飯一碟，供人憑弔耳。

(2001-12-28)

239

願做犬馬之奴

中華民族是一個挺奇特的民族。自古既是以農立國，是個重視農業的社會，卻又很奇怪地極其賤視從事耕作的農民，頗有點神經病。

郭沫若倒也講得好，古代重視農業，「並不等於平等地重視農民」。在中國文字上，「農與奴是一音之轉，耨與辱是一義之轉」（《奴隸制時代》，北京人民出版社，七三年，頁二一八）。

農民是奴，耕耨是辱。在咱偉大的中國歷史裡面，千百年來，佔人口百分之九十以上的農民，其身份原都不過是「奴」，──不是官奴，便是家奴。他們主要的工作，是天天去「受辱」。例如向主子叩跪咱摑嘴巴，任由打罵，承上頭的「恩澤」而苟活。

千百年的農民文化，耕的是半畝植根於民族靈魂深處的卑感文化，都不自覺地認了命：「農不如工，工不如」。既生而為農，就認定終身而為奴，注定窮死一生，捱死一世。

有法子解救麼？在秦漢的歷史上，可有個方法，是硬繃繃的「重農抑商」。結果呢，農可沒有重得好，商卻是給抑到奄奄一息。「斬腳趾避沙蟲」，情如俺偉大的毛主席，認為打垮了資本家，無產階級便會富起來了。

千年的奴問題，當然不易解決。就算斬了腳趾果然避了沙蟲──秦漢時代真的「嚴重打擊奴隸主」、抑壓了商賈地主而「解放」了奴隸；秦漢的官奴私奴果都轉了去做手工業，脫離了農（奴）的行列；漢武帝之後確也真心嚴禁了恣殺奴婢（全上，頁六五至七五、二零八至二一六），但這又如何？人們的思想，還不是唐宋元明清一代代繼續自願的奴下去？

靈魂病甚難根治。更何況中國現代的奴，都是自甘的。

(2002-01-11)

中國人的怪道理

《大學》說：「心正而後身修，身修而後家齊，家齊而後國治，國治而後天下平。」那就是說，若想治國平天下，便先要端正好自己的身心，整理好自己的家庭。正所謂「一室之不治，何以天下國家為」。連自己的斗室也打理不好，又怎樣治理國家呢？

中國的讀書人，大概都信了儒家這一套道理。修身齊家和治國平天下既掛了鉤，修養品德和管束老婆子女，自然順理成章的成了來日能否管治國家的試金石。連老婆子女都管唔掂，還可以管好國家事務麼？

察之人事，儒學的這種思想卻殊不盡實。今日，閣下若往大學名教授、系主任甚或某些大學校長的辦公室看看，不難發現，滿室的書籍文件往往掉個亂七八糟：或堆積若山，或散佈如棋，入之如進八陣圖。可是，他們卻治好了學問，管好了系務，也帶領了大學。「一室之不治，何以天下國家為」之論，即時報廢。

沒能修身齊家的，便沒能治國了？美國前總統克林頓，淫亂白宮，也管不住河東獅希拉莉，美國還不是一樣給他治了個天下太平麼？

所以，「連Ⅹ都不能Ⅹ，又怎能ⅩⅩ」、「連Ⅹ都保護唔到，又點能保護Ⅹ」這一類滑稽思想，就只有思想封閉的中國人才會信以為確，才會發生諸如去年某中央老臣子因為上書替子求赦死罪被拒，忿而自戕的怪事。

毛主席也沒能保護他老婆楊開慧免遭敵人毒手，卻建立了中華人民共和國。克里純總理未能好好保護自己的臉兒免受扔蛋糕的突襲，卻治好了加國。

近日，香港某權貴藐藐嘴說「連自己嘅頭髮都保護唔到，又點可以保護六百萬市民的安全」，—— 氹鬼食豆腐乎？

(2002-01-16)

241

衰自滿

中國儒道兩家，屢勸人莫自滿認叻。因為，自滿自認為最叻，易令人自驕自是，失了防患未然的警覺力。

謙謙君子，儒家視為模範。人若謙虛遜讓，必不易流於極端，不會變得自高自大。彼此都能謙容，社會便可共榮共存。謙之德美，斯之謂也。

道家以天道講人道，「天之道損有餘而補不足」（《道德經》七七章），同樣在提醒人們處處保持沖抑，多注意「滿招損、謙受益」乃自然不變的天律。

理由其實很簡單，碗若已盛滿了水，你怎注入水也只會是滿瀉流溢，了無添加。所以，在這種「滿」的情況下，只有溢損的機會多，增益的機會零。這一點點道理，連活在上古卜筮時代的無知蒙民也都明白。

《易經‧彖辭上傳》之「謙卦」有云：「天道虧盈而益謙，地道變盈而流謙，鬼神害盈而福謙，人道惡盈而好謙。」

譯之為白話，就是「天道是使滿盈虧損而給謙虛補益，地道是改變滿盈而充實謙虛，鬼神之道是損害滿盈而給謙虛施福，人類之道則是憎惡滿盈而喜好謙虛」（陳襄民等註譯，《易經》，鄭州中州古籍出版社，九三年，頁一一二）。

天道地道鬼道人道，都是重謙抑盈的。明乎此，即知美國佬年來的躁狂自大，必將自招其損，自取其辱。明乎此，亦知香港九七回歸時，鋪天蓋地「我至叻」的盲吹瞎擂，甚者狂嘲澳紐加燦，實不過是滿極招損的盛極即衰的不吉凶兆。當日在公眾面前趾高氣揚的袞袞諸公，也不過是盛世盲流。

天道如此。今天若咎他人，何如先罵自己。

(2002-01-18)

握唔握都難

去年底，香港發生周小老闆拒與董特首握手的小風波，結果周老闆二十四小時內認錯了事。在東方社會，做小人物的，一定要低頭。

今年甫踏一月，多市也發生握手事件。市長賴士民，竟公開與臭名遠播的「地獄天使」黨徒握手。這回惹來一身蟻的，是市長這位大人物，給人罵了一臉屁。西方和東方，分別竟是這麼大。

正係握又難，唔握更難。握了，被看成是縱容犯罪分子；不握，又怕違了民主精神。在民主社會，公眾場合選民一伸出手而作為民選領袖而不握，便是沒有尊重選民，兼且很不禮貌。

在美加，握不握手，主動權操在小市民的手上，做領袖沒有選擇權。小市民見領導人可以拒握手，領導若拒握而得失了選民，傳媒曝了光，明年的選舉就大有麻煩。

握手，在西方社會來說，只是一種禮貌。它沒有東方式沾沐皇恩的內涵。市民和總統握了手，也不會高興到一星期不洗手。且握手的背後，也不見得便有了朋比的成份。一九五六年中俄開始交惡，五七年十一月，毛澤東往莫斯科出席國際共產黨的會議，雖伸手與蘇俄的領導人互握，而赫魯曉夫卻還是叫毛澤東「去見鬼」的。

一九七二年美國總統尼克遜訪華，伸大手掌與毛澤東一握，也絕不代表尼克遜就是贊同又或助長了共產主義。

窮追猛打賴士民，不覺得有點兒過份麼？

群情洶湧。在民主社會群眾強大壓力下，做大人物，有理沒理，錯是認定的了，除非以後唔想撈。

其實，賴市長低頭時，也無妨還自己以清白──當日握手之後，已慌忙往廁所洗了好幾十次手。又或：以赫魯曉夫為師，已叫了一切曾經與他握手的壞份子，都去見鬼。

(2002-01-23)

243

反省即是認錯？

「九一一」後，中國人的輿論，分成兩大派：一派認爲美國佬須要「反省」；另一派則認爲美國佬沒有過錯，何來「反省」。問題出於，大家對「反省」一詞，有頗不相同的理解。

認爲美國不該反省的，固非全無道理。遺憾的只是，論者每用一刀切，不白便皂地把「反省論」的人，都抹黑成了幸災樂禍的恐怖分子支持者和同情者，而無視於彼此對恐怖分子的滔天罪行，實都深痛惡絕。

這種獨特的思考方式，在中國人來說當然不算新奇。特別在共產新中國，你敢叫共產黨反省一下，你即時便成了階級敵人的幫兇和同情者了。往日抱持這種思想的黨國幹部，最愛胡亂扣人帽子。

要解決「反省論」的爭議，先要了解「反省」一詞的含義。斥駁「反省論」的人，大抵認爲，須先有錯，才可以有所「反省」。美國在「九一一」沒有錯，那反省些什麼呢？但支持「反省論」的人，卻認爲若發生了事情，任何一方都先要自我反省一下，錯則改之，無則加勉。亦即是說，是對是錯，並非反省的先決條件。反省只是內心的一種省察活動，它本身並無「我已犯錯」的必然含義。事實若不先經反省，又如何肯定自己必是百分百對的呢？

先有錯而後反省，此與老共思維，實甚相似。——咱偉大的毛主席是從不會犯錯的，叫他和他領導的共產黨反省？不也太笑話了嗎？

吾日三省，不因有錯。無怪日本仔對於侵華暴行，天天在狡談「反省」，且加兩錢肉緊曰「深切」，大家可真奈佢唔何。

日本人於中文的修養，果然比中國的讀書人更爲深厚。人們若認爲反省等於認錯，何故今日還死纏著要日本人認錯呢？他們不就已經「深切反省」了麼？

(2002-01-31)

天下烏鴉一樣黑

　　但凡一種宗教又或主義走向極端，都易作惡。人的思想一旦進了死胡同，就大有毀生的傾向。極端而又激進起來，天良泯滅，草菅人命，把殺戮當作爲清淨靈魂的聖業，也就毫不爲奇。這等喪心病狂，凡有宗教又或有什麼主義的地方，都會出現。

　　軍國主義的日軍屠殺中國百姓，德國的納粹主義滅絕猶太人，咱偉大的毛澤東思想一狂熱起來，千萬計的「反動分子」也就人頭落地。夠恐怖了吧？

　　所以，恐怖主義和恐怖活動，並不是回教世界獨有的特產。在信奉佛教的中國、日本，在崇拜基督的英國、愛爾蘭、美國，一樣到處潛伏著，且隨時發作。受害者若有能力，又必會以牙還牙。

　　記憶所及，歐洲在公元五世紀至十七世紀的「封建時代」（Feudalism），貴族之間的戰爭，也多專向對方施以恐怖突襲。逢麥田將熟，每出其不備，派騎士把敵方農地踩個寸草不留。負責耕牧的無辜奴隸百姓，當也逃不掉給亂砍個遍野屍橫。要戰勝敵人？當先打垮她的經濟。沒了糧餉和生產力，看你怎麼打？

　　恐怖突襲，是民族與民族衝突時，某些極端分子做的邪惡毒行。晚清「義和團」到處襲殺洋鬼子，算不算「恐怖組織」？「越南戰爭」，美國佬有沒有對北越百姓進行過恐怖屠殺，歷史自有公論。《明報·明坊》吾向推服之人文學者，近謂「猶太人被納粹屠殺」，「但沒有發動恐怖襲擊殘殺德國無辜百姓」，不意《明報》同日卻赫然大字標題——「美猶太組織領袖圖炸清真寺」！

　　以眼還眼，畢竟是摩西的箴言（《聖經》申命記19：21）。當日沒向德國人還牙，殆因力有不逮歟？

(2002-02-01)

奴隸須知

日前，陳方安生在香港大學的晚宴上，慶贈港大女生以維繫美滿婚姻的十六字真言。口訣四句，末爲——「工作似奴隸」。

「奴隸」兩字，端的是擲地有聲。寥寥四字，也道出了咱中國社會文化的特質，一字而蔽之曰——奴。

陳太上海人，在家大概還是「儂」前「儂」後的。儂者，奴也。接受西方教育，當了幾十年一品大官，尙且丟不掉妾身爲奴之念。足見中國傳統文化之熏染力，實在驚人。奴，確也是香港人工作上的共通心態。辦事該「奴心奴力」，一切聽上頭作主。國鍵年輕時在香港這個大家庭工作，也常聽人說，拿了薪水賣了身，那就「老細叫你做乜就乜，千祈咪開口問乜問物。」唉，簽了張「賣身契」，便該懂得做奴僕的第一道規條，是「絕對服從」。主人若有問，你也許還可以伏地顫答。他沒出聲，你問啥？擅自提問題，想挑戰主人的權威、侮辱主人的智慧麼？真係大不敬。

歷史學家說，中國人於漢代（公元前二世紀）便已開始脫離奴隸時代，比西方人早得多。可悲的是，中國人奴的根性，卻比西方人斬得慢。慢到今天就選票在手，也還不自覺地要先睇上頭的眼色，才敢下決定投給誰。

西方人呢，今天無論做什麼，總愛先問一聲 Why。東方人呢，這 why 字倒念成是「壞」了，一說便成壞份子。

所以，在東方社會，做下的切莫問 why。凡事答句 yes 便好。yes 之中文讀音，「爺是」也。上面的爺爺總必係「是」的。

奴隸的工作，實不過是「堅決瀝盡最後一滴血」，去保衛爺爺，去「大樹特樹 xxx 的絕對權威」而已。既然「絕對」，還問什麼 why 呢？

(2002-02-07)

正?

中國人最喜歡「正」。今年加國兩市華裔小姐往神州選美，奪冠取亞。臺上一亮相，無不驚爲天人，大讚「正正正」！

「正」這一個字很神妙，亦中國封建文化精髓之所在。在國家政治來說，打生打死，爭的無非也是個「正統」的正字。秦漢隋唐，繼統爲正。但漢亡之後，魏蜀吳三國分治，何者方爲正呢？一九四九年大陸赤化而國民政府遷臺，今該以中華民國爲正，還是以中華人民共和國爲正呢？惱煞人。

在社會倫理方面，誰是「正室」「正胤」，也是家庭裡面最易爲之鬧個天翻地覆的大問題。能夠爭得做「正」的，就自動成了發施號令的主子。其他一切眾「庶」，都要看他的眉頭眼額做人。榮辱攸關，怎不鬥過你死我活？

在學術文化裡面，「正」這一個問題，也事關重大。兩漢儒學今文經和古文經之爭「正」，一爭便是二百年。魏晉南北朝經學分南北兩派，何者始爲正？佛學有大乘小乘，孰謂之正？唐代佛學禪宗自五祖弘忍後分南派（慧能）北派（神秀），難道神秀就不正了？宋明理學分濂、洛、關、閩、象山、浙東諸派，若然一一論「正」，必正到你頭暈。

然而，對於經濟民生來說，果能正了正統、正了正胤、正了學術文化，大家就有飯吃了麼？

中國人的大毛病，正正是求正大多，求真大少。真實的情況是：正了個正，依然是國弱民窮；正了個中華人民共和國，仍舊無法抹掉兩岸分治、中華民國未亡的事實。

求正，看來只因求威。在中國人的遺傳基因裡面，「正」總有著只此一家的涵義。江湖佬賣貨之所以特別緊張這一個正字，原因蓋亦在此。

(2002-02-27)

247

狗，中國人最明白

美國三藩市，律師夫婦飼犬咬死女鄰居一案審結，狗主克內勒女士謀殺罪成，丈夫諾埃爾先生亦誤殺罪立，一道要坐幾年監。

判得可真好。老外也許終於明白，狗這一類畜牲之敢於作惡，往往是主人給牠的膽。惡狗殺人，狗主有罪，天公地道。因為，原兇其實不是狗，而是平日替狗撐腰的狗主人。

沒主人撐腰，狗敢咬人麼？咱中國人對這一點看得很通透。一部二十四史，泰半記的也是狗憑主人威勢亂咬人的故事。一人得道，雞犬升仙。權力操得愈大，養的狗就愈惡。

這些惡狗呀，最本事是觀察主人的臉色。若主人遇見個他所厭惡的人，面色一黑，做狗的自然就「識做」，立時兇巴巴的多狠吠幾聲，作撲咬狀，算是拚了狗命幫主人增威。若主人遇上的是他的「波士」，看見了主人在卑躬屈膝，堆臉諂笑，牠當然也跟在後面忙著搖頭擺尾，溫馴得像一頭羊，還急急替主人往他「波士」處舐鞋。

所以，在中國做狗的，通常都患狗格分裂症。牠可以善良地做一條義犬，也同時可以兇殘地胡亂咬人。善惡之間，卻全在牠主人的眼色。因此，狗眼看人低，問題不在狗眼，而在人眼。因此，打狗看主人，而狗咬人也同樣是看牠主人的。牠，只是如實反映主人的態度，只是忠誠地盡力達成主人的心願。牠揣摩的不一定全對，但經驗說明，總是十拿九穩的。

三藩市那律師夫婦，對鄰居善極有限。他們也許不明白，狗不是人人的好朋友，牠只會是養牠的人的好朋友和好幫手。中國人老早就看通了這狗性，因此和老外有很不一樣的狗觀。——依仗主子威勢亂吠亂咬的狗，本來就是該殺的。宰條惡犬來「祭肚」，有啥不人道？

(2002-04-03)

為啥要走？

　紮根北美，偶爾又或經常受了洋鬼子種族歧視之氣，中國人的反應，不離兩種：一則逆來順受，「鬼叫自己寄人籬下」；一則力謀改善，正視問題，抗爭到底。

　中國人怕事，不愛爭取權益，只喜「息事寧人」。敢挺身而出？彷彿都成了「滋事者」，將永不翻身了。是以苦頭吃盡，走投便是。六七年那班滋事的左仔，給港英打個稀巴爛，竟還是願意留而沒有走，大家都覺得很奇怪。

　順者留，不順者走，這是三千年中國皇權思想下很有中國特色的政治觀。所以，美籍華人李文和被美國政府誣作間諜，「吃了一場冤獄之後，還是願意留在美國」，中國書生不免覺得很奇特。嘀咕之間，也有意無意地移形換影，把李文和慘遭美國白人歧視而造成的冤案，把「李文和不被當做美國人」而帶來的痛苦經歷，抹成是看了雖則遺憾卻屬海外黃皮膚自招甚或自甘的浮世繪。

　這等言論，讀了令人噁心。李文和是美國人，一家長期生活在美國，他打工納稅，對美國的科研有大貢獻，美國是他的家，絕不是中國傷春悲秋只肯喝黃河水的迂腐文人嘴邊的什麼「雖信美而非吾土兮」。就真的犯了罪也沒理由離開，何況他是清白的？願不願意留在美國這個混帳的問題，只有承認自己真個寄人籬下份屬二等公民的人，才會提出。且一提出來，就必會更為白人種族主義者添勢。

　所以，猶太作家從不會叫二次大戰住在德國的德籍猶太人「照鏡子」，也決不會為他們慘遭迫害仍願意留在德國而冷嘲熱諷。世間只有中國的文人，才會看見同胞的不幸還笑嘻嘻的掏出面鏡子來叫人照。

　可惜照見的，是李文和的崢崢風骨，是無情文士的尖酸涼薄。

(2002-04-10)

種族歧視又一椿

剛過去的鹽湖城奧運女子單人花式滑冰賽，舉世知名的美國華裔滑冰好手關穎珊（Michelle Kwan），失手跌低，僅得季軍。美國佬的反應卻甚古怪，翌日《西雅圖時代報》（The Seattle Times）的體育版，是斗大的標題：「美國人光蓋關穎珊」（"American Outshines Kwan）"）。

冠軍是美國白人莎拉曉治（Sarah Hughes），恭喜恭喜，但，黃皮膚的關穎珊不是美國人了？她不是代表美國出賽的麼？這幾年她在各項世界錦標賽頻頻得勝，領獎之時，昇起的不是美國國旗、奏起的不是美國國歌麼？

排斥華人之心，昭然若揭。令人心寒之處，是這種思想在北美洲並非沒有市場。在為數頗眾的白人心目中，華人永遠只屬「二等公民」。算不算做美國人，原來也成了疑問。

華裔群起抗議麼？詭辯早備一大籮。是因為趕「死線」而走漏眼啦，是因為在文字上冇咁死板啦，是讀者自己過敏反應啦，是人們沒看清楚內容而產生「誤解」啦……。死線？死板？歧華之心才真的永遠不死哩。《西雅圖時代報》的觀點，當然不會是無心之失，它實是美國白人社會潛意識貶抑華人的如實反照。這當然也不會是事出偶然，因為四年前的冬季奧運會，身輕如燕、笑容燦爛的美國白人小妮子李萍絲姬（Tara Lipinski）爆冷奪金時，美國的電視臺MSNBC的網頁，同樣也興奮地爆出個頭條：「美國人擊敗關穎珊」（"American Beats Kwan")！

李萍絲姬純潔無塵的那面黃色金牌，給種族主義者硬鍍一層河山光復的白彩。尋且有人樂極忘形，連心底埋藏已久的鄙黃思想也溜了嘴。唉，光芒四射的關穎珊尚且獲遇如此，閣下在主流社會的地位，心照啦。

(2002-04-12)

連橫，還是合從？

加拿大的外交政策，正處於十字街口，似足咱祖國戰國時代，弱國為了如何抵抗強國欺凌而天天搔頭。

戰國七雄，魏齊俱強，秦最霸道。燕楚等國如何求存呢？當時有「合從」「連橫」兩說。蘇秦「合從」，主張「合眾弱以攻一強」。亦即合六國之力來抵抗暴秦。正所謂兄弟同心，其利斷金。以六國之地「五倍於秦」，而兵卒「十倍於秦」，聯合起來，沒理由唔夠秦抽。若各自為政，則必被秦人逐一擊破而亡。結果六國首肯，拜蘇秦為相，「從合而并力」，帶來了「秦兵不敢闚函谷關十五年」的安定期（《史記》卷六九《蘇秦列傳》）。

張儀則主張「連橫」，認為「親昆弟同父母，尚有爭錢財」，何況是各懷鬼胎的政治結合？是以自保之道，莫如連結強國。只要事事討好秦國，自然得到她的歡心。秦兄我弟，「長為昆弟之國」，自不然就免去「強秦之禍」（《史記》卷七十《張儀列傳》）。歷史證明，戰國末期各國討好秦國之後，果真一個跟一個的給秦國吃掉。道理簡單，世上沒有一個強權不是貪得無厭的。歐洲各國因看透了歷史，為了抵禦美霸遂合從成了「歐盟」。只有英國才去連橫美國，圖制歐陸，近日且提出個什麼「防衛性帝國主義」，向美國佬這窮兵黷武的惡煞臉上貼金。

加拿大呢？二者須擇其一。為了不蹈六國覆轍，她的出路，看來該是東結「歐盟」，西交中國，而不是向南面經常欺壓加國的美帝屈膝。去周，多市的猶太佬聲援剿巴，在省議會前面示威，舉起一句「美國支持以色列，為什麼加拿大不」，直把加國作附庸，看得人光火。美國現正制裁加國軟木材了，難道我們都要贊成麼？

(2002-04-18)

各打五十板

「九一一」後，有輿論認爲，美國受襲，事出有因，老美宜反省一下。站在美國的立場，這當然盡胡言一派。這明明是慘絕人寰的癲狂，爲什麼還要打受害者五十大板？

然而，人性本實如此。不同角色自有不同臺詞，講不同對白。洋鬼子與你相交，倘涉利益，也必然是一面倒茅招施盡，滿口詭辯的。若與之了無關連，隔岸觀火，咁又唔同，倒多肯跑出來講句「公道話」。而「公道話」也者，亦不離各打五十板之類。

「九一一」美國是受害者，擔正主角，以暴力回應暴力，用亂炸濫殺的手段來「打恐」泄憤，固意料中事。然而，作爲旁觀者也理性蒙喪，情緒失控，恐連美國佬自己也覺得奇。大概是「美國夢」這類小說看得太入迷，都不自覺地當正自己係主角。

讀小說而神經兮兮地把自己代入做故事的主人翁，雖大有「感同身受」的文藝奇效，但洋鬼子道行高，總能把小說和現實分得清清楚楚。「九一一」的「反省論」，現實上作爲主角的她，當然是不屑一談。然而，今日以色列之揮軍入侵巴勒斯坦，借報復「人肉炸彈」而狂開殺戒，枉殺無辜，死既唔係佢，對著慘遭屠戮的巴人，小布殊還不是同樣冷靜地叫人們都「反省」一下，各打了五十大板？

以色列「打巴」，美國佬叫停，猶太人對這五十大板也許很不服氣。美國「打恐」可以殺殺殺，爲什麼以色列就不可以？把阿富汗炸個稀巴爛，憑軍事殺戮解決恐怖主義，這是美國當權者今日的大棒邏輯。以色列此刻誓要夷平巴勒斯坦，殺他一個闔家亡，又錯在哪？

以色列可沒想過，在宰巴的屠場上，美國不是受害者。她，只是個貌似公正的旁觀者。

(2002-04-24)

廢相？

中國歷史由開明的君主專制步入君主獨裁，分水嶺是明代廢相。

洪武十三年（A.D. 1380），朱元璋藉詞丞相胡惟庸「謀反」，誅胡之後罷丞相制，凡敢提議復置丞相者，論以極刑。丞相「中書省」的權力，給拆散歸於「六部」（吏、戶、禮、兵、刑、工），各直接向皇帝負責。中央政府的架構，遂由原來的金字塔式，一下子變成了由皇帝統領「多頭政府」下「諸長官全成平列」（《錢穆中國歷代政治得失》第四講）的凸字型。

在凸型的政治結構之下，權力由皇帝獨攬。唐宋以來，天子再惡，對丞相（副天子）還有所顧忌。蓋丞相乃百僚之首，是行政機關的領袖，擁實質權力，對皇權起著掣肘作用。明清沒有了宰相，是中國封建政制的大倒退。

皇帝能力有限，如何去管一切事呢？明代廢相後，就不能不在政制上加設一個「秘書處」，當時稱之曰「內閣」。明清「內閣」，是皇帝的顧問，也是皇帝的秘書，「傳旨當筆」，秉承皇帝意旨草擬詔令、批答奏章。然而，「內閣」與皇帝之間，卻隔了一層專替皇帝傳遞口訊的太監。「內閣」與六部之間，有的又是一道糾纏不清誰可管誰的灰色地帶。明代的政治，也就這樣的給昏君、權臣、閹豎，搞得一天比一天更黑暗敗壞。

今天，香港的董特首也因為前任宰相弄權而決定廢相了。砍掉了政務司長的權力後，改了個「部長問責制」。「三司長十一局長」互不統屬，都直接向特首負責。因得又要擴大「特首辦」的職能，並納入中央政策組，很有明清「內閣」的味道。日後「特首辦」裡類似皇帝寵嬖的太監和權臣，必將帶領港人共嘗祖國政制的凸滋味。——若不這樣，又怎叫真個回歸呢？

(2002-04-25)

愈老愈疑

年紀愈大，而懷疑之心愈重。人一老，對周遭的事物，總多了一份疑心。不若孩提，叔叔說乜就乜，嫲嫲話物就物，都信到十足。

童心不疑，叫做「童真」。叟心多疑，姑謂「叟疑」。對小孩子要提點凡事要有「懷疑精神」，對著「叟疑」的老人，倒反要勸佢「凡事唔好諗咁多」了。

諸如美國「打恐」吧，國鍵早就懷疑這是否真的百分百在「伸張正義」。由「打恐」到「邪惡軸心論」，再由「打邪」推往「防核霸」之「打核」議，前呼後應，矛頭隱隱然在直指共產中國。沒藉「打恐」乘機擴張勢力打擊中國？搵鬼信乎？

他日中美果真爆發軍事衝突，身處美加的華人，童真的或都信任美國，信她正義，信她不會掀起反華潮而橫加迫害。爲表「忠誠」，且會有人跑出來「表態」，寫文章幫腔「殺敵」。

叟疑如我，卻擔心到不得了。「九一一」之後，美國司法當局對國內阿拉伯裔公民的態度，已足教人心慄。一聲「國家安全」呢，一切歧視性的非法拘禁、無理毆審…，都變得不但合法，而且合情了。

相信美國佬在海峽兩岸潑火純因保衛台灣、伸張正義，這是童真；相信中美軍事衝突而美加華人可以如常生活，這不僅童真，兼加幼稚。在這邊幫手添柴的華人，都天真無邪得很。

然而，人老精、鬼老靈，人老了而讀不懂辛棄疾鑄的那句「近來始覺古人書，信著全無是處」（《西江月》），便是白活，便是懷疑精神沒有與時並進。國鍵呢？可十五年前移民加國這「英明決定」，竟也開始疑起來啦。

「童真」最快樂，「叟疑」甚磨人。能「返老還童」，人云亦云，了無所慮，多好。

(2002-04-26)

雙重標準

敬向前周在阿富汗捐軀的四位加國年輕軍人，鞠躬致悼。求天主讓你們都安息，得享永生。

當日噩耗傳來，國鍵真不敢相信。科技先進的美機會投錯炸彈？但，美國人嬌生慣養，機師在極大精神壓力下緊張到快要撒尿之際而亂按鈕，未足為奇。奇倒奇在，慘劇發生後，美國人是出奇的冷漠無情。

美彈錯擲，加軍無端送命，美國朝野上下，竟都輕描淡寫，仿彿沒事發生過，就有也不值多談。小布殊僅禮貌性地草草掛了咱克里純總理一個電話，略表「遺憾」；美國全國最大電視網絡 CNN□ 也只在新聞報導中稍提一下，事情看來就這樣算是了結。

美國佬的所謂人道主義重視人命觀，可去了哪？去年「打恐」興兵，首赴阿富汗的美軍兵團，在巴基斯坦境內意外地自己墜毀了一架軍機，死傷了幾個美軍，哇！卻已是天塌的事情啦！小布殊迅即跑出來哀悼了好幾次。CNN 呢，整天不停在報道機毀人亡的事故。舉國同哀，都為年輕子弟喪失寶貴性命而傷慟不已。今趟加拿大年輕士兵橫死，且死在他們的手上，卻不但無愧於心，還推說是戰爭中人為錯誤無所免，甚且有人乾脆將責任全推卸到恐怖分子的身上，說戰爭是他們挑起的，sorry 一聲也慳番。這叫做同情心？叫做西方自由社會和人命的捍衛者？除了美國人之外，餘皆命賤了？

今天加拿大人所以憤怒，不因美軍殺錯人，而因美國佬在事後的冷血反應。一旦看穿了美國佬和美國傳媒平日熱情溫馨的泛人道主義假面孔，能不悚然驚覺，昔日滿以為自己的命可和美國人相比，真係懵殊殊。

(2002-05-01)

權勢，便是道理

「只許州官放火，不許百姓點燈」，人類歷史每如此，道理總站在有權勢的一邊。是非對錯，不在事之本身，而在誰有權力。歷史，向來是雙重標準的。只要有力量，只要在軍事上、政治上有絕對優勢，那就放火也不爲錯。

德國希特拉掌權時屠殺猶太人，沒太多德國人說這是錯。今天沙龍手操大權了，以色列的坦克軍團，也長驅直搗巴勒斯坦自治區的難民營，不少以色列人都擺出強者的姿態叫好，幾乎完全忘記了半世紀前自己的同胞在德軍管治的難民營裡面，也有過同樣悲慘的遭遇，且現還時不時便會喊冤，叫人去睇《舒特拉的名單》。

這回巴勒斯坦人也學猶太人伸首喊冤了，卻不免是不自量力。沒有猶太人這種連美國政府也畏憚三分的寰球政經力量，便貿然走出來找人評道理，情同咱華胞近年跑出來控訴數十年前加國專向華人徵收「人頭稅」底歧視與不義，都羸弱蒼白得連吹起一張狀紙也相當費力。

在臺上握權的揍人，在臺下的也只能挨打。拳頭，就是道理。強者弱者，本來就有不同的邏輯，相異的準繩。臺下在野的弱者，經常叫臺上在朝的要「親賢臣、遠小人」，彷彿掌權的多是小人，而失勢的都是肯進忠言的忠臣了。且忠臣之言，總多是逆耳的。但一旦到了自己做了強人，在臺上指點江山，自己可不單已成君子，兼且亦是神人了。臺下一切的反對者，才是該死的反黨反國的小人賊子。

所以，前政務司長陳太近突亮相，力勉公務員敢於向老闆說不，全因她是失了勢下了野的。看官且莫擔心，仍在臺上的眾高官，必不會視爲至理，而只會暗笑其爲老驥伏櫪自比忠賢的一句痴言。

(2002-05-03)

該向誰負責

報載，中國《人民網》有人發表文章，批評香港電臺「端起碗來吃肉，放下筷子罵娘」。言下之意，港臺是「反骨仔」，是「食碗面，反碗底」，拿政府糧餉卻專抽政府後腳，相當缺德。

這，正正是中國人封建思想的再度獻曝。在中國人的腦袋裡面，還根深蒂固地有著一種普天之下莫非王土、率土之濱莫非王臣的奴隸觀。

奴隸吃主子的飯，感恩戴德，連性命都是主子的了。是以向王家政府納稅，原本就叫做「征」，大有主子征伐奴隸之意，乃從事自由生產的前奴隸向地主繳交的罰金。一切本都屬於王家，你在裡面找了一塊肉吃，不叩頭謝過活命之恩，竟還破口大罵，當然不合理。

然而，封建朝代開明的賢君，也懂得皇帝賜肉不必一定要讚，且還故意養著一班諫臣專責去罵。唐代的「中書省」和「門下省」，裡面都置有散騎常侍、諫議大夫、拾遺、補闕等領朝廷俸祿卻專責抽皇帝和政府後腿的官員。然則新中國的子民，比封建時代更封建了？

今天共和國了，普天之下，莫非民土，一切都屬於人民，不屬於政府的。政府的開支，全賴人民繳交的稅，亦即政府要靠人民來開飯，自然也須向人民來負責。官營電臺該向政府負責還是向人民負責這一問題，只有奴性極強的中國人，才會到今天還未搞得明白。

凡公營的機構，都不會是統治者或執政黨的私產。在位者既不是他們的娘，為什麼不可以罵？就真的是養活孩子的娘親了，做孩子的可不是絕對服從的奴隸，提出合理的批評，難道便是「反骨」了？

國父說：「中國事向來不振，非生於不能行，實生於不能知。」百年今日，中國人對於民主，竟仍存著先天性的認知困難。

(2002-05-24)

「鬼」辯

多倫多的 CFMT 電視臺，曾播過一輯很受歡迎的烹飪節目，叫做《鬼佬煮餐》（Gwai Lo Cooking）。主持人敖剛挪（Dan O'Connor），燒西菜很有一手。不意那患有種族花粉症的，吃了卻在「鬼佬」一詞打噴嚏。多番擾攘，終經加拿大廣播規管議會（Canadian broadcast Standard Council, CBSC）安省區會悉心診斷，裁定「鬼佬」一詞於今已失掉中傷洋人的涵義，歧視之論不成立（參 www.cbsc.ca）。

CBSC 的分析客觀而中肯。國鍵在香港生活了四十多年，天天聽人鬼佬前鬼佬後，從未覺得是罵語。語言乃社會之產物，其詞意當以該時代社會流行的含義作準，不能以片面資料便加人以罪。

就「鬼佬」這一個「鬼」字，在中國傳統文化來說，就已經不是一個貶字。許慎《說文解字》，「人所歸為」。段玉裁注，「《禮運》，魂氣歸於天，形魄歸於地」（卷十六）。《康熙字典》亦云，人之「精神離形各歸其真謂之鬼」。是則鬼也者，歸也，乃人死後之精魂（spirit／soul）。中國人自商代以來便已「尚（尊崇）鬼」，事鬼必恭必敬，又怎敢輕蔑呢？

把「鬼佬」譯作「foreign devil」、「white de-vil」，在中國給列強欺壓的年代，也許大派用場。但今天競相崇外，此「鬼」字譯作 devil（魔鬼）則十分牽強。「鬼」本無惡魔之義。中國人相信，生而為人，死而為鬼。鬼若解作魔，我們死後，豈不都成惡魔了？

稱「鬼佬」做「鬼」，僅指人鬼殊途，大家生活在不同的世界。人的世界和鬼的世界殊異，卻不代表鬼界就必醜惡。今天讚人「鬼才」、「鬼鬼地」、「鬼火咁靚」，都是十分「盞鬼」的。

至於「佬」這一個字有否包藏歧視，別文再談。

(2002-05-30)

「上同」害的事

語曰：「上有好者，下必甚焉。」

為什麼會「上好」而「下甚」的呢？這是個很有趣的文化問題。倒沒聽說克林頓好色，而美國民眾便加倍好色起來的。反之，美國人頗以「克仔」和「露革絲姬」的醜事以為戒。鞭撻還來不及，又怎會無恥地去傚法？

咱中華民族卻大不然。幾千年的封建文化，早認定凡上頭做的，總必正確無誤，在下面的理當緊緊跟隨。為表奴僕式的「忠誠」，且自發地多加一把勁。上面殺一個「壞人」，我必緊隨並多殺兩個。望求上頭獎賞之心，掩蓋了民族分辨是非黑白的能力。

文化大革命千萬人頭落地，可不要全怪共產黨。為討上頭歡心、為「保衛毛主席」而殺得「甚焉」的，舉國皆是。由共產黨下令殺的可不多，慘死於革命愚民棍下的無辜者才成千上萬。群眾手上沾的血，紅過《毛語錄》。

這可沒法子，因為，自古「聖賢」如墨子、孔子，早就教人要「上同」（跟隨上級），高舉的是「賢人政治」。「向上頭學習」、「向黨學習」、「向毛主席學習」，在中國人的思想裡面，乃理所當然。

三千年的歷史教訓卻是，賢德的君主固然一個也沒有，握權力而有品格的亦極之少。唐代的牛黨李黨，宋代的新黨舊黨，也都是將黨利益放在人民利益之上的。因此，三千年的政治史，刻著的絕多是遺憾兩字。

就世所推崇的賢君唐太宗李世民吧，他果值得人們學習麼？「玄武門之變」，剷兄殺弟，滿手鮮血，司馬光為之搖頭歎息曰：「喋血（流血滂沱）禁門，推刃同氣（兄弟），貽譏千古。」（《資治通鑑》卷一九一，武德九年六月條。）其尤可歎者，是今天中國人對於領導人為保名位而狂開殺戒，竟多不以為忤。

(2002-06-05)

「抵得諗」

春秋之際，儒墨並稱「顯學」。兩者於「尚賢」（受賢人領導）、「尚同」（向上級看齊）的觀點，相當接近，對吾族思想產生了極大影響。在今天，只要上頭發下紅頭文件，在下面第一件要做的事，就是——學習。

香港貴為新中國的一部份，這「尚同」的風氣下，當然不能落後於人。董特首勤力，任怨任勞，於是，麥繼強教授口中那肯「抬『炸彈』」、「任勞任怨」、「抵得諗」的學生徐立之（《明報》五月十日），便忽地做了香港的新賢範。大家才趕緊向他學習，不十日而又聽見了「香港學生要『抵得諗』才有出頭」、才可以保住份工的語重心長。就算「無薪」兼「自費機票」，無妨照啃（並見《明報》五月十九日港聞版）。徐教授的「抵得諗」，隱隱然成了香港全民必須學習的指導思想。

可惜思路欠晰，易惹人笑。徐乃麥之學生，有事弟子服其勞，由他抬「炸彈」（大石油氣罐）並不為過。況且新亞書院素重師生情，每年班內例搞露營之類的活動，粗重工夫健碩同學擔，理當如此。「抵得諗」者，在此乃肯「挨義氣」、有「紳士風度」之謂也。師長同學之間感情厚，沒有人會斤斤計較。

在社會工作，可又不同。老闆和員工之間，談的是創造財富，分配利潤。老闆講投資回報，員工講付勞取酬，互不免費。今有人誘導急於求職的香港新畢業學生哥，自動「凌晨三、四時回公司收信、讀報」，要「不介意無薪、自費機票」，無乃趁火打劫的無良語。上班出錢出力不支薪？這不叫「抵得諗」，而叫「搵老襯」；亦不叫「挨義氣」，而叫「撳住搶」；也不叫「勤力拼搏」，而叫「任人剝削」。如此壓榨一個初出茅廬身無長物的窮青年，於心何忍？

(2002-06-06)

人，難靠難靠

自由黨內鬥，總理克裡純怒撐財長馬丁，論者認爲，金融市場必將震盪。豈知風微浪輕，一兩圈漣漪過後，水平如鏡。

無他，西方人依仗的是制度，不會是國家領導人某。個人的上臺落臺，政策不會因之而有石破天驚的改動。幾百年來，西方議會政治致力的是制度的完善。東方人所追求的仁治德治，西方人早就悉其爲水月鏡花。

中國儒家奉宗「賢人政治」，西方的基督教文明自嗤之以鼻。因爲，只要是人，就必有陰暗之處。天主教的「原罪」且不用說，就私相授受，已是人性中難治的劣根。

天下烏鴉，政界和商界之間，利益千絲萬縷。玩檯底交換獎品的游戲，在加國又豈獨自由黨而然？將社會的安危全押在政黨和國家領導人身上，西方人可沒這麼笨。

追求制度的完善，比追求人性的自覺，更能保障人民的幸福。小布殊上臺還是戈爾掌政，克裡純做總理還是克拉克當權，太陽之下無新事。只要制度不變，大家生活如常，什麼人當領導沒關係。今天不過撤換一個財長，何足大驚小怪？

在尊重制度的社會裡面，沒有「冇咗邊個唔得」這回事。更沒有《白毛女》裡面一眾高唱「太陽就是毛主席，太陽就是共產黨」的熱血沸騰。事實是，沒有毛澤東，太陽紅依舊。

人存政舉，人亡政息，是東方的特產。領導人搵繼承人，也因此而必緊張兮兮。才幹並非首要，要「你辦事，我放心」才得欽點。唉，他日新領導人上場，難保又搞另一套，確是未易安心的。

所以，今年江主席和朱總理的是去或留，事關十億人的命運，海內外華人幾無不爲之胡猜亂想，心神恍惚，諗到毛髮白。

(2002-06-12)

261

抬高德治，害了法治

世謂中國人重「人治」而不講「法治」，這未必完全正確。稽之史實，中國人講「法治」向來也不遺餘力。東漢班固《漢書》卷二十三《刑法志》，對刑法的功用已相當肯定。文中析述中國古來刑法精神的遞變，劈頭便說，「德須威而久立」，若不「作刑以明威」，所謂道德便不可能持久。故此，政府「制禮作教」、「立法設刑」，亟須禮教與刑法兼具，猶如兩條腿走路，缺一而不行。

然而，在中國人心目中，卻還是先「德」而後「法」的。此班固所謂「文德（道德）者，帝王之利器」，「威武（刑法）者，文德之輔助」也。刑罰雖「不可廢於國」，然終究居於「德」下，一切還得聽從於「德」。

今日的問題，正正就出於這一個「德」字。中國人犯的毛病，是把這個「德」字解釋成「道德良知」，而殊不知道德良知本主觀之極，稍稍偏心，便是泯滅。結果呢，在中國社會裡面，「良心發現」是百年才或一見的異態。常態是，「人不為己，天誅地滅」。由「德」去領導「法」，結果刑法便易淪為自以為「德高」的權貴所狎弄的玩物。「天子犯法與庶民同罪」？唉，就稍稍有點權力，已經是「刑不上大夫」了，何況貴為國家領導人？

洋人也是靠道德刑法兩條腿走路的。所不同者，是洋人道德觀來自宗教，承認人生而「原罪」。在教堂裡面，首要承認「我罪」、「我罪」。人的心性道德既非完善，何能代替聖靈？何能凌駕法律？貴為總統若尼克遜、克林頓，都罪人一個，怎「克」也無法克勝法律。犯了法，一樣要接受懲罰。

是知中國法治頹敗，不在於不講法律，而實在於中國人自以為至高至善的那一套「道德良知」觀。

(2002-06-13)

李淵爲鑒

在中國歷史裡面，領導人一老，大多便是糊塗的。愈老而愈自神化，愈自以爲天下沒了老子唔得。結果一世英明，便毀在自己的手上。美國佬規定總統兩任之後不再選，實在大有道理。若不如此，很容易就有咱加國克里純那中國式的愈老愈唔想走，而結果引發黨內公然傾軋的遺憾，令人想起了唐高祖李淵，端的笑死街坊。

李淵生於天和元年 (A.D. 566)（《舊唐書》卷一），建立唐朝已是五十二歲。他其實清楚知道，也曾親口對二子李世民說過，李家天下全憑世民所致，是以「當以汝（你）爲太子」。可惜開國之後，一登龍位，想法又甚不同。先則飽暖思淫慾，「晚年多內寵」。幾年之間，就添了小王子二十個。婢美妾嬌，事端便多。東宮、諸王公、妃主之家及後宮親戚，橫行長安者衆。「恣爲非法，有司不敢詰」（並見《資治通鑒》卷一百九十，武德五年十一月條），可謂一塌糊塗也。繼而又背棄策立李世民爲太子的承諾。雖說是受了身邊諸妃嬪女人所唆使，但君無戲言，世民一黨又怎會服氣？結果導致宮廷裡面諸長子與衆妃嬪各自勾結，互樹勢力，諂諛賂遺，爭做皇帝繼承人。武德九年（A.D. 626），終爆發了手足互砍的「玄武門之變」。這都是李淵自己一手造成的。

如何凝聚力量，化解一場圈內權力鬥爭的大災難，得看領導人的大智慧。當日李淵年屆六十，已趨古稀，猶不知進退，言而無信，導使宮廷內鬥，置國家利益於不顧，終自嘗「玄武門之變」的苦果，被迫退位，永爲後世訕笑，實自取其咎。

前年聯邦大選，年紀老邁做足兩屆總理的克里純曾暗示，若自由黨獲勝，他老人家兩年後便退位讓賢。今日大權穩操，未知此話還算數否？

(2002-06-19)

263

端午節後論屈原

屈平（原），是個可泣而不可歌的人物。

政治圈向來骯髒，當日上官大夫向楚懷王進讒，抹黑屈平，這種鬥爭故事古往今來無日不上演，有啥新奇？奇倒奇在屈平受了「屈」，不站出來「拗手瓜」講清楚，反而畏縮一旁，只懂埋怨懷王「聽之不聰」、「讒諂之不明」，只知躲在家裏發牢騷、寫《離騷》（《史記》卷八四《屈原列傳》），啥用？

牛棚自怨，是中國傳統文人的通病，因而鬱死的也最多。「條氣唔順」？與其閉門寫抒情詩，何如出門去幹實？學毛主席搞革命，不更轟烈麼？

只可嘆在中國，無懦弱不成文士。屈平看見民生疾苦，最大膽也不外作句「長太息以掩涕兮，哀民生之多艱」（《楚辭·離騷》）。僅僅嘆息掩涕，對於民不聊生這事實，能有幫助嗎？

楚國將亡了，屈平竟又自尋短見去，往汨羅江邊抱石一躍。這算是「殉國」了？算是「死諫」了？兩者都空洞無力，結果僅替後世文人樹個壞榜樣。君主昏庸，學彭德懷拍案操他娘便是，雖殺頭亦甚英烈；國家將亡，拚力執筆抗敵即可，戰死沙場亦鬼雄。一「屈」就完，自嗟自艾去「燒炭」，算什麼好漢？

死了便「有眼屎乾淨盲」了？這顯然不是正確的人生態度。屈平臨投江前，曾對勸他莫輕生的漁父說，他之所以流放，皆因「舉世混濁而我獨清，眾人皆醉而我獨醒」。他之所以選擇死，是不容自己「皓皓之白」，蒙受「世俗之溫蠖（惛憒）」（《史記》仝上）。唉，遇困難而逃避，而私斷性命，可清醒皓白個屁。

由屈平到老舍，二千年儒林淒酸史說明，欲改變國家領導人的想法，最有用是「兵諫」，最無聊是「死諫」。

(2002-06-27)

惜弱憐小稱人道

重視人道的社會，通常都傾向於保護弱小。弱勢社群反抗（包括用上髒語）強勢社群，人們每多包容，未甚苛責。因為搏雞之力，不外隔靴搔癢。反之，若強勢社群蓄意欺壓（包括語言歧視）弱勢社群，則反響必然很大。事關少數群體的存亡，不能不嚴肅對待。

保護弱小，是人道主義的主要內涵。中國古代，人道精神一度極之濃厚。至少在春秋之前，人們對於孺子將墮於井而不救，必斥之為不仁。周武王滅殷，也舉起了「興滅國、繼絕世」。對瀕臨滅絕的少數弱小族裔，並不任其絕胤，反而予以保護，助其恢復。是以武王封神農的後人於焦、黃帝的後人於祝、帝堯的後人於薊、帝舜的後人於陳、大禹的後人於杞（《史記》卷四「周本紀」）。死對頭紂王的兒子武庚，也獲封於殷。雖云出於安撫性的政治考慮，但亦足見趕絕弱小，殊非我族傳統。

可惜的是，在中國歷史裡面，時代愈晚社會愈「進步」而人道精神卻愈見淡亡。對稍觸國法手無寸鐵的年少學生和身體羸弱的知識分子，於今所見，不是嚴打，便是殺絕。

西方現代社會最重人道。照顧既弱又小的幼童，當然比照顧弱而不小的老人家來得重要。乘搭加航，你準會發覺，小朋友有吃餐優先權。在北美，最先進、設備最完善、政府撥款最多的醫院，叫「病童醫院」（Hospital for Sick Children）。

在咱中國呢，餐固然是大人先食，「病童醫院」這類醫院，就名稱已極新奇。因為，最好的醫院，本來就為照顧有權勢有金錢的官家幹部大款爺而設。社會往往是鋤弱扶強。人們對於反墮胎、反對用胎兒的干細胞來研治老人病，當然更覺莫名其妙。父要子亡，子不得不亡，何況是那連吃飯權也沒有的小胎兒？

(2002-06-28)

265

阿信

羅文舊唱《獅子山下》，近月忽復流行。據云，歌詞洋溢著香港傳統拚搏精神，可稍治今之頹唐病。愚則認為，同年代翁倩玉唱《阿信的故事》主題曲《信》，更能反映香港人真正的精神面貌：唔好強求，莫問理由。禍根本自早種。

《獅子山下》黃霑詞，「放開彼此心中矛盾，理想一起去追」、「無畏更無懼」，雖激勵動人，然終未觸及咱民族靈魂的深處。殊不及鄭國江在《信》裡寫的「不強求，永遠等候」、「命運是對手，永不低頭，從來沒抱怨半句，不去問理由」、「成功只有靠堅守信心奮鬥」，字字揭破三千年仁愚民族的憎戀與悲涼。

咱中國人（包括香港人）忠厚憨直，樂天知命不強求，向來只知「永遠等候」：等候「明君」，等候「解放」，等候「民主」，等候「自由」。歷史的記述是，大家在一代一代的空等下去，不但練得一身「捱」功夫，就「等」的毅力也很是驚人。可惜年年愁待，歲歲無奈。在刀鉞之下，「永不低頭」也早成了泡影。情願無止境地受盡壓迫也在永遠等待，不就是變相地低了頭麼？

一個低了頭逆來順受的民族，自必沈溺於「從來沒抱怨半句，不問理由」。唉，「不問理由」，正正是由奴隸淪為奴才的關鍵所在。做奴隸的，例如以色列人之在埃及，還曉得問理由、分黑白，只要有梅瑟（基督教作摩西）出現，還可以昂然逃離埃及，恢復自由。

若一旦成了奴才呢，則靈魂變質，猶如葡萄酒之變酸為醋，要回復酒的甜美，難矣哉。

奴隸，是被迫的；奴才，是自甘的。救肉體易，治靈魂難。靈魂失落、不問理由的人，凡事得鋪牛力，莫知反省。「只有靠堅守信心奮鬥」便致成功？阿信，你信？

（2002-07-03）

大難將臨？

今年六月初，小布殊在美國西點軍校發表講話：若我們等待「威脅」出現時才動手，那就等得太久。

言下之意，美國對付一切的外來威脅，必先發制人，杜之其未萌。「先打擊，後解釋」（strike first, explain yourself later），加版《時代週刊》米高伊利諾（M. Elliott）的文章（零二年七月一日號），就用了這個標題。

中國人的先禮而後兵已不管用。美國佬的先兵而後禮，將會是打後幾年花旗國的外交新政策。這種政策，不單背離了美國原有向外國動武的原則，也違反了聯合國憲章第五十一條：國家果真受襲，始得自衞反擊。今假設受襲，當然不能算數。

「九一一」確把美國人嚇了個瘋。只要他老哥心一發寒，一認為會受「威脅」，那閣下便得準備血流成河。杜之其未萌，有殺錯有放過的「杜絕」，向來是強者以暴虐殺戮來鎮壓人心的慣常手段。單憑自己的主見和猜想來斷定威脅之「將萌」，也向來是嗜血魔君的殺人藉口。

《聖經》記載，耶穌誕生時，黑落德王（基督教作希律王）因為懼怕耶穌這未來的「猶太人君王」的潛在「威脅」，為了防患未然，杜之未萌，下令把白冷（基督教作伯利恆）及其週圍地區所有兩歲以內的嬰兒統統殺掉（《瑪竇福音》二章十六節）。

黑落德王用先發制人的殺戮手段來解除威脅，結果當然沒有奏效。迷信武力，開啓的只是地獄之門。和今日滿手鮮血的恐怖分子一樣，都成了魔鬼。

小布殊近日的言論，相當怕人。特別對中國人而言，美國自列根搞垮蘇俄之後，「黃禍」一說，便甚囂塵上。若真對中國動手，炎黃子孫又遭殃。

(2002-07-10)

天下

《英雄》，是名導演張藝謀少有的劣作。之所以劣，是它所傳達的信息相當封建，也十分駭人。——爲天下而可以殺天下人。

戰國時代，戰亂連年，民心盼望天下統一，難免藥石亂投。然而，爲了統一，爲了安定，爲了「天下」，而蓄意去美化暴君，附和暴政，將濫殺說成是締造和平的合理手段，在廿一世紀自由民主、尊重個人人權的現代社會裏面，而竟可乖論如斯，還拿去角逐「金球獎」，就令人大惑不解。

在西漢封建社會生活的司馬遷，猶對秦始皇這等暴虐之君，口誅筆伐，認爲始皇雖「威振四海」，雖北築長城使匈奴「不敢南下」，然在司馬遷眼中，秦始皇始終還是暴君一個：「禁文書而酷刑法」、「以暴虐爲天下始」（《史記》卷六「秦始皇本紀」）。由這種暴君來建置、來統治天下，對國家民族的發展，肯定利少弊多。

暴政不永，暴秦享祚不過十五載。當日老百姓相信，回復七國咁亂的時代，比之沒有戰亂的所謂大統一皇朝，更好。秦亡漢興，爲了回應民間盼望恢復昔日西周封建的訴求，漢高祖被迫推行了「郡國制」。

不自由，毋寧死。與其天下安定而喪失自由、惶惶不可終日，無如四海紛亂而可獨往獨來。

是以移民加國而大有「坐監」感覺的朋友們，幾無不想著，——速速走投。

(03-02-14)

一國兩制

上文談及，秦代百姓在秦始皇的殘暴統治下，發現生活比統一之前更難捱。秦二世元年（BC 209），陳勝（字涉）、吳廣之起義，必有廣大的群眾基礎。《史記》卷四八「陳涉世家」載，「諸郡縣苦秦吏者」，皆殺其長官「以應陳涉」是也。

是以漢代初年，主張恢復秦代之前西周封建的呼聲，響徹雲霄。在地方行政制度上，漢高祖劉邦遂不能不採用一國兩制式的「郡國制」：即一國之內，既有由中央管治的郡縣，亦有由諸王「剖裂疆土」而治的「諸侯國」（《前漢書》卷四「諸侯王表序」）。這與其說是鑑於秦代「孤立」而敗，毋寧說是受制於民心，是政治現實下的一種妥協。

據歷史所記，「郡國制」雖屬權宜，卻甚成功。暴秦之下，大城名都，人民散亡，戶口不過萬家，小者僅五、六百戶。但到了文景之世（BC179—141），數十年間，休養生息，流民回歸，結果「列侯大者至三四萬戶，小國自倍」（《前漢書》卷十六「高惠高后孝文功臣表序」）。

天下一統，需要時間，需要耐性，需要寬容和關懷。吾加國英語省份與法語魁北克省既互相對峙，卻又彼此包容是也。

要包容的，是那種族、文化、政見之異，而絕不是那迷信武力、「亂政虐刑以殘賊天下」的蓋世魔王的惡行。

(03-02-17)

殺狂，還是狂殺？

具有殺傷力的利器，確不宜落在狂人手。

然而，為了狂人操著利器，就該一併殺他全家麼？這當然也是——不。

明乎此，則為了除掉薩達姆這野心家，而對伊拉克民族大開殺戒，這種思想和行為，欠缺義理。

以狂制狂，祇會愈殺愈「狼」。聰明的方法，是想法子制服狂人，奪走他手上的利器，然後把他送往精神病院，好好的醫治，天天為他的靈魂——祈禱。

當然，世上誰才真的狂，是個殊不易解的疑謎。半世紀前，東方兩大共產國的領導人，誓要輸出「共產革命」，矢言要以武力推翻一切資本主義大帝國。可狂了吧？他們也發展了核武，擁有了核彈，又算是狂人手上操利劍了吧？然則當日西洋列強，就應糾集起來，把這等共產國的老百姓們，都殺個家破人亡了？

把某人斷症為狂，復因為懷疑他袖裏藏刀，對公眾構成威脅，有殺錯冇放過，一於殺佢全家。這世界可真瘋起來啦！

這叫除「奸」？不，這叫濫殺；這叫「正義」？不，這叫不分皂白。

此所以去年初，好戰的美國共和黨保守極右派一入主白宮，國鍵便憂心中國，——天祐吾族，可勿再生靈塗炭了吧。

(03-03-03)

戰？還是不戰？

對於伊拉克問題，三月三日的加版《時代周刊》(Time)，載了兩家之說（pp.28—29）。

主戰的蘇理雲（Andrew Sullivan）認為，美國向來不是侵略者，戰爭純因自衛。何況今之打伊，不過是九零年波斯灣戰爭的延續。當日既沒簽和約，邪惡的薩達姆亦無守諾解武，今時不速速解放（free）伊拉克人民，以利於戰後撤消制裁、推動民主，豈非不義？

反戰的侯華士（Stanley Hauerwas），對小布殊之以「邪惡（evil）」作口實而動武，相當反感。薩達姆固然暴君，然而，扶助各個親美的暴君，不是美國慣常的外交政策麼？況且，對付邪惡的是神。人若越俎代庖，剗「邪」而賦予宗教因由，斯亦近乎邪惡。今又把打伊扯到「打恐」，更是向殺人犯拉登送大禮，即時把拉登變作戰爭中的「戰士」。而自己呢？卻是對著一場類似打擊毒品及犯罪活動的隱喻式的「戰爭」，祇攬住一個揮之始覺安心的「幽靈（phantom）」作戰。

侯華士倒說得對。人皆原罪，內心多少沾染邪惡。邪與不邪，全在相對。殺邪？難道自己必定是正了？至若蘇理雲之論，則益令人想起拿破崙、希特拉之欲併歐洲，日本人之意吞東亞。為的也都是「解放」那飽受壓迫的異國人民，好推動自以為正的「改革」。這，全是為了你好，————例如要建個什麼「大東亞共榮圈」之類。

(03-03-07)

「震懾」

美國入侵伊拉克，一開戰就用了個「震懾」（Shock and Awe）的戰術。天天成千上百的導彈，把巴格達狂炸個城陷火海，市作硝煙。屍橫而不遍地之說，搵鬼信。

「震懾」乃美國戰略新思維？唉，太陽之下無新事，也不過係古史今演。

論軍事上之用鏟平或痛殺方式來「震懾」敵人，中國戰國時期秦國攻趙，爆發「長平之戰」，秦將白起，就已曾把趙國四十萬降卒「挾詐而盡坑殺之」，達到了「趙人大震」的「震懾」大效（《史記》卷七三《白起王翦列傳》）。

近代史滿清入關，軍事上用的也同樣是殺戮「震懾」。「揚州十日」、「嘉定三屠」，一於殺殺殺，嚇得老百姓都呆了眼。狂殺之時，且還假慈假悲地說著「痛惜民命，不忍加兵」、說著「攻城屠戮」「豈余之本懷，蓋不得已而行之」（《明季稗史初編》卷一九），真係美國佬之古代版。

日本仔侵華，「南京大屠殺」震懾之大，倒甭談啦。問題是，戰場上的狂炸亂殺，真可屈服別人麼？歷史一再證明，它祇能是為時短暫的麻痺劑，長期則毫無杜絕反抗的藥效。

「震懾」越強，反彈也必越大。何況巴格達畢竟是回教的聖城，你竟炸它一個稀巴爛？

(03-03-31)

窮，因爲懶？

有朋友說，人之所以窮，因爲懶。

大失人心的加國右翼政黨有政客說：大西洋諸省民窮，因爲民懶。

然則富有之人，都必是勤力的了？

小布殊石油世家，貴爲總統，乃大富大貴之列。然而，美國某電視諧趣節目，卻經常嘲小布殊「七·十一」（Seven—eleven）。何解？因爲小布殊大概每月祇工作七天、一年僅做十一個月，其餘都在放大假，是隻大懶精。

在加國的華人社區呢？可甭說啦。近年新移民來的，大都不是腰纏萬貫，都是靠著胼手胝足，一身兼數職，方可勉強糊口。說他們懶？可過份了一點吧。

世情是：富者自是勤，貧家亦非懶。用貧富來判懶勤，恐怕祇是某些有錢人極右的見解。若能多點體恤，看見了同胞們早出晚歸拼盡老命，大概不會忍心在他們的品格上多捅一刀，說他們生性懶惰，合該挨窮。

須知加拿大社會最寶貴的，是那拯弱扶貧的人道精神，——「對一切窮人，不要轉面不顧」（《聖經·多俾亞傳》4：77）。加拿大人若沒有了這種憐貧助弱的精神，挨了大半世紀窮苦的唐人街，恐怕不易有空間發展成爲今日昌盛的面貌。

今天，華人在加仍未站穩腳，而竟自有著貶諷社會弱勢窮人的言詞，講的算是事實，亦屬政治不正確。

(03-04-25)

尋循記

　　在香港任職顧問醫生的朋友來信說，「肺炎」一役，打殘了「一向驕傲自大的醫療界」。唉，看輕病毒，易招其辱。

　　咱多城的醫療界呢，五十步笑百步耳。據四月十九日《多倫多星報》Kevin Donovan 的報告，「肺炎」登埠時，蠢事之多，看了也包管呆雁。

　　原來早自二月十日，中國已就「肺炎」向世界衛生組織求助。世衛亦隨即兩度向全球發警。多市的衛生部門和疾病專家們獲悉後，僅向各醫院發個通告，便算完事。二十一日，廣州那明知自己「沙士」病發，卻仍赴香港參加婚宴的什麼醫學院劉教授，把病毒帶到香港的京華酒店和廣華醫院，登時把香港害成舉世知名的病都。其時，身在香港的多市西乃山醫院首席微生物學專家路當奴醫生（Donald Low），還想著港加半球之隔，無妨續往溫哥華勝地「巴芙」，多玩兩周。自信心可大到有點唔係路。

　　三月初，世衛警告屢發，而多市亦已有家庭不幸「中招」。醫院和衛生部，卻仍漠視化驗結果和粵港疫情，堅持以「肺結核」（TB）看待。蹉延半月，病房間、醫院內，大家依舊自出自入，連口罩也未必戴個。信心之強，警覺之低，今循香江失誤而病冠北美，夫復何言哉！

(03-04-28)

唔好靠害

四月廿四日，世衞突把多倫多列入旅遊黑名單。同日安省新聞發佈會，領導多市抗「沙」的路當奴醫生（Donald Low），極之氣憤，力斥世衞不科學，且疑世衞自己在決定頒中國以「旅遊勸喻」底壓力下（pressure from the decision ABOUT china），爲求哄撫（appease）中國，拿多市做代罪羔羊。唉，路氏沒真憑便鬧意氣，又算合乎「科學」麼？

尤遺憾者，當日傍晚，多市某中文電台時事節目，竟把路氏之言，說成是世衞此舉，可能是「受了中國壓力」，真係差之毫釐，謬以千里。找多市陪葬，是世衞自作的主張，關北京啥事？若真中國施壓，對中國有何好處來？得益的，也大多會是歐美其他名都而已。今日中國已夠倒楣，何忍再誣她這個不義？

是日黃昏，竟又見多倫多大學電腦工程系某學生，通過「金鑰」（Golden Key）電郵戶口，公開表示：「因『沙士』病疫和『金鑰』裏全部華人的關係，『沙士』未獲控制前，必不參與任何有關『金鑰』的活動。」（原文直譯）人們受了片面信息所誤導而遷怒華人，不難成爲暗湧。路氏之愚測和電台之奇談，除了加添本地華人尷尬外，亦易增種族偏見口實。何苦？

(03-05-05)

275

飲鴆止渴

　　美國攻佔伊拉克，不費吹灰。難怪小布殊在林肯號母艦上，意氣風發，指點江山。第一口血吸得這麼易，自然想多吸幾口。吸血和吸毒，同樣可以令人上癮。英國佬很懂得個中奧妙，去年提出個什麼「新帝國主義」，把昔日自己煮來飲的迷幻湯，餵給懵殊殊的小布殊喝。她從旁固足重溫一下已屬陽痿的舊大英帝國雄風，且祇要美國這新丁敢試一口，飄然欲仙之後，包管從此不能自已，繼續「追龍」。

　　蒼茫大地，我主沉浮。剷除薩達姆後，今日又說要懲罰法、德、加了。唉，人家不過反戰吧了，可犯了什麼大罪呢？素講自由民主的美國民族，何故一年之間，變得如此兇惡？加版《時代周刊》主編伊利樂先生（M. Elliot）倒說得好，帝國主義染污（Pollutes）帝國民族（May 12，p.29）。一個善良可愛的民族，就這樣的受不了誘惑而質變：東搶西掠，恃強凌弱；為求目的，招招殺著。

　　歷史說明，由帝國主義衍生的，還會是帝國民族的優越感。有論者揶揄反戰人士「站在道德高地」，不顧實利。然而，華人就蹲在利益窪地替老美打氣，一戰功成而美國人的氣焰必將更盛，對向被視為「異類」（alien）的美國華人來說，也不見得有什麼益處。

(03-06-02)

因利忘義

《紐約時報》記者布萊爾杜撰新聞。五月十二日《星島》社論，提出「真實永遠是新聞的生命」，發人深省。

現實是，報紙爲了「銷路」而杜撰故事，專欄作者爲了私心而子虛烏有，《紐約時報》也不過冰山一角。且以《紐約時報》來說，近日露出來的「角」，又豈止一隻。就報導多倫多「沙士」一事，《紐約時報》便莫名其妙地死咬不放，倒有點令人覺得她是否存心整蠱。

四月二十九日，多市幾經辛苦，始擺脫世衛的金剛箍。豈知不兩天，《紐約時報》某君就胡亂「爆料」，說世衛不滿多市申報「沙士」手法，已重新考慮頒多市「旅遊勸喻」云云。同時，又刻意轉載地區小報，謂美國佛羅里達某男孩遊多市後懷疑「中招」。處處針對，讀之火滾。事實卻是，重頒一說，世衛立予否認。倒氣得多市的勞當奴醫生更加勞氣，指摘《時報》世衛兩者，必有一謊。而佛州個案，亦證是聞多市而思「沙士」的杯弓蛇影。如此輕率，算是大報風範了？

華文報章之中，當然也難保沒有一邊自詡誠信，一邊卻又自製「話題」，生安白造：爲了「求變」而犧牲「求真」；爲了多賺兩分錢而不顧報格。其後果亦必如社論之評布萊爾：——「自我毀滅」。

(03-06-06)

興亡所繫

洪邁《容齋隨筆》卷二「曹參趙括」條（上海古籍，七八年，頁二三），論及用人之道。八百年前的劄記，讀之猶可觀今。

漢朝高祖病甚，呂后問高祖，若丞相蕭何身故，何人可以替代。高祖答謂曹參。惠帝時，蕭何病篤，惠帝問他何人可以繼承，結果彼此都屬意曹參。其後曹參當了漢相，蕭規曹隨，為大漢盛世打下基礎。洪邁評曰：曹參宜當丞相，高祖以為可以，惠帝以為可以，蕭何以為可以，參自己也以為可以，結果，「漢用之而興」。

至於戰國時代的趙括呢？他年幼時，父親趙奢早已認為，若趙國用之為將軍，必招兵敗。其後趙王中了秦國反間計，起用趙括替代名將廉頗。藺相如進諫，趙括母親上書，俱認為不可。可惜趙王都聽不入耳。結果趙秦「長平之戰」，祇懂「紙上談兵」的趙括，一下子就損掉趙卒四十五萬，趙國從此衰弱。洪邁評曰：趙括為將，其父母以為不可以，趙國大臣以為不可以，就秦王及秦相應侯、秦將白起，都心知其為不可以，卻獨趙王一人以為可以，「故用之而敗」。

西方民主，誰得誰唔得，全由人民的選票來決定。沒有專制君主的一錘定音，趙括這類人物，便少了害苦蒼生的機會。

(03-06-20)

無謂再騙自己

今趟美國之行，有幸讀得華裔美國人編印的《美華論壇》（Chinese American Forum）英文季刊。《論壇》宗旨曰：極權國家，大眾噤若寒蟬，為著免遭迫害；民主社會，有色少數（minority）必須吭聲，以爭取自己底憲法與人權權利（意譯）。

不再做沈默羔羊，是北美百年華人血淚澱積而成的共識。是以去年六月霍士電視台播出NBA籃球新星姚明，給球星奧尼爾（Shaquille O'Neal）扮講華語嘲辱，十二月全國復重播幾次，並廣邀觀眾拿華人來說笑，即引來全美華人同聲抗議。事輯《論壇》今年四月刊。

同刊又載羅天慧（Jeannette Tien-Hwei Law）寫《An Oral History of Five Chinese Americans in St. Louis, The Early 1900s》（九零年代初期聖路易五個華裔美國人的口述史），指出九零年代居美華人備受歧視，因而在社會、地域、經濟的活動，都被迫以唐人街為界。可笑的是，當時華人且多認為：祇要先做好自己，自然便不受歧視（p.8）。

百年來唐人街劃地為牢柴門自慰。然則今日姚明受辱，是因為他又或華裔美國人們做得不夠好，是活該的？而某些人士歧視有色，是因為他又或他的族群，全都做得很好了？

（03-06-27）

279

為加拿大哀

加國近月沙士瘟添瘋牛疫，經濟跌崖。美國佬既唔妥楓葉國，自不然藉機踩多兩腳。新帝國主義強權之下，加拿大要面對沒飯吃的懲處，是板直腰骨後的必然代價。

在學術界來說，新帝國主義其實並不新奇。因為，二十世紀八十年代，本就流行著「新殖民主義」（neo-colonial-ism）的理論。在文化上和經濟上，加拿大老早已是依附美國的半殖民。幾十年來，美國人也大多僅視加拿大為她的一個州，而不會是一個主權國。美國是母，加國是子，兒子唔聽父母話而要受罰捱餓，是殖民地封建式教育的基本規則。今右翼政客們狠批自由黨，要加國人向老美叩頭認錯，是很有忠孝之心的。

半世紀前，加國大學的教授，大多聘自美國。學制、課程，幾全以美國作籃本。畢業的大學生，與其說是加國製造，毋寧是 made in US。今天加拿大人吃漢堡包、飲可樂、看美國電視、駕美國汽車、打美式足球……，大哉美國，巍然已是咱加國的天京軸心（metropolitan center）。渥太華，不過是天京外圍的一顆小衛星而已，憑什麼跟她鬥？

克里純不作瓦全，風骨可比杜魯多。雖則風骨不能當飯吃，但，一個民族為了吃飯而放棄道德立場，倒也不見得可以長久立足地球村。

（03-06-30）

留一線，好相見

中國人有句老話：凡事留一線，日後好相見。對得很。把話說得太盡，萬一風水輪流轉，那就沒趣。例如流行病這一類，大多會是今夕吾軀罹惡疾，他朝君體每相同。誰敢保證，自己必能與沙士絕緣？

今天，沙瘟給人最大的教訓，除了在病毒面前要加倍謙恭謹慎之外，對待疫區人民，尤須多加同情與關懷。唯恐殃及自己而反應過敏，失了情理，把住在疫區的人都看成是瘟神，不嚴拒入境，便明令隔離，毫不考慮別人的感受。好啦，到自己也爆發沙士啦，你還好意思大搖大擺去那曾經給你趕絕過、而今日連疫區也除了名的地方麼？你要去呀，也好意思不照辦煮碗，到境即先自關十四日？

對外地疫區人民落井下石，趕盡殺絕，在政治上不見得是成熟的表現。旅遊，畢竟是一門溫情的行業。驚惶過度而謬把自己塑造成一處祇懂自保妄顧別人死活的絕情谷，他日誰會有興致來遊玩？

在這方面，加拿大和香港處理得最好，也最富人情味。沒有兇神惡煞的拒人入境，也沒有把人當作畜牲，有病冇病，全先關押籠內「檢疫」。這一種和善態度和對人的尊重，很值得其他地方學習。

因是之故，國鍵相信，沙士消退之後，旅遊業反彈得最快的，必會是香港和加拿大。

（03-07-07）

281

同性可婚的反思

　　同性而搞性愛，相當疙瘩。今安省最高法院裁定，同性且可締結「婚盟」，既違天主教教理，亦絲毫不合一男一女始可成婚之意義。假鳳虛凰而法律上享有「夫婦」的地位，在社會倫理和語言邏輯上，都很令人搔頭。

　　在國鍵而言，雖則絕難接受，卻也無權反對。猶如閣下可以不接受別人講俗語方言，卻不能、也沒權反對人講；閣下可以不喜歡食榴槤，卻不能罵別人食；閣下自己不懂國語，可沒權禁止別人說……。除非閣下能拿出真憑實據，又或在邏輯的理性推斷中，證明閣下所不接受、所不喜歡的一切，確都是遺毒社會、危害人群。

　　閣下不喜歡的，自己大可不講、不聽、不做便是，這是民主社會人的自由。但卻不等如你就有權去恣意攻擊、去禁止別人之所喜。這叫做民主社會裏面的互相尊重！

　　所以，在語文運用上，若非污言穢語又或詞字敗德，人們用何種語言來表達自己，與你何干耶？你硬要用你的尺度去禁制，那就違反人權。

　　此所以同性「婚姻」獲判合法而人權組織譽之為人權勝利。同理，民主社會既各享人權，同性戀者也該清楚，他們的勝利，絕不代表他們便有權把他們之所喜，強加諸神聖的天主教教會身上，迫教會替他們「證婚」。

（03-07-14）

教理如此

　　《星島》副刊辛翠時鴻文指出，天主教最易捲涉政治，例如昔之菲律賓和今之香港。可惜未論因由。竊試續貂。

　　天主教相信，人由天主「按天主的肖像」而創造，分享「天主肖像」的尊嚴（位格）。而天主造人時向人鼻孔吹的那一口氣——靈魂，更使人於天主性中同享永生（參《天主教教理》，天主教教務協進會，2002年，pp.87-89）。人既是「同出一源」，同樣有著作爲人的位格尊嚴和靈魂，實在沒理由不是生而平等、生而享有天主所恩賜的自由。

　　社會正義，首要對人尊重。理由是，「維護和促進人位格的尊嚴，是造物主交給我們的責任」（p.451）。故此，社會立法，若蓄意剝奪人們作爲受造物的尊嚴及其權利（例如平等、自由），便是違背天主，便是自損立法的合法性。若掌權者爲求目的而不擇手段，使用武力，則「教會有責任提醒善意的人士」（p.452），請他們謹記，切要尊重人權。

　　所以，對於世間一切踐踏人的尊嚴的事情，教會必都挺身「提醒」。這，是教會作爲代表基督、代表良心的責無旁貸。

　　天主無上，別的利益，俱在其次。天主造人，爲彰良知公義之美。人們如何錦衣美食，如何權傾寶積，祂未必有興趣觀賞。

（03-08-08）

勇氣？

領導人意志堅定，狂風暴雨，檣傾楫摧，猶指天誓日——繼續留守。且曰：「留下」比「離開」，更需勇氣。

似是似非，勝在無欺。回想昔日國鍵移民，也日與好友爭辯：留在香港和移民外國，孰者更需勇氣？

結論是：留，固需勇氣；走，更需勇氣。

何解？因為留在香港，充其量也不過會失點言論自由，卻仍可以繼續大飲大嚼，歌舞昇平。走呢？例如移民來了楓葉國，風雪漫漫，前路茫茫，連飯也未必容易討一口，遑論享他什麼自由福？

留，下的注碼少；走，押的注碼多。賭得大，輸得大。結果輸乾輸淨，捲蓆而回流的，所見倒亦不少。

所以，這十多年來，國鍵雖係乏善足陳，然想起當年攜眷離開香港的無比勇，倒也十分佩服自己。汗，當然還是滿額的。

移民？辭職？「鬆人」？「下台」？你可有勇氣麼？外面湖江風浪急，林山猛虎多，你敢去闖？

如果不敢，就請閣下繼續乖乖留下，繼續忍受鬱心憋氣，繼續行屍走肉、返工放工，月尾繼續出糧，繼續吃兩頭鮑魚：肚滿腸肥。

倒不必把自己的棧留，硬說成勇氣過人志向高。

(03-08-11)

和日本仔鬥韌力

日本右翼政客，近又大發狂言：「南京大屠殺」沒發生過。謊言年年重複，可真沒他好氣。倒反鐵證一事：日本亡華之心不死。

侵華戰爭，罪孽深重。犯罪而認，猶有可諒。卻去存心抵賴，顛倒是非，則是罪無可恕，佛都有火。如此孽上加孽，日本人信佛，不怕報應麼？白馬寺有對聯曰：「天雨雖寬，不潤無根之草；佛門廣大，難度不善之人。」無怪日本股票十幾年來鬧水荒。

國鍵絕非仇日。祇擔心戰後大半世紀而日人還未肯真心反省認錯、賠償改過。前事可忘，日後慘事必更多。對大和民族和中華民族，都是噩夢。雖則有些中國人認為，中國人一盤散沙，是該死的。

但，就算中國人該殺呀，也由不著日本仔代勞，佛祖自會度迷。日本仔侵略中國，卻用飛機大炮去屠殺中國人，就「南京大屠殺」便殺了近三十五萬，由一九三七年的十二月十三日，殺到三八年一月上旬，殺足二十多天。姦淫擄掠，斬劈刺捅，屍積如山。是人不是人？

莫學岳飛吟那「壯志饑餐胡虜肉，笑談渴飲匈奴血」。下一代聽了這種食人肉、喝人血的詩詞，會覺得中國人同樣野蠻。祇要教導我們的孩子們，每年十二月聖誕節時，必替南京的死難者祈禱。一於與日本的野心家，長年周旋到底！

(03-08-18)

告老還鄉？

唐宋以後，在朝廷當大官，能夠不斬頭而可以「告老還鄉」的，已算運道好。

「告老」，當然不真因你老，而祇讓你有顏面地下台。中國官場沒有退休制，從沒有老而則休的習慣。「告老」是假，失勢失寵才是真。

故此，「告老」的下一步，就必定是「還鄉」，亦即自撐於權力中心之外。皇帝唔想見你，同僚怕你負累。人情冷暖，界線劃清。你若還厚顏留在京師，不但令大家心中有刺，且你也未必能忍受猢獼猻散、處處白眼之苦。你，確實「老」啦，又何必自討這沒趣？

所以，在權力圈子裏面，一提起「老」，就特別敏感。敏感之處，不在人的實際年齡，而在權力的得失去留。有一天若領導人失驚無神和你談及你底「老」的問題，你就要知所引退。猶如宋太祖趙匡胤之剛得天下，突然竟對擁立自己的名將石守信、王審琦等，無端端講起了「人生駒過隙」，最好是「積金帛田宅」「以遺子孫」，樂得「歌兒舞女，以終天年」。喂，老板在教你怎「養老」啦，年壯的石守信自然醒目，翌日就「稱病」辭官去了（並見《宋史》卷二五零「石守信傳」）。

是知每當領導人無緣無故突然公開大談自己「老」、又或雞皮鶴髮卻忽地自詡「年輕」的時候，其中必多弦外音。

(03-08-22)

忍辱

成龍大哥叫人不要在大球場洋隊面前噓特首,否則嚇怕外國人,有損香港經濟,很有中國人「忍辱負重」的意味。

這,是中國人千年來的忍辱求生觀:養妻活兒,背負了家庭的重擔?在老闆面前便要忍;有政治野心,要擔負國家重擔卻又權位未穩?更須要忍。正所謂「不小忍則亂大謀」。忍,祇是謀利的手段。以道德審之,難免老謀深算在裝蒜。

宗教上的忍,則絕無世俗物質名利的計量。忍,是人生一種實實在在的修養。學佛的人「忍辱」,皆出菩薩心腸,甘受世間一切辱。此《金剛經》「忍辱波羅蜜」是也。人呢,惟能忍受世上種種辱,才能修成正果,到達彼岸(波羅蜜)「無我」佛境。是謂菩提(覺悟),是謂正覺(真正的覺智)。況且,「辱」本也來自前世自種之因,今生才自嚐之果。若能泰然受之,必可減滅過去的惡因,為來世修福德。何樂而不為耶?

至於天主教,聽神父說,不給人辱罵的,可不是天主教了。所以,問題在於能不能忍,能不能以耶穌為榜樣,以愛心去忍忍忍。別人無理摑你左頰?摑埋右頰又何妨!這算受辱了?不不不,比諸耶穌自願給釘死在十字架上忍的奇恥大辱,又算得是什麼?

耶穌在十架上,可沒教訓圍觀者們「唔好噓」。

(03-08-25)

球場

球場，除了踢足球之外，也是個發泄抑鬱和不滿情緒的好地方。

青年時在名校教書，男同事某，少踢足球，卻愛往大球場「睇波」。問何以故？答說：旨在發泄。

平日在學校已經給結領帶的規定，吊住條頸，抖唔到氣，天天還要對著永遠批改不完的學生作業，承受著上頭責成會考必須百分百及格的巨大壓力，加上同事的猜疑，學生的反斗，家長的橫蠻……，怎不滿肚子氣？

爆粗？喂，黌宮乃教化之地，就不尊重自己，也須保住份工。所以，在學校裏面，就怎地憋氣，亦須忍著、忍著，再忍著……

忍足一個禮拜，星期日往政府大球場看一場「愉園」對「南華」，處身波牛叢中，四周盡地嘩聲震耳，粗口連天，隱沒在人群中的你，也可以瘋情地XXX，狂喊一番，可沒有人曉得你竟是個名校裏面的人之患。

看完一場波，喊足個多小時的X，一星期的怨鬱悶氣，便自一吐而光。比去看心理醫生，來得有效。

所以，有名人教訓香港球迷在外隊面前唔好噓，實在奇特。壓制情緒非球場。年初美加冰棍球對壘，加國國歌方奏，主場美國觀眾，不也噓了起來，以宣洩對加國反戰立場的不滿？在這火滾年代，沒用到類似「狒」聲的獸語，已算俾足面啦！

(03-08-29)

如此政府

　有人認爲，安省電費廉宜，人們浪費電力。隱隱然把這趟大停電的禍源，算到安省居民頭上，相當卸膊。

　加拿大，艱難大，大家早習慣了省吃儉用。有資格浪費的，該是極少數。所以，用加價來節制需求，說穿了不過是安省保守黨政府和供電商的合謀。想法會是：電費狂漲，人們自然會省；「求」減少了，「供」就不用增加；既有利於電力公司的股本回報，無需增加投資而錢照樣愈賺愈大；而政府呢，亦可擺脫提供電力的責任。可樂死人啦！

　殊不知電力需求的急劇增加，未必因爲浪費，而卻是經濟活動擴張、生活電腦化和人口膨脹的結果。即以人口來說，十年之間，安省人口已增加近十五巴仙。同時間內，政府有相應增加發電的計劃麼？今日，四十巴仙的電力竟依賴美國，待別人用剩才輪到自己，把一省居民的安危，交託給聲大夾惡的美國佬，算是個負責任的政府了？

　打個譬喻：十年前，五個麵包五個人分，大家僅飽。今天，五個麵包卻十個人吃，已陷半饑。政府不設法增加供應，卻反怪麵包價平，人們吃得太飽。一於來個「私營」，用「市場價格」來限制食量，還誇說麵包加價有助減肥。吃的問題，哈哈，就此完滿解決啦。

　饑腸轆轆的窮家緊褲頭，何忍再勒？

(03-09-05)

289

怕什麼？

八月十日近午，多城Downtown邦街的聖米高主教堂，彌撒聖歌高唱。教堂正門對街行人道上，靜悄悄的站著幾個舉起大紙牌的同性戀者，寫道：What are you afraid of？（「你們怕什麼？」）

沒有喧嘩，沒有衝入教堂，也沒有在聖壇搗蛋。祭壇上神父高舉的聖杯，和教堂外「同志」舉起的紙牌，併成了一幅思想撞擊、彼此卻又默默交流的末世繪。多倫多「同志」們的修養，確比香港的勝幾籌。

怕什麼？沒有宗教信仰的人，當然不怕。可《聖經》記載的是，同性戀乃天大的罪過。索多瑪和哈摩辣兩城，就是因為搞同性戀而給天主降火毀滅的（創19：1-26）。這種「逆性」和「邪惡」的「醜事」，就贊同者也必遭天譴，「應受死刑」（羅1：18-32）。你說可怕不可怕？

怕與不怕，基於信仰。加拿大以法治國，當然不會拿天主教有神論底同性戀是罪的觀點來打壓無神論認為同性戀乃人權的法律訴求，否則便與共產政權無神論以宗教入人以罪而對羅馬天主教徒橫加迫害，成了藉教整人的一丘之貉。

所以，「怕什麼」這個問題，顯然是現世基督徒與非教徒之間，信與不信的無止境爭吵，且必直吵到天國降臨。——誰對誰錯，屆時自有分曉。

(03-09-08)

調校焦點

　　把「同性婚姻」當作宗教問題來討論，易增衝突。

　　加拿大族裔和宗教繁多，對基督教嗤之以鼻的，相信爲數不少。純用基督教《聖經》的道理去反對同性婚姻，未足服眾。歷史且不斷說明，舉起宗教式神聖不可侵犯的典冊（包括回教《可蘭經》和紅衛兵《毛語錄》等等）來整治「罪人」，以圖淨化社會，結果祇會帶來人類更大的苦難。

　　所以，同性應否「婚姻」的問題，宜多從社會道德和人倫關係的層面上探索，而不該動不動就拿《聖經》來嚇唬人。在這一點來說，多倫多的華人天主教社群，似較香港教區處理得更好。教堂沒聽見太多針對同性戀的言詞，焦點仍放在傳統法律和社會上對「婚姻」乃一男一女結合的信念和堅持。婚姻，是家庭的基礎，是社會的磐石。任何定義上的重大改動，都足以摧毀家庭，破壞社會。

　　同性戀「結合」固乃成年人的私事，別人無權反對。但同性「婚姻」，卻直接推翻整體社會既存的道德倫理觀念。單以「婚姻」養育孩子的問題來說，涉及的也不會僅戀者兩人。社會視親兄妹結合乃屬「亂倫」而不能以「人權」作抗辯，著眼的正正是我們的下一代。

　　今日同性戀執意以「婚姻」來界定他們的「結合」，確有點咄咄逼人。

(03-09-12)

公民抗命？

香港有等「名嘴」，把同性戀者衝擊教堂，比類為反廿三條的「公民抗命」；而陳主教之責怪警方處事馬虎，亦頗有打壓弱勢社群之嫌，兼小題大做，有失身份云云。聽之氣結。

夫「公民抗命」（civil disobedience）也者，乃指公民拒絕遵行某些法律甚或拒繳賦稅，作為一種和平形式的政治抗議。公民抗命所針對的，是政府強行通過的某些惡法，而絕非全盤推翻現行法律，恣意妄為。其方式亦必是和平而非暴力。以之描述「同志」之衝入教堂搞破壞，實不倫不類。

同性戀乃弱勢社群？今觀多市「同志」遊行聲勢之浩，人數之多，其中不乏高官、醫生、律師等顯貴，稱之社會低層勢孤力薄若無證媽媽，也未免令人失笑。

搗亂教堂、打斷彌撒是小事？喂，對天主教徒來說，教堂聖殿，乃基督聖體臨在之所，聖潔之極。今「同志」強行進入，復在祭壇上說三道四，當眾「互咀」，如此褻瀆神靈，還算事小？若此不算犯法，則在莊嚴的香港立法會大樓內，有人故意吵鬧，干擾立法會議，何解主席會氣得面紅耳赤，立命拉人？這叫「抗命」？不，這叫漠視法紀，又或情緒失控。有司會草草放人？哈哈，依規入去旁聽的老「長毛」，喊了幾句口號也從此一身蟻，何況閣下是硬闖的？

(03-09-15)

得不償失

近來，北美右翼保守政黨，幾無不以減稅作餌，引君入甕。誰知對一般小市民來說，減稅不過糖衣毒藥，相當搵笨。無怪頭腦一向清醒的居美親戚某，接到小布殊政府那張七百大元的退稅支票時，不喜反憂。他正唸大學的兒子在旁且插一句：減稅？「是凋拔」！

對一個中產階級小老闆來說，幾百塊錢不過小數目，打後卻將面對各種政府服務的加費、公共設施的削減；做家長的，還要承擔公校質素下降而被迫往私校交高昂的學費；做兒女的，又因州立大學學費年年狂漲，要背多一屁股的債，他日有餘錢孝敬父母，恐怕也成了夢話；而大家退休時，各種社會保障（包括醫療）又勢必大縮水……。計一計數，隨時——「嘔突」。

減稅之下必削支。用者自付，處處私營，也意味著政府調節社會財富的機能衰退。減稅政策下，大財團慳稅以億計。對中產來說，卻是似利而實弊的虛惠。至於無稅可交故亦無稅可減的清貧大眾，則必是最大受害人。不但社會保障堪虞，就孩子因窮而被迫入讀次等公校，從此也失了升讀名大學向上爬的機會，哀哉！

還看安省保守黨上台八年：今者大學畢業生負債，平均已逾三萬元，就利息已須年付三千塊了。唉，他媽爸每年省那幾百元的稅，可划算麼？

(03-09-22)

為了族群請選華

安省省選，十月二日舉行。選華？不選華？問題又來啦！

有高超理想的人，往往把「華人選華」之論，看成是華人在爭取「特權」，在搞小圈子政治。國鍵聞之，頗覺好笑。

華人社群，有色少數，受足百年的歧視迫壓，今天就想站起來討個公平，有時仍見力不從心。爭「特權」？可太誇張了吧。

正因為飽受歧視而恆覺孤弱無助，華人才不能不團結起來，不能不合力在三級政府裏面培植力量。如果這就叫做不顧國民的整體利益，則連洋人也會覺得奇特。然則維護小我利益，就必然是和大我利益相衝突的嗎？

洋人文化和華人文化不同，大我利益不一定要由「犧牲小我」來成全。你不力爭，祇因你笨。在政治圈子裏面沒有力量，枉自做了政府某些政策的犧牲者，可以怪誰？幾年前主流社會倡議禁制中式燒臘、取締中醫中藥而幾乎得逞，大家還沒覺悟麼？

公平，要由自己爭取，不要靠主流社會的良心發現。不直接參與，不多選幾個紮根華人社區的華人做議員，難道找個老番不成？

政治，須顧眼前現實，始好高談大理想。竊意以為：第一，宜先選對華人友善的政黨；第二，對那熟悉華人情況的該黨華裔候選人，請大家都去投他一票。

拜託拜託。

(03-09-26)

賊性

發動戰爭，攻打別人，有些人會即時起了某種莫名的興奮：祖先遺傳因子印記，戰爭除了那人血四濺的官感刺激外，更附有一種搶掠他人財物的精神滿足感。——是謂「原罪」。

為了宗教？為了正義？為了世界和平？大多祇屬假仁假義。實情往往是：無掠不歡。

十二世紀歐洲十字軍東征如此。十九世紀英國侵華，又何嘗不是？

今年七月，英國首相貝理雅訪華，清華大學的學生問他，英國何時歸還所奪中國寶物？問得真的好。剛打完伊拉克的貝理雅，竟也沒有半點兒臉紅，面皮可厚得令人佩服。

別的不說，就一八六零年英法聯軍在北京燒掠圓明園，據《泰晤士報》隨軍記者報導，所劫掠和破壞的財物，「總值超過六百萬英磅」。無價的珠玉寶石，不可勝計。（參復旦大學歷史系，《中國近代簡史》，上海人民出版社，七五年，頁84－86。）是役英法軍士「肩荷手提，囊橐累累」，當然也不全都入了他們自己的褲袋。原來，「維多利亞女王與拿破崙第三亦各有一份」的！（郭廷以，《近代中國史綱》，見前，p.141。）當日的英法政府，誰敢說他們絕對不是賊？

今日伊拉克若沒有石油，美國倒未必打他打得這般急。

因是之故，分贓的好戲，必還在後頭。

(03-09-29)

不能不辯

安省大選，塵埃落定。繼十六年前自由黨執政出現首位華裔省議員後，今屆始再有華人當選，同亦姓黃。國鍵炎黃子孫，在「黃」面上叨沾光彩。在此祝賀黃志華議員。

然而，省選前夕，有華人基督教團體在報章連日刊登廣告，指自由黨和新民主黨黨魁，都贊成同性婚姻，唯獨保守黨省長伊維斯「個人」反對，暗示該投保守黨一票。可真替自由黨的黃志華抹一額冷汗。

廣告的內容，相當誤導。把政治上垂死掙扎的伊維斯的「個人」立場，看成是保守黨的官方表態，已陷一廂情願。事實且是，年中安省最高法院裁決後，多倫多市政府翌日匆忙向同性戀者簽發結婚證書時，省長正是保守黨的伊維斯，此其一。大選期間，主流社會沒把同性婚姻作議題，因為大家明白，同性婚姻合法與否，裁決權操於法庭，不在政黨，此其二。而同性婚姻合法，乃多年來同性戀者在法庭上不斷挑戰現行婚姻法的結果，殊非政黨的政治搞作。加拿大以法治國，法庭裁決，政府若不執行，便須面對更多的訴訟和索償。換個政黨，並無幫助，此其三。

選個反對同性婚姻的人做省長，問題就能解決了麼？換個領導即可推翻現行法律了？這種東方封建式的人治思想，也祇有活在第三世界的人，才會信以為可行。

(03-10-20)

「香港製造」

許冠傑的歌，簡易通俗，深入民間，對社會確曾起了潛移默化的作用：做人要勤奮踏實，樂天知命，愛家愛港。——斯我輩所認識之香港精神也。

國鍵這一代，做學生時已曉得「咪淨係掛住踢波」（《學生哥》）。才畢業，已「拿拿聲即刻走去搵野做」，因為「榮華富貴，靠刻苦耐勞」（《搵野做》）。

在社會謀生時，也懂得「倉卒歲月，世事如棋」（《世事如棋》），「邊有半斤八兩咁理想」（《半斤八兩》）。

所以，做人呢，要拿得起放得下。「但得有三餐足夠」，便該「樂觀好少掛憂」。既活在「有神靈管轄」的地球，貴賤富貧，務自「要睇通睇透」（《杯酒當歌》）。

正所謂得歡樂時且歡樂，「最緊要好玩」。激氣時開懷飲一杯，自不然「就冇心火盛」（《飲勝》）；又或開檯「打餐懵」，雀將校量「論英雄」（《打雀英雄傳》），都很有解愁的效用。

去移民？可又「看透異國繁榮」（《那裏是吾家》），香港才是「我的心」我的「家」呀！不信？且看「澳洲四處野草鬼佬粗魯」、「美加最怕去到無工做」（《香港製造》）。就有，也不過是「遞茶斟茶」「做二等公民」（《同舟共濟》）而已。

如是，香港製造的我，每逢夜闌雪寂，對於溜來楓葉國，偶亦興了半絲遺憾。

(03-10-27)

亦係「香港製造」

八零年代中期，許冠傑潮減退，也標誌著樸實無華的「香港精神」，到了盡頭。

九十年代的新一代，和我輩的踏實知足，已大不相同。校園之內，盡多是「行蠱惑」的為利是圖、練精學懶：抱負是付出少少，收入多多。且又經常抱怨著說，係父母對佢唔住，是社會虧欠了他。

他們不喜歡說教式的「老餅」許冠傑，祇鍾情青春壓倒一切、在舞台上蹦蹦跳跳卻唔知自己唱乜的所謂「歌手」。既是「歌手」，恐怕唱歌該也是用手多過用口的。是以手舞足蹈之「勁」，蓋過旋律唱功之優。歌詞愈無厘頭呢，而竟又愈有共鳴感。這一代年青人，就這樣的隨著歌壇的「新風氣」，朝浮誇的方向走。無怪他們的所謂「智」，不是以放縱為「自由」，便是千奇百怪地和你談「公平」，輸打贏要。

譬如說，考試試題：中國人屬何種人？他答題寫道：中國人屬白種人。我輩老師，當然給他打個零分算。可他必會為之氣得漲紅了臉，跑出來據理力爭：喂，買六合彩中三個字，都有安慰獎啦！你看，我答案跟「標準答案」，不過「黃」字寫成「白」，七個字答中六個，該八十六分才對呀！給個「蛋」我？唔公平喎！

惡勞好逸，華而不實，斯又係「香港製造」。午夜夢迴，倒覺得移民加國的決定，沒錯。

(03-10-31)

最怕改錯名

加拿大聯盟（Canadian Alliance）與進步保守黨（Progressive Conservative Party），因利復合。

政治分合，本來沒啥大不了。但分合之間，改動的那一個名，卻教人大有一蟹不如一蟹的感覺。

兩黨合併，更名曰加拿大保守黨（Conservative Party of Canada），亦即「加聯」自砍去「聯」（Alliance），「進步保守黨」則自廢掉「進步」（Progressive）。看似各讓一步，實則兩敗俱傷。

何解？因爲加聯的面貌在於「聯」，進步保守黨的精神在於「進步」。加聯一旦沒了「聯」，保守黨一旦失了「進步」，前者即時空洞無物，後者更成了有礙社會演進之嫌的頑老。兩黨磨合，竟同時磨掉精華，留下糟粕，實在奇特。「加拿大保守黨」？以名觀之，仿如上館子吃片皮鴨沒了甘香酥脆的鴨皮，淨得棚骨。廚師才端它出來，一望而知其爲鴨肋，欠缺號召力。

名不正，則事不成。美國兩黨對峙，一曰民主（Democratic），一曰共和（Republican），乃意識形態上人權與國權孰者爲先的分歧。「民主」，乃十八世紀法國大革命後代表政治進步的圖騰，共和黨決不會蠢到在北美這片重視人權的土地上，學英國人用「保守」做招牌來與之對壘。

這叫做政治智慧。

(03-11-03)

增什麼值？

潮流興論「值」。美國迫人民幣升值，好削弱中國競爭力。胡總當然是，耍手兼擰頭。

人民幣拒絕升值，可香港人卻自動獻身，天天喊「自我增值」。凡有香港人在，幾無不以此來互勉。志則勵矣，可惜多講變了陳調，何況此口號本就無聊得很。

人命無價，借問怎樣定值？既無定值，何來「增值」？

多讀本書，多學一門工夫，就叫「增值」了？不，這祇能叫做充實生命，活得更有意義。做有意義的事，例如學救生，倒不一定便增了個「值」。

所以，身陷水火的港人，高舉的所謂「自我增值」，說穿了其實不過是咬緊牙齦，應老闆的要求，減薪加辛：薪水減半，工作卻由朝九晚五「增值」為朝八晚七；原本做一份差事，「增值」為差事之內另添差事；又或原本吃四碗飯的你，被要求改吃兩碗，讓每一碗飯燃燒出來的體力和腦力，都百分百地得到發揮，通俗一點說，這叫做——用到你盡。

天天把自己的精力都掏出來用光，甚或以超支來「挑戰極限」，很容易提早歸天。若生命果能以「值」度量，那恐怕也祇能稱做「減值」。

當然，當挨至不成人形而成了「東西」，則「人本無價」就不派用場了。凡東西者，必隨時可以改值，包括那令人又愛又恨蝕到在下心都痛的加幣。

(03-11-17)

我我我

中國傳統讀書人，通病有三：第一是我，第二是我，第三也是我。

第一個「我」，是自我中心。也難怪，讀書人習慣天天講「繼往開來」，切志「為天地立心，為生民立命，為往聖繼絕學，為萬世開太平」。一時之間，世界的安危，人類的福祉，自己都背負起來。可惜志向愈大，愚昧愈多，一?仿如今之小布殊，不自覺地把自己當成救世主，是正義的軸心。賢愚之間，不過一線之隔。

第二個「我」，是自我尊大。我既仁義之所在，位格自然就比其他的人都要高。你唔聽話，便是「犯義」，便是「離經叛道」，便是「異端邪說」。他既為尊者，自不然也便是「阿一」。結果，由漢武帝「獨尊儒術」，到漢唐宋明儒學各派爭奪「阿一」的地位，其慘烈之處，直如金庸筆下的武林。

第三個「我」，是自我為是。我必是，而他必非。孔老夫子可以出錯，我呢？就錯了也不因我。把別人有根有據的批評（請注意，不是誣衊），都看成是搞針對，搬是非，居心叵測。

恩師故何世明牧師曾教訓在下：新亞書院培養出來的讀書人，多自視太高。一語中的。讀多幾本書，便有能力拯族救國開太平了？前塵往志，天真得很。

救世主？相信除了基督之外，其他的不是爭權力，便是混飯吃。

(03-11-21)

你老闆係邊個？

香港名流某，越洋接受訪問，突然發難，怒問女主持：你老闆係邊個？女主持為之一怔，草草收場。

其實，凡付我錢的，就是我老闆。這麼簡單的道理，還須要問？喂，拉黃包車的車伕、高檔夜總會的風塵女，甚或那流連街頭的流鶯、叫化，都不會多此一問啦！祇要閣下揮金，貴為「顧客」，就明知你地位怎的卑微，怎的身無長物窮光蛋，他們可從不會吝嗇敬你一聲「老闆」，定必笑騎騎的抬舉著你，老闆前老闆後的慇懃招待，好讓你飄飄然。由是你花的那怕已是全副身家，也必大讚，物有所值。

世間卻祇有那頭腦沖昏的，才會唐突問人，誰係佢老闆。且有更莫名其妙的，不是老闆而以老闆自居，恣意吆喝人。例如在教育界，校長自稱為老闆，國鍵亦曾遇過。把教職員全都看成是他的僱員，都受他的薪了。誰不知出糧的乃香港政府，而政府用的是納稅人的錢，因此真正的老闆，是納稅人，是學生家長。他？哈哈！

所以，在大氣電波中間候女主持的老闆還可，若問她老闆係邊個，她確得先要搞清搞楚：電台的真正老闆，是營辦者還是廣告商？況在傳媒界，老闆是那付費的觀眾和讀者，也說不定呢。

顧客永遠是對的。銀鈔一亮，誰與爭鋒？你還不快快叫聲老闆，唔想撈乎？

(03-12-02)

講真話

今年，巴金百歲大壽。報載，這幾年躺臥醫院失了活動和說話能力的巴金老人，哀嘆「長壽是一種懲罰」，曾經要求安樂死。

巴金之言，誤矣。長壽不是懲罰。貧病煎熬心靈折磨，才是懲罰。壽而康的，走得食得，活到百歲不嫌多。倒反那年紀輕輕，頑疾纏身，四肢癱瘓，如此半生不死，才最要命。

所以，「長壽是一種懲罰」，證明了巴金老人看問題還沒真正看得透。情如他晚年寫《病中集》《隨想錄》，懺悔著昨日之戴假面具、「思想偏激」、革漢字的命，在文革時，又沒好好跑出來仗義執言，沒講出真心說話。今天呢，心靈悔疚，極度苦痛了，才要求大家以後都「要講真話」，——無乃人之將死，其言也善。閣下若還年輕力壯，沒那殘生樂斷的死乃解脫，沒到達那視生命為「懲罰」的悲涼境地，請勿胡亂聽從，以之作真。

講真話？巴金少年得志時，有想過做知識分子須板直腰骨、憑良心講真話麼？

假作真時真亦假，無為有處有還無。雖則人生「終須一個土饅頭」，但未入木前便挖自己的肺腑給人家看，何以晉爵加官、青雲直上？

現實是，把良心當成狗肺的，太多太多。因而有勇氣講真話的，太少太少。少到有些情願死了也不肯吐露半句，就讓歷史真相，與之同葬。

(03-12-12)

一到極端成恨火

「加拿大聯盟」的家庭事務發言人國會議員史賓沙（La-
rry Spencer）老牧師，十一月廿七日語發驚人，主張恢復
同性戀刑事化。這番極端右派的說話，實在令人很憂心。

國鍵毫不欣賞同性戀。但把同性戀當作極惡而押之牢獄，
未免有點太嚴苛。若這種極右的思思獲得廣泛支持，則抱
有男尊女卑、女人沒話事權投票權、有色人種祇配做家奴
等陰暗的古老右思想的極端人士，免不了也會蠢蠢欲動。
除了同性戀者外，新移民、有色種裔和少數弱勢社群，大
有機會成為下一個攻擊的對象。

為了支持嚴打同性戀而讓極右人士張勢，在華人來說，
無疑會是：為了粒糖，輸了間廠。

凡極端的，都是不好。某些宗教人士那種要麼就是反對
同性戀而上天堂，要麼就是容忍同性戀而必受地獄永火的
極端態度，實如小布殊之非友即敵，又或去月多倫多大學
鬧的巴勒斯坦裔學生集會風波：要麼就簽署那譴責並抵抗
以色列種族主義的「團結公約」，要麼就不許你進入會場。
又或某些人士認為，凡批評以色列的，都必是反猶太，都
必是恐怖分子。大家各走極端，在仇恨之上猛加柴，結果
祇會是愈燒而愈火。

據說，末日滅世來自火，——這當然也包括那來自心靈
上的仇恨之火。

(03-12-15)

《紅樓夢》的同性戀

在加國，同性婚姻合法化，宗教團體反應激烈。華人向來看重家庭倫理，群起反對，自亦理所當然。

然而，同性戀、雙性戀，在中國封建舊社會，本也不是什麼新事物。雖或見不得光，可也不至於罪大到要誅九族的。

《紅樓夢》第一回，記十九歲的馮淵，「酷愛男風，不好女色」（人民文學出版社，七九年，p.44）。他之所以給同性戀薛蟠打死，不是因為「爭仔」，而祇係爭婢。又第九回記薛蟠往「家學」上課，志向不在讀書，而在「結交些契弟」。夫「契弟」也者，學堂中某些「動了龍陽之興」的青年子弟是也。此等「契弟」給薛蟠哄了上手的，竟又「不消多記」。其中兩個，外號叫「香憐」「玉愛」的，美貌之處，連賈寶玉、秦鍾見了，也都「繾綣羨愛」，大有「情意」。祇因知道他倆是薛蟠的「相知」，才「不敢輕舉妄動」（p.110）。當然，彼此背後暗中「擠眉弄眼」「親嘴摸屁股」，搞出了是非種種，那是後話。

《紅樓夢》作者曹雪芹，生活於十八世紀清初康乾年代，對社會這等富貴人家的斷袖分桃爭風呷醋，繪形繪色之餘，卻沒有用傳統社會的道德倫理觀來大施鞭撻，也沒有視之為敗壞社會，十惡不赦，要趕盡殺絕而後快。

曹雪芹的思想，居然比二百五十年後的加國華人，還要前衛。

(04-01-16)

《金瓶梅》的「韻事」

前文談及《紅樓夢》賈寶玉等人的同性戀，不想明代笑笑生的《金瓶梅》，對男人的這種「韻事」，早也有了明目張膽的記述。

《金瓶梅》記西門慶與書童兒「幹那後庭韻事」「幹這齷齪營生」，行文雖甚隱晦，讀之卻甚露骨。

所謂「營生」，大概乃吾粵之所謂「搵食」。男人而搵男色食，明清小說之中，固不獨薛蟠和賈寶玉。

西門慶呢？且看潘金蓮之怒問西門爺：「大白日，和那奴才（書童兒）平白關著門做什麼來，左右是奴才快樂了，到晚夕還進屋裏，好乾淨兒。」（第三十六回）

別以為書童兒就是「童」，他「芳齡」十六，已經成丁。故此，西門慶並非狎童，搞的正是成年的同性醜事。且看那書童兒搽脂抹粉穿著女裝唱起「南曲」來，更勝卻「院裏小娘兒」無數。西門慶的老友應伯爵，竟也為之心動。

以牡為牝，當然是「賊沒廉恥」的勾當，見不得光，此所以西門慶不能不矢口否認。然而，西門慶對於小廝平安兒揭發他的醜事和侮辱他的「男寵」，還是恨在心頭，伺機報復的：稍後，藉故便將平安兒施以夾壓十指的「拶刑」，連「敲五十敲」，兼打屁股二十棍，「皮開肉綻，滿腿血淋」。（仝上）

揭露富貴人家這龍陽之興，《紅樓夢》決不是第一部。

(04-01-26)

儆猴

送羊迎猴之際，聽說動物農場（Animal Farm）發生了一件驚天大事。蓋緣占卜師預言，猴年猴氣旺盛，猴子性好自由，不喜管束，隨時甩繩。如何施以下馬威，乃農場主人的當務之急。剛值孟多雞瘟，疫情可虞，順勢來個「殺雞儆猴」，未嘗不是一舉兩得的政事。

農場主人遂急頒「保護農場免生災疫的方法」，簡稱「護法」：不管白法黑法，總之能壓止瘟疫縛住馬騮的，便是好護法。

因此，平日殺雞的文明方法，割頸放血，燙水拔毛，今天病毒來得太兇，都不管用了。雞兒呢，活生生的捉起扔進焚化爐便是。殺雞之前，自先召集農場內成年猴子，前來開個「殺法」的論壇。名曰廣收猴意，實則要讓猴子們來觀殺。——虐雞？為斬斷「沙士」，一眾果子狸不也是活生生的即時亂棍打死的？非常時期非常法，也顧不得什麼叫做基本的方法了。

一時之間，爐裏火光熊熊，霹啪作響，雞兒一隻隻不停地扔進去，活生生的給燒個人間地獄、鬼哭神號。不幸的是，這殺雞之景，給匿在一旁偷窺的小猴兒看見，驚畏破膽，屁滾尿流，暈死過去。

急救之後，小猴兒稍復知覺。從殺雞大會歸來面青青的老猴們問發生何事，小猴兒氣若游絲，僅能隱隱約約的吐出了三個字：「……燒……畏……暈……！」

(04-02-06)

喊驚

「九一一」事件，撞昏了美國人的腦。

堂堂大國，三年以來，驚惶失措。子彈固傻呼呼的亂發，對外國人的入境政策，也瘋兮兮的分了種族。「國家安全」和「愛國主義」，成了至高無上、胡作非為的尚方劍。「人權」「自由」，全淪為昔日太平盛世的點綴。今天「國難」當前，腦袋僅容得一個「殺」字。美國常嘲中國不文明，她自己呢？

有理冇理，先宰了你。莫道加國乃親盟，便自手軟。看，美國那「國家安全入境登記系統」，還不是照樣規定，凡生於伊朗、伊拉克、利比亞、蘇丹、敍利亞的加國公民，入境美國前，一律先要照相、打手指模、接受盤問？伊朗出生的多倫多大學工程學院副院長模士達希美教授（Professor Javad Mostaghimi），零二年十一月赴美主持學術會議，在機場就因受不住這種侮辱，憤而取消行程。校長出面？外交部出馬？有屁用。

今年一月，事件重演。兩名中國出生的多倫多大學研究生，原往休斯頓參加環境毒物及化學學會的年會，豈知美國領事館竟以「國家安全」為由，斷然拒予簽證！千元費用，即時泡湯。（見 news @ U of T，Jan.27，04。）

今趟被拒的全是華人。忿忿之餘，不期也嚼出點謬把中國人混同回教恐怖份子的辛辣味，連打了兩個冷顫。

(04-02-09)

セセ曰

　　基督信徒，《聖經》耶穌寶訓，等同真理；佛門善眾，《金剛經》世尊佛說，即是聖言。與孔門儒士論道，動輒是大堆的「孔子曰」。你稍敢「岔論住」（challenge），徒招個冒瀆聖賢、小人缺德的惡名。無怪「儒學」亦稱「孔教」。

　　在東方，儒道佛之外，恐還有個天子之教。與階級觀念濃的貴勢之家談國事，又或與自道草芥的貧賤之戶論治道，結果恐怕是背景雖大不同，思維卻出奇地相若。大家抖出來的，準不會是什麼法典，而大多祇係「王曰」「帝曰」「上曰」之屬。若還未夠，多祭個「先王曰」「先帝曰」，那昭昭聖理，自必明照天下。蓋皇上「金口」，殆無假語；先帝「遺命」，必是真言。若稍懷疑，即罪陷不忠。不忠之徒，何能治國？身後何有面目見祖宗泉下？

　　西方人的宗教觀可別有一套。與之談政事，萬莫拿「貝理雅說」「小布殊說」「克里田說」等等領導人之說來嚇唬人。大家都曉得，政客之言，盡多屁話。拿它來當《聖經》用，想笑咳大眾麼？

　　子曰：「君子有三畏，畏天命，畏大人，畏聖人之言。」（《論語．季氏》）洋老番除了《聖經》和法律之外，幾乎乜都唔怕。舉出個大人曰、聖人曰，充其量也祇能曰出個西方「小人文化」異於東方「君子文化」的所以然來。

(04-03-05)

無權無位係小人

儒家稱有學問有德位者爲「君子」「大人」。否則謂之「小人」。

古代「學在官」，教育由貴族把持，亦即祇有貴族才有資格讀書做大官。因此，孔夫子之前，所謂「君子」「大人」，實際是指有權位的當權者。

東周之後，封建制度崩潰，包括孔子在內的舊貴族流落民間，開辦平民教育，然后才興起了一種以學問人格論「君子」的說法。「天爵在身無官自貴」，相當阿Q。

雖則阿Q，但經國大事，倒也成了「君子」之志業；農耕布織，無乃祇屬「小人」之卑職。夫「小人」也者，見識鄙陋在鄉下耕田的「細民」是也。《論語・子路》，記樊遲請教孔子稼圃耕種之事，樊遲走後，孔子搖頭說：「小人哉，樊須也。」（朱熹注：小人，細民也。）說明了樊遲這種祇懂問耕種而不知問治國這「大人之事」（孟子語）的人，在孔子心中，是何等的「小人」來！

明乎此，則國鍵這等無官無爵無大志的小民百姓，在固有文化的觀點之下，當非「小人」莫屬。尤其在道德界線相當模糊的今日，誰「君子」誰「小人」，人們大多還是憑權勢來界定的。

自古迄今，君子從來是「大人」，「大人」自是權位高；細民向來是「小人」，「小人」自然屬芥草。是以身居「大人」者難以言退，因爲一退就成了「小人」。

(04-03-08)

不識時務非君子

《論語·季氏》，孔子說：與「君子」（按即大人）談天，未到自己發言而忍不住說了話，謂之「躁」；自己該說話時而不說，謂之「隱」；說話前沒先觀察「君子」的面色，謂之「瞽」（瞎）。

香港民俗，倒也有了相近的見解：不該吃時而去吃，叫做「戇」；該吃時卻不吃，叫做「笨」；不先搞清楚便自行動，叫做「盲」。

「躁」「隱」「瞽」「戇」「笨」「盲」，一語蔽之曰「不曉時機、不識時務」而已。時機也者，洋老番之所謂 timing 是也。Do the right thing at the wrong time，結果也會好事弄成壞。

三千年鍛煉，咱同胞又怎會不解箇中三昧？君不見黃土地上，躁戇之人少，笨隱之人更加少。至如但憑良心不看上頭面色的瞽盲之士，更是少之而又少。

因為，大家都知道，說話切要謹記時機，做人該當洞識時務：上頭沒叫你出聲，那就沈默是金，言多必失；上頭示意你要出聲，你即鳴鑼喝道，鸚鵡學舌；上頭突然面色一沈，你又能立時打住，看風使帆。

孔子認為，「躁」「隱」「瞽」是人們甚易犯上的「三愆」（愆，過失也）。國鍵視力不良，去盲不遠。對於觀察大人面色，自覺很有困難。因之而犯「躁」，實在難免。正是不聽聖人言，吃虧在眼前。一輩子沒出息，是自招的。

(04-03-12)

東西文化之分別

東西文化的最大分別，實際上是「君子」與「小人」之別。

東方文化，乃君子文化。齊家治國，一切貴乎仁德。里仁爲美，人言爲信。舉國效法聖賢，修德立品，都切志做彬彬君子。如此社會，又何須天天把法律掛嘴？在位君子（大人）的一句說話呢，可頂得上民間的千語萬言。大人講話而小人（百姓）不信甚或「駁嘴」，無乃懷疑君子品格，動搖社會根基。論罪當罰。

西方文化，則屬小人文化。齊家治國，一切依仗法律。大概因爲「刁民」太多，不能不「先小人而後君子」。正是口講無憑，人言難信，一切須白紙黑字。猶如公元前二零六年劉邦之入關中，須與父老「約法三章」，而秦人始信之而「大喜」。國史上此種大人與小人之間難得一見的「約法」，公元前一二五零年，卻早見諸梅瑟（摩西）在西乃山領受天主刻在石版上的《十誡》。從此，《十誡》不但成爲猶太君民必須遵守的誡命，且也是西方法治精神之本源。神人之間，爲了信約，尚且刻石，何況是人與人的？看在一言九鼎的東方君子眼裏，難免卑之「小人」也。

君子講德，小人講法；君子講「人治」，小人講「法治」。當西方人年年努力於完善法律的時候，東方人猶歲歲引領，把生命財產，都押寄於——江山代有聖人出。

(04-03-15)

屈原愛國

中國歷史，以愛國而留芳的，首推公元前四世紀戰國時代的屈原。

之所以譽為愛國，因為屈原面對「變白而為黑兮，倒上以為下」（《懷沙》）的政治環境時，他祇會善言進諫，而從不會據理力爭。在骯髒的權力鬥爭敗陣「失寵」，「信而見疑，忠而被謗」之際，他祇會暗自「能無怨乎」，而絕不會嚴詞駁斥，還我清白。

屈原失了楚懷王的寵信，「憂愁幽思」，自怨自艾，寫了《離騷》。夫離騷者，遭受（離）憂患也，實心中不平之牢騷也。看見了朝廷「讒諂之蔽明」「邪曲之害公」，他能夠做的，也不外是寫寫文章「以刺世事」，發洩一下牢騷而止。

不聽忠言，懷王結果中了秦國反間之計而客死於秦。頃襄王立，屈原再遭讒害而被流放。眼見秦軍長驅直搗郢都，他可以做的，亦僅餘以死殉國而已。正是志絜物芳，何容「身之察察（潔白）受物之汶汶（沾垢）」？豈能讓自己「以皓皓之白而蒙世俗之溫蠖（惛憒）」？（並見《史記》卷八四《屈原列傳》。）逐懷石投汩羅江而死。

屈原屈死，從此成了愛國者的典範，也譜出了帝王政治下具體的愛國主義三部曲：先則溫言勸諫，繼則退而自怨，終則投江自盡。

愛國勿空談。**轟轟**烈烈的去投江，才是封建社會表白愛國之心的徹底方法哇！

(04-03-19)

向下望

中國封建社會階級觀念濃厚。人與人之間，很難平等。朋友相遇，噓寒問暖之餘，總愛打聽你、又或你兒女現在幹什麼的活。人望高處，有時低下頭來，俯見你擱在低流，倒未必人人都絕不感慰。

老莊說，大小乃相對而生。恰如咱儒家所嚮往的「宗法制度」。是「大宗」還是「小宗」，得看環境。在家族裏面，大伯的一家是「大宗」，自己是「小宗」。在自己的家裏，則自己及嫡長子是「大宗」，其餘庶子全都是「小宗」。若把這個大小的觀念套入政治圈子來觀察，則地方官之晉見京官，無如是「小人」之見「大人」，必敬必從。可地方官返回所轄之省縣，則地方官便是「大人」無疑，且多高高在上，儼如皇帝。

如是，在中國歷史裏面，那當官的難免經常忽而大人，忽而小人，很容易精神分裂。早上才在京城來的巡撫大人面前唯唯諾諾卑躬得像一條狗，中午高站在自己衙門前階向下望見那擊鼓鳴冤的小老百姓，可飄飄然是個官威十足的大爺了。睥睨著階下那賤得像狗的小民哀求跪拜，其樂何支。得意之時，還可以呸一聲的吐一泡唾沫。

所以說，人望高處未必好，因為總有不如人處。若天天往下望呢，「比下有餘」，好歹有了個交代。祇恨國鍵貼地矮，下望僅見地上塵粒較我小，絲毫不過癮。

(04-04-12)

難得糊塗

自從清代名士鄭板橋寫了一幀「難得糊塗」的橫披，坊間似乎就風雅起來，興起了一股「糊塗」熱。

難得糊塗，本乃人生的看破：凡事不執著得失成敗，不為名利而精打細算，不挖人瘡疤以求清白。大事小事雲煙過，又何必處處去斤較？糊塗可以養生，可以與天地同化。

可今天犬儒之「難得糊塗」，卻又別番觀景。為謀保身，為求名利，都機關算盡。大事小事，無不先經那功利主義腦袋的篩濾。若無「著數」，那管大是大非，都裝起了一副狀似豁達的「糊塗」貌。你責他無情？他準會和你大談「老莊釋」來。你呀，做人睇化點啦！

「糊塗」為表，「機心」為實。處處盤計，細算精打：對自己有利的？管什麼是對還是錯；有害的？管他仁義道德良心載。這種見利忘義，以「糊塗」來掩飾狠心，招數之高，確也是很「難得」的。

犬儒式的「難得糊塗」，對身體甚是有益。——至少不會挨餓，不會時不時給衙差抓往大牢挨揍。

可遺憾的是，犬儒們雖則肥頭耷耳，唇滴脂油，額溢膏光，心裡卻多是漂泊無根，風吹順擺衰楊柳。為了錦衣玉食而丟棄良知，恭恭敬敬地老跟主子走，活得像一條狗。

當然，在「無間道」的模糊年代，誰狗誰不狗，不易說得久。若非真糊塗，何以撐下去？

(04-05-07)

爲美國哀

去年初，美國發兵打伊。國鍵愚魯，莫明究竟。蓋因出兵理據牽強，更且兵凶戰危。一旦開戰，後果難料。

邪惡是戰爭的真貌。戰場之上，反映的必是人性最禽獸的一面，──殘暴、虐殺、冷血……，天良罔顧，人道泯滅。它，是魔鬼專門誘砍人類靈魂的鬼地方。

老子《道德經》三十一章：「兵者不祥之器，非君子之器，不得已而用之。」仗，確還是以不打爲妙。就算打勝了仗，也該「以哀禮處之」。這個「哀」字，指出了戰爭無論出於何種冠冕堂皇的理由，都不是好事。就戰勝了，也祇能年年默哀。誰會有心情去慶祝譙樂？

美國人沒讀過《道德經》，說打就打未足怪。可美國卻是個基督教的國家呀，耶穌有教人用刀劍來解決問題的麼？

沒有。耶穌在「最後晚餐」後，猶太祭司等人前來縛祂付審時，門徒伯多祿（Peter）激動起來，拔劍砍了來捕者的一隻耳朵。耶穌卻立加制止，並教訓人們說：凡拔劍者，必被劍亡！（《聖經》瑪 26：51─54。）

「九一一」拉登的最大「成就」，不是撞毀了美國的世貿，而是成功地激怒了信奉基督的美國人，燃起了她的仇恨之火，誘她拔出了殺戮之劍，──從此便背離基督，與殺人不眨眼的恐怖分子們成了同道，共墮自我毀滅的魔途。

(04-05-21)

史可為鑑

中國歷史，北人鄙視南人，由來甚久。及至隋代，雖是以北統南，卻由於當日南方文學興起，北方經學衰微，文化上實際是南吞併了北，成了一股新興的力量。加上經濟重心逐漸南移，彼此衝突，自然加劇。

唐代開科取士，「明經」「進士」，進士為貴。進士兼考詩賦，南人自佔優勢。北人熟讀經學，可舊家子弟應「明經」試而未為時重，遂更不忿。「朋黨」因之而生。唐代「牛李黨爭」，說穿了實係南北人政治利益之爭。治國理念，僅屬門面。

此種南北傾軋，毒延宋代，而以王安石的「熙寧變法」最火爆。宋神宗熙寧之世（AD 1069-1077），南方撫州臨川人（今江西臨川縣西）王安石拜相，以強人姿態推行急進的「新政」。新政對南人相當有利，卻大大沖擊北方舊門弟的既得利益。各種新的經濟措施例如「青苗」「市易」「方田均稅」等新法，處處堵塞北方富裕人家原有的財路。至於廢「明經」科，亦擺明在削弱北人入仕的機會。北方舊族，能不結黨而攻之？

北宋一朝，「新舊黨爭」，吵個沒完沒了，意氣用事。這是導使金人吞宋的罪魁禍首。

共容則俱榮，相爭則兩敗。中國歷史上長期的地域性族群相排斥的慘痛經驗，很值得今日來自天南地北的加國華人們好好參考。

(04-05-24)

心結

　　Philip G. Altbach 在《 Servitude of the Mind ？
Education, Dependency and Neocolonialism 》（《思想
奴隸？教育、屬地和新殖民主義》，Teachers College
Record, No.79, Dec.77, pp.187—204）一文中指出，第
三世界前殖民地的教育，續由西方發達國所操控。「屬
地」式的主從關係繼續存在。各種教育「外援」（例如美
國 CIA，Ford Foundation 之類），實際在進行「新殖民
主義」。西式教育，照樣主宰人心。

　　可真一針見血。十九世紀末，中國淪作半殖民地，香港
且經百年英治，養成一種以洋教育爲核心的從屬心態，不
難理解。共產中國高舉民族大義，誓與奴役於洋鬼子的教
育不兩立，大概在根除崇洋的奴才思想。雖則洋教育在教
材、方法、思考訓練等方面確有過人處，崇洋倒未必盡因
媚外。

　　特別在回歸後的香港，類似新殖民主義的問題經常浮現。
「放洋留學」，仍舊是光榮而且踏實。

　　也許靈魂深處，不免爲此教育與民族身份相悖的矛盾而
苦痛。大概要移民來了西方，才徹底得到解脫。

　　在這邊呢，對下一代來說，中文不過是價值連城的古董。
閒時拿出來觀賞又或摹畫一下，聊發「尋根」之幽情。教
育是洋是華，都付一笑中。

（04-06-04）

個人立場

謹先申報：國鍵沒參加任何政黨，言論不涉政黨私益。政治見解，純出肺腑。

當然，肺腑之言，未必即是「中立」。國鍵不能不認，平日言論，有點偏袒自由黨。可不是要爲自由黨張勢，祇因自由黨較保守黨更能顧及少數民族的感情，支持自由黨相信（祇是相信）對大多數的華人有利。

論照顧少數民族和弱勢社群，新民主黨固然比自由黨來得徹底。唯是，新民主黨有時過份左傾，確令人擔心會寵壞懶人，搞劣質的社會平均主義。

保守黨則站在極左的別一邊，屬於極右，太過關照富裕階層的利益，往往把經濟發展的動力和成果，都看成是資本家的功勞。對中產階級是小恩小惠，對下層社會是漠不關心。其甚者有壓榨中下階層以增加企業利潤，而不知對中下層過份刻薄，容易引起社會動盪，對資本家亦未必真的有利。

「保守黨」加「新民主黨」除以二，是自由黨。自由黨中，也存著左派和右派的兩大陣營。前者以前總理克里田爲龍頭，後者則以今總理馬田爲馬首。克里田較能同情中下階層的境況，馬田則偏向中上階層的立場。二者不和，信是黨內偏左偏右兩條路線鬥爭的必然結果。

在國鍵來看，則雪中送炭好過錦上添花，救弱扶貧勝於鐵石心腸。此所以兩田之中，國鍵較喜克里田。

(04-06-07)

盛世危言

六月廿八日，聯邦大選。

今趟選取，意識形態舉足輕重。右派政黨，認為減稅可以振興經濟，「私營」便即萬應靈丹。殊不知減稅祇益富豪，而無助於中產。對草根貧眾來說，受害最大。政府庫房的收入，也不見得因之而增加。

「私營」和「用者自付」掛帥，當不離賤賣公產，為私營大企業鯨吞豪奪創造有利環境。祇可惜現代私人企業追求的是「最高利潤」（所知並無上限），因此，前保守黨政府管治下的安省居民，在公業私營之後，自難免即時要猛吞電費狂加、四零七公路收費狂加等苦果。通過「私營」和引進「市場競爭」必可降低價格？這類右派神話，一戳便破。

巧婦難為無米炊。由政府公營的「教育」和「醫療」，減稅之下難獨全。連同其他的公共服務，必也一日比一日差。近年多市道路顛簸破爛愈甚，駕起車來，愈來愈有美國感了。可省府財政狀況呢？哈哈，去年竟是赤字六十多億之巨呀！

減稅無功，私營未必有效。閱罷美國加州電力私營後的慘況，再看看這幾十年美國醫療私營下醫藥費和保險費無良「互動」的無止境飆漲，今天就年入十萬的中產也給熬了個大喊救命，那年薪不過二、三萬的下層貧苦和退休者老沒能力買「醫保」而大病唯有等死的，竟也成了常態！

哀哉。

(04-06-11)

天祐加拿大

今天聯邦大選。

為了國家，為了華人前途，不能不去投票。國鍵家在當谷東（Don Valley East），三大候選人中，以保守黨莊信（David Johnson）最富經驗，可看高一線。唯是，投票保守黨，在國鍵來說，無疑是拿起石頭砸自己的腳。去夏多城沙士正盛，自由黨克里田拉大隊往東區唐人街進膳，以示關懷和支持。聯邦保守黨和革新黨呢？唉，想起就讓人勞氣。

餘下是自由黨衛坦絲（Yasmin Ratansi）和新民主黨馬羅榴仙（Valerie Mah），面孔都較新。年初馬田清黨，本區克里田派的自由黨老將高蘭諾因之告退，可即時陷國鍵這類自由黨左派的擁躉頭大。馬田在大選前清除黨內異己，手段強蠻，今天可算自食其果。回想四年前克里田為了大選而捐棄前嫌，與黨內馬田派大和解，結果選舉中自由黨大獲全勝。相比之下，今天馬田就缺乏這種顧全大局的胸襟和智慧。

衛、馬之間，實難取捨。此刻前赴票站，大概會把選票投給馬。原因是：一、NDP鋤強扶弱，有基督精神；二、馬是華裔，且獲住在河谷東的華人社區翹楚王裕佳醫生全力推薦，看來信得過。

對不起了，自由黨。國鍵乃少數民族，不免疑慮諸多。在屬意的政黨和候選人旗鼓相當時，且恕我又再坐言起行，——華人選民去選華。

(04-06-28)

猶請三思

聯邦大選，塵埃落定。這趟大選，同性婚姻沒成熱焦，證明洋社會的思想水平，確實比較高。

人們理解，今日同性婚姻，已不純關涉道德倫理，且更是個很嚴肅的法律問題。如今法庭既已定讞，政府唯有執行。否則須面對無寧日的法律訴訟和索償。加拿大以憲法治國，捧本《四書五經》《聖經》《可蘭經》去法庭抗辯？想笑甩大牙麼？

法庭判決，基於八二年頒佈的《自由及人權憲章》。賴此《憲章》，弱勢社群如華人，始得真正站了起來。可今天某些華人不好好去捍衛，反因與同性婚姻不共戴天，便忙著唆使人們支持很有排華思想的極右政黨，還大力倡議國會運用憲法中的 Notwithstanding Clause（《縱使條款》？），去癱瘓憲法中保障人人平等的某些規定。這恐怕連老番聞之亦會暗笑。此例若開，他日排外政黨控制國會，來個政策大右傾，豈不亦可據之恣意剝奪華人的權利？這一把連主流社會也不敢輕易亮出來的「屠憲刀」，今番竟由咱華人帶頭舞弄，直劈往那旨在保護咱華人等少數族裔免受多數族裔歧視和專制之苦（the tyranny of the majority）的人權憲章，不是傻瓜是什麼？

同性婚姻，固難認同。但，反對之時，可小心挑起社群仇恨，兼損吾族利益，枉教正義成不義。

(04-07-02)

氣壯焉可憑乖理

語意，要顧及邏輯。特別在討論嚴肅問題時，用字遣詞，尤須謹慎。此所以學習文史，宜先治哲學，煉思想邏輯。

「白馬非馬」，在「馬」的字義上，「白」確未涵蓋其全。結論為「非」，合乎邏輯。若把它解讀成白馬不屬馬類，或推論為白人不屬人類，那就張冠李戴，邏輯謬用。

往燒臘店吃午飯，叫了一碟燒肉飯。內子吩咐店家，燒肉外請加兩片燒腸。你能因之便認定內子不吃又或不支持吃燒肉了？把燒肉飯加不加片燒腸的問題，看成是吃與不吃燒肉的正反對立，如此邏輯，本就不值一談。

可惜近日吾友也把贊成婚姻添以同性的觀點，強說成即是「不贊成一男一女婚姻制」。這種類似贊同燒肉飯加燒腸即等同不贊成吃燒肉的偽邏輯，其惑亂之處，卻不能不立予駁辯。

加拿大人有不贊成一男一女婚姻制的麼？沒有。就同性戀者也沒有。某些人不過贊成把一男一女婚姻制的定義擴闊一點，類似燒肉飯上多加兩片腸。「白馬非馬」「異性婚姻非婚姻」，他們說的，祇是馬有白馬黑馬，婚姻可以異性同性的文字邏輯。倒未見過贊成同性婚姻的人，跑出來否定異性婚姻的。

吾友這種似是而非的陳述，容易誤導大眾，也祇會流為支持同性婚姻陣營的笑柄。對於問題的討論，毫無幫助。

(04-07-09)

原來如此

聯邦大選，得失揭盅。加拿大《國家郵報》（National Post）刊登了一個「乜人投乜票」的統計圖表（June 29，04，p.E6），看了倒讓國鍵吃了一驚。

吃驚之處，不在自由黨仍然勝出，也不在十個最多新移民聚居加十個最多有色人種集處的廿個選區中，自由黨如何一一囊括。而在於國鍵素以為保守黨偏幫有錢人，其擁躉理應多是社會上層教育程度和家庭收入都較高的精英。豈知圖表所見，大謬不然！

據圖表，全國十個最高家庭收入（年入約十萬元）的選區中，自由黨勝出九席，保守黨僅得一席！全國大學畢業生最多的十個選區中，自由黨狂取九席，保守黨竟吞了光蛋！反之，在全國大學生最少亦即教育程度最低的十個選區中，保守黨卻爭得五席，自由黨僅得三席。

《國家郵報》的統計若實，那反映的恐怕會是，保守黨的力量，主要並非來自高級知識份子或富裕階層，而實源自鄉郊收入一般、教育程度相對較低的一群。新移民和有色人種獨鍾情自由黨，祇因教育程度高，更懂分析事理。不似得右派死硬份子，保守黨落了選，就打電話去洋電視節目，把支持自由黨的人都罵作愚鈍低智的「阿甘」（Forrest Gump）。

阿甘是傻佬？這，不正正就是個有關水平的問題麼？

(04-07-12)

有板有眼

　近月，加拿大的天主教官方組織Catholic Organization for Life and Family，刊行了一本《Marriage Matters》小冊子，解答教會爲何反對同性婚姻的問題。心平氣和，不慍不火。

　冊中無一詞責世人敗德，祇理性討論問題。字行之間，毫不挑釁。教會祇堅持，婚姻也者，必須是一男一女的結合，且必負有生兒育女的實在意義和責任。此所以婚姻定義對人類將來，重要之極。

　同性「婚姻」，既違一男一女結合之義，亦無自然生育之實。稱作「婚姻」固甚不當，將之與人權混爲一談，亦屬風馬牛。

　因爲，人權講「平等對待」（equal treatment），絕非等於「同一對待」（identical treatment）。亦即是說，待遇固該平等，稱呼不必同一。多元文化，祇求平等（equality），不尚劃一（uniformity）。所以，人們反對同性結合與異性結合都劃一稱作「婚姻」，著意的也祇是婚姻的本質，其中絕無沾及類似昔日禁止異族通婚等歧視成份。

　名與實分。此所以教會認爲同性成親稱作「同性結合」（Same-sex unions），更得其實。

（更正：七月二日拙欄《猶請三思》所書英文，電郵原稿實爲"Notwithstanding Clause"及"the tyranny of the majority"。）

(04-07-16)

父子相隱

近年，天主教個別神父狎童個案，頻頻曝光，人神共憤。神職人員幹淫邪獸行，欺虐稚子，罪大惡極。可教會處理這等孽行，畏首畏尾，辯駁諸多。說什麼主教神父情同父子，彼此揭罪乃於情不合云云，聽之噁心。

這，正也是咱傳統儒家思想的渣滓。《論語·子路篇》，記述葉公告知孔子，鄉裏有個性情爽直的兒子，竟去指證父親偷羊的罪行。孔子答道：我家鄉裏爽直的人，恰恰相反，——「父爲子隱，子爲父隱，直在其中矣！」亦即是說，父爲兒子隱瞞錯失，子亦爲父親隱瞞罪過，父子互相包庇，那人性天理（直），就在裏面了。

讀之能不氣結？難怪千百年來，中國人就這樣的把親親相隱、官官相衛，視作理所當然。今日，主教袒護狎童神父，固然該罵；咱中國傳統文化這父子不相揭的「天理」觀，又何嘗不該受打九十大板？

父子互相檢舉，人性上雖或不易。但，公德私德之中，公義私情之間，大是大非當前，良心取捨，夫又何難？

人情偏私，出於原罪。把某些帶有原罪的人性看成天理，無乃對人心之中那潔白無瑕的天主性亦即宋明理學之所謂良知的一種污衊。儒家以人道證天道，把人性偏私視作天理還可理解。天主教以天主聖道約束人道，父子相隱的說辭，就很難令人明白。

(04-07-23)

國語即愛國？

香港有立法會參選人士認為，香港人不講國語是「不愛國」；香港回歸祖國而不用「祖國的語言」，也就是「不愛國」、「不愛香港」（《星島》八月八日，p.B1）。如此一棍子把粵語打成不屬「祖國的語言」，復認定祇有國語才是祖國唯一的語言，不講就是不愛國，何其駭人也！

用講不講國語來決定愛不愛國，其胸襟之狹隘，目光之短小，廿一世紀而尙有此種言論，實在令人太失望。在左毒橫流的文革年代，流行的正正就是這種不紅即黑的革命思維。閣下若曾學過英文，曾經放洋留過學，曾經在洋鬼子面前講過番話，一一可給打成是帝國主義走狗，是反華反黨反革命的漢奸。紅衞兵大爺們，立可拉你遊街示眾，狠批毒鬥。

懂英語叛國？不講國語不愛國？如此若真，這邊那不懂中文的華裔小孩子們，在祖國眼裡，豈不全是不肖之徒了？講國語愛國，不講不愛國，那漢奸沒一個是操國語的了？粵港平日粵語多，也全都不愛國了吧。北方人國語是母語，可全都自動成了愛國人士啦！

這種謬論，不單中了左毒，相信也是出於長期以來語言上尊北卑南的陳腐謬見。

國語便是國語，它並不一定等於國。南北兩家親，還幸今天藉國語來扣人帽子的，祇屬極少數。

(04-08-23)

從物價看命賤

中國古代，人命價賤。讀一讀《金瓶梅》，粗知一二。

男主角西門慶，生活於宋徽宗年代。他家鄉山東清河縣，物價大致是：一張床值十六兩銀子；莊田一所又或大宅一間，各約值七百兩；小宅五百四十兩。至於人工方面，在西門慶的生藥店打工的傅夥計，人工每月二兩銀子。以武松給鄆哥五兩銀可供他老爹三、五個月家用計，二兩銀大概可夠一家兩口一個月之用（《金瓶梅》第十、十五回）。

以屋價論，藥店夥計幹他二十七年，大概可買小宅一座。看在今日香港草根的眼裡，仍算羨煞旁人。因為，以今天香港普通勞工月入不過五千，二十七年賺一百三十五萬，想買間像樣的窩居頗難。何況交通費極昂，要儲錢更加不易。所以，若以屋價論勞工價格和購買力，在香港來說，連宋代也比不上。

北宋末年，人力廉賤，人命自不值錢。且看《金瓶梅》第十回記，出銀子五、六兩，即可買個小丫頭。亦即是說，就草根階層的傅夥計，也祇需用他不過兩個半月的工錢，便可買得一條人命，使奴作婢。人命價錢，竟低至不及床價的三分之一。

所以說，舊社會那嗜賭如命的無良父母，賭輸了賣田賣屋賣家當，賣個精光後，才會賣兒賣女賣自己。這倒未必是因為親情重，而極可能祇是，——兒女命賤不值錢。

(04-09-24)

請冷靜一點

聯邦最高法院審視聯邦政府同性婚姻提案在即。九月廿二日，加拿大平權會的吳瑤瑤律師，在《多倫多星報》編輯版發表了《少數族裔與同性婚姻》（Minorities and same-sex marriage）一文，善勸大家三思：少數族裔若支持剝奪同性戀者的權益，無疑是拿起石頭砸自己的腳。

向來政治冷感的華人，為了反對同性婚姻，忽然高調地站了出來。特別是某些華人基督教徒，巴士滿載，湧往渥太華唱歌示威，頗令主流社會誤認為華人都是反對同性婚姻的。

姿態強硬，對華人可有害處麼？國鍵相信有。主流社會對此相對沈默，皆因老番尊重憲法，堅持法治。誰對誰錯，一切由法庭判斷。決不會把憲法的最終解釋權，糊裡糊塗地送給見利忘義狡獪不堪的國會政客。否則何能謂之「三權分立」？可惜某些人偏就不懂，更不明白弱勢社群，無論同性戀者抑有色少數人種，本都唇齒相依。在政治權益上打擊同性戀者，其實也在打擊自己。若小撮華人成功地幫助極右政黨取得政權並違法地打壓了同性戀者，誰可保證這等甚具種族主義色彩的極右執政黨，他日不會同樣以國會通過為由，任意剝奪華人憲法上的權利？上世紀國會通過向華人強徵「人頭稅」，其中的悲酸，我們可都忘記了麼？

飲鴆止渴，智者不為。

(04-10-11)

耶穌怎會涉黨爭

倏忽四年，明日又值美國大選。誰主浮沈，殊難預料。因為，連小布殊這笨頭土腦的人也當上總統，如此民情，你還能嘮說些什麼？

經濟政策上，共和黨劫貧濟富，民主黨劫富濟貧。社會倫理上，共和黨態度保守，傾向階級劃分；民主黨相對開放，主張一視同仁。兩黨年年拉鋸，為防執政者過猶不及，禍害蒼生。

明乎此，就決不會單憑同性婚姻的立場，便結論為共和黨親近耶穌，民主黨則反基督。可惜世間以偏蓋全者眾，美加某些基督教團體和個別教徒，竟利用宗教報刊和教會網頁，力挺保守政黨及其候選人，悉力推介，助之張目。其劣者甚至運用似事而非的對比手法，恣意抹黑民主自由黨派，隱隱然煽動教徒，不投票保守黨派，就不算基督徒。

宗教團體關懷社會，申張正義，匡正時謬，固然責無旁貸。但為此而挪用教會資源並打著基督旗幟，高調地直接參與骯髒的黨派競選，就很容易自淪為醜陋的政治鬥爭工具，不可不察。共和黨基督？民主黨不基督？倘以其濟富還是扶貧的標準來說，一聽便知其胡謅惑眾。耶穌憐愛弱小，祂怎會替不大照顧貧苦的共和黨護航？

「凱撒的，就應歸還凱撒；天主的，就應歸還天主。」（瑪22：21）政治歸政治，宗教歸宗教，主耶穌不是說清楚了麼？

(04-11-01)

美國，無寧日矣

小布殊再當選，共和黨歡呼，基督教福音派的狂熱信徒雀躍。拉登呢？由於在伊拉克的遊戲有得玩下去，可更要開香檳慶祝了！

美國人笨胚。胡亂往伊打恐，又話代除薩達姆。結果「恐」倒沒有，暴君也不見得有老虎牙。快兩年啦，出師無名，還呆在那裏打什麼？喂，再賴死唔走，什麼仁義之師，就必成了侵略別人國家的豺狼之旅，須面對伊拉克民族抗暴的民族聖戰。而道德亦勢將站在伊拉克的那一邊。

民族主義下保衛家國的生死戰，必前仆後繼，至死方休。除非你有能力且又能毒起心腸，殺他一個乾淨，否則絕無勝算。

美國人蠢蛋。這趟大選，竟還抬出個十字架來。其公然違反「政教分離」的現代民主政治精神不待說，就人們相信小布殊是上帝派來執行祂意旨的「使者」，又或小布殊說他相信上帝通過他來傳話等等，已十足是清末信眾們相信洪秀全在替上帝喊話。這真是廿一世紀最駭人的奇事了。其危險性不僅在於近乎盲目的宗教狂熱，而更在於小布殊以「神之使者」重登寶座，不難讓回教徒解讀為美國人藉打恐來發動宗教戰，是十字軍東征後基督教再次向回教世界進行武裝挑釁。

缺乏理性的民族鬥爭和宗教衝突最難惹，動輒糾纏數十年。加國沒參與打伊，可真係——阿彌陀佛。

(04-11-15)

文明的悲劇

今天，美國人把反恐看成是非白即黑的誓不兩立。這相信是廿一世紀繼恐怖主義後，人類文明面對的最大威脅。

這一種中古式的正邪二元觀，今竟在自稱是人類歷史上最偉大的國家裏面流行，這「偉大」真不知從何說。

十五世紀新航道發現，東西交通急速發展，文化接觸愈見頻密。今日大城市裏想找個純種文化的人，已經不大可能。東西方的文化界線，愈現代而愈漸模糊。舉例來說，中國人今天雖仍忠信孝悌，但現實生活上卻穿西服，行一夫一妻制，講民主自由，在思想行為上其實已頗西化。西方人呢，今天也提出了家庭倫理，吃 Dim Sum，學「功夫」，穿絲綢……，也全都是十八世紀後受了中國文化的影響。這種文化上的互相影響和交融（intermix），在廿一世紀必將繼續深化。在思想文化上東西糅合的灰色地帶，亦必隨之擴大。

廿一世紀的人，大多有著多重的文化身份。國鍵的腦袋裏面，既載有中國文化，亦有英國文化和粵地的獨特文化。偶爾去吃漢堡飽飲可樂看美式足球，那更是美加的文化了。

小布殊之可惡，在於他藐視人們文化身份的多元性，剝奪人們遇事時可各自重新選擇其身份的自由權。凡不和他站在同一陣線的，他卻又偏要貼你一個身份上的標籤，都叫做——恐怖份子。

(04-12-17)

婚姻並非權利？

近有論者認為，婚姻不是權利，而祇是一種責任，特別是那生兒育女的責任。如此封建，腐儒國鍵，聽之亦不免搖頭。

從「傳統」看，婚姻不是權利，當然並非虛構。古代封建社會盲婚啞嫁，很多時婚姻確實是一種國家又或家族之間的交易。君主之令，父母之命，祇能依從，你也確實祇有生子權而沒有婚姻自主權。就算你怎的不願意，也得要去擔承這婚姻的「責任」。漢朝王昭君之出塞「和番」呢，唉，充其量也果如紅線女唱他一句，──「我今獨抱琵琶望。」

婚姻不屬人權，當然也不但見之於封建之古，亦曾行之於共產之今。閣下若看過劉曉慶、姜文演的《芙蓉鎮》，文革時代的婚姻權，還是牢牢地掌握於黨。沒有黨的批准而私自苟合，是要判勞改之刑的。

至於生育兒女乃婚姻的最大責任，則似乎是近人的新論。國鍵結婚，祇因與內子兩情相悅，願共相廝守，倒沒想過是為了生孩子的。今天基督教徒共偕連理，在上帝面前，婚姻的誓詞，也祇說從此結為一體，無論殘疾，無論困厄，都必互相扶持，甘苦與共。一生相愛，永不離棄。似沒聽過有立誓定要生兒育女的。

所以說，如果婚姻果是一種責任的話，那最大的責任，也當必是一生照顧你的偶伴。至於能否傳宗接代，還得看天。

(04-12-31)

災異橫來當自省

南亞特大天災,舉世震慄。天何不仁,以萬物為芻狗。無數寶貴性命,霎時水滅。人與天鬥,勝算將何?

對於災異,主張天人相感應的漢代大儒董仲舒,有著別一種看法。《春秋繁露》卷八「必仁且知」第三十記載了董氏之論,認為「不常之變」叫做「異」,小異則叫做「災」。通常是先災然後異至。災乃「天之譴」,是上天譴責為政者失德;異乃「天之威」, 是為政者見災而猶不悔改,上天遂使其「見怪異以驚駭之」也。若仍「不知畏恐」呢,則終必「殃咎乃至」,必亡其國。

在董仲舒的思想裏面,天降災異,本來不在於殘害生靈,反而是要救黎民於水火。祂祇想警告為政者們,不要再行不義,為禍蒼生。故曰:「此見天意之仁而不欲陷人也。」上天,向來是富有仁德愛惜生命的。

若循董氏的理論來思索,則今趟南亞巨災,難免令人想起近百年來世界某些領導人的失政帶來人民怨氣極深,今日有些地區且已臨於爆破點。若為政者仍不悔改,祇知加大殺戮鎮壓的力度,則董氏之見,將不再僅是漢代儒學揉雜讖緯迷信成份的無稽之言。

經此大災,人類慈愛憐憫之心經已重燃。但祈為政者能順天應民,化干戈為玉帛,去戾氣為祥和。則近廿萬遇難亡靈,將必告慰焉。

(05-01-14)

送舊迎新,有故須溫

再過兩天,農曆新年又至。這一年中國社會相對安定,殊堪欣慶。有關政治人物,相信以趙紫陽辭世最令人傷心。有謂這是一時代的終結。然而,重讀一九四六年十月卅一日上海《大公報》為祝賀蔣介石六十壽辰而發表的《社論》(載《國文月刊》第十五期),自有別番感慨。

當日《大公報》謂,老百姓對國家領導人有很大期望:期望著抗日戰爭勝利之後,國家能抓緊機遇,「展開民主統一和平建國的大業」;期望著有個中國的「華盛頓」,能夠「召集了一個完全民選的國會,制訂了一部完全屬於人民的民主憲法」;期望著有一個中國的「林肯」,在統一戰爭中「宣布了他的寬容的政策」,戰勝南方卻沒有使之「受辱」……。

為了統一,為了「自由平等的新中國」的建立,中國正需要「寬容大度的政治作風」和「大政治家」,去完成這個任務。

蔣主席、毛主席、趙總書記有沒有辜負人民的期望,國鍵不是現代史的專家,沒啥資格去評說。但,若從國情觀之,則吾族在國家統一大業和民主自由建立之一波三折,且至今猶未完全成功,殆可斷言。

《大公報》的《社論》,距今快一甲子了。以「寬容大度」」來「挽救分裂,重整統一」的主張,仍具現實意義。為此而奮鬥的時代,未見得已是終結。

(05-02-07)

大言不慚

零五年元月廿日，小布殊在總統就職禮上，向全世界人民發表演說。在情緒亢奮的情況下，他提出要以美國的「自由」，去幫助解放世界各地受著暴政壓迫的人民。這聽起來不難令人想起咱偉大毛主席說的「國際主義」。祇要把「自由」兩字改成「共產」，即見其異曲同工之大妙。

在那資訊貧乏，對外理解不足而共產革命理想主義火熱到幾近瘋狂的年代，毛主席認為「我們要和一切資本主義國家的無產階級聯合起來」「才能打倒帝國主義，解放我們的民族和人民，解放世界的民族和人民」，並鼓勵共產黨人，除了要自己奮鬥使「被壓迫人民爭取徹底的解放」外，更重要的是，「已經獲得革命勝利的人民，應該援助正在爭取解放的人民的鬥爭」（《毛主席語錄》，新華書店，六七年，pp.152-153）。

在特定的歷史環境裏面，毛主席的狂熱倒還可以理解。可今天資訊發達民智大開的廿一世紀猶聽見這種自由解放輸出論，除了令人捧腹之外，祇說明恐怖份子確把美國人嚇得既愚昧而又瘋狂。

歷史的經驗是，毛主席的「國際主義」，人們很少當真。就真的拿了部《拿破崙法典》動手去解放歐洲的拿破崙，結果也徒得個「滑鐵盧」。才智遠不及毛、拿的小布殊，看來不但蠢，而且天真到近乎傻。

(05-02-25)

蜀中無大將？

同性戀者死要將其「結合」稱「婚姻」，得勢不饒人。國鍵常企盼，保守陣營能提出高水平的論說，把「同性婚姻人權論」打個落花流水。可惜人們不是拿《聖經》來唬人，就是顛三倒四地拋些似是而非的所謂論據，徒令識者訕笑。

且舉最近兩例：其一為某華裔教授公開指出，人權祗是個「尊嚴」問題，是以同性婚姻不屬人權問題。聽起來倒也好笑。今同性戀者正正認為，他們的「結合」若不稱曰「婚姻」，便是受人歧視損了尊嚴。這，豈不正屬教授口中的人權了？思慮何其不周也！何況人權本乃實質權利，把它解作每憑個人感覺而來的「尊嚴」，恐亦祗係象牙塔內思考過度的產物。近二十年來華人社群相當富裕，在主流社會的消費場所裏面，備受尊敬，活得很有尊嚴。然而，這足說明今日華人子弟在這邊就業、升職、待遇等等毫沒遭人歧視，與白人是平起平坐了？

其二為保守黨黨魁哈巴在國會同性婚姻辯論上，反問英國等地沒有同性婚姻，豈不都違反人權。好一個事事祗懂緊隨英美的跟班！他適否做加國領導人，實在成疑。然則英國從沒認真把經常發生在英國唐人街的辱華事情視作人權問題，咱加拿大也該認同，欺負華人不算違反人權了？

今日加拿大的人權，顯然比英國進步。

(05-02-28)

邊外有邊的國防

小布殊總統就職演辭（見 CNN.com, Bush：《No justice without freedom》Jan 20, 2005 ），才第二段，就急不及待指出，要防衛美國，得先盯緊「遠方的邊境」(distant borders)。

這個「遠方的邊境」，當然包括日本、南韓、台灣、又或咱們的加拿大等地。

這種以嚴控國外周邊地區來鞏固國家安全的國防思想，也不是美國人所首創。咱漢朝早曾推行過。漢武帝爲了防衛河西走廊而以武力控制西域（今新疆），務要將它變成我邊界以外的「邊疆」（Frontier），幾成了歷朝有爲君主共同的弘圖。張騫出使西域，固欲威嚇西域小國以「斷匈奴右臂」。漢武乾隆之用兵，亦無一不是因爲得西域「則足以屏衛中國」，失西域則「一舉足而中原爲之動搖」。（詳參拙作《北魏與蠕蠕關係研究》，台灣商務，八八年，pp.122－125。）

然而，要長期監控這邊外之邊，在國家的財政上，毋寧是永無止境的消耗。公元五世紀的北魏，就因爲無法揹起這個包袱，被迫從西域撤軍。

今日，美國以解放受暴君壓迫的人民爲名，用武力擴張「邊境」以保障國家安全爲實。可歷史說明，她的下場也將會是：政治上大美國主義神憎鬼厭，財政上擔沙塡海無底深潭。

(05-03-04)

無從判斷

安省醫生與省府薪酬談判，仍然膠著。今日醫生薪酬是否過於偏低而該大幅調高，小市民實又不易判斷。

何解？因為四年前，國鍵曾在他報專欄，寫過一篇替醫生喊苦的文章，引用加拿大政府網頁有關各行各業的統計資料，指出年近五十的資深醫生，一般年薪不過七萬六，相比於同年紀的巴士司機年薪五萬，酬金實在低得不合理。可醫生卻仍堅守崗位，任勞任怨，沒有背棄他們申請醫學院時寫那濟世宏文裏面所許下的為民服務甘自犧牲的偉大諾言，令人既同情而又起敬。

可惜文章一出，有讀者朋友即時指正，醫生年薪當為三十五萬至五十萬之間，亦即平均年薪四十三萬。倒嚇得國鍵慌忙反省，急急去仰問有孩子正唸醫科的老友。嘩，原來醫生果然一出道就賺三、四十萬了。難道政府資料不足信？

惟若醫生平均年入已高達四十三萬，亦即是安省普通打工仔平均年薪三萬的十四倍多，怎也不能說是太不合理。要求大幅加薪，未免不甚體諒省府今日財絀之困苦。然若醫生平均年薪實政府統計的不過七、八萬之數，則以其工作量之多、時間之長、責任之重、壓力之大、福利之少、不能不說是長期受著社會的勞役和剝削。站出來力爭，絕非無理！

想市民全力支持？請先把業界收入的真相說出來。

(05-03-07)

口不對心

小布殊總統就職演辭的第四段，莊嚴地寫道：歷史上，人類自由（Human freedom）是衝破仇怨支配、揭露暴君虛有其表的唯一力量。又再指出，沒自由就沒公義，沒自由就沒人權（見 CNN.com，前引，不贅）。可把「自由」捧了上天。

這種貴乎自由的宣言，倘出諸民主黨人之口，未足為奇。今由共和黨的大右派頭頭來宣讀，就未免有點風馬牛。在共和黨人的心目中，「自由主義」（Liberalism），不正是個他們常用來揶揄民主黨的貶詞麼？自由，不就是造成個人主義和放縱主義人慾橫流的元兇麼？

共和黨的保守政策，正正是要箝制人們的自由，鼓吹恢復舊傳統的節制和服從。他們相信憑自由可以締造世界和平、建立社會新秩序？你信？

思想極端保守的基督徒，同亦相信罪惡因自由而生。所以，他們解讀《聖經》，不會著意於天主賦予人自由。反而天天強調著要服從教會，要遵守教規，否則就沒資格上天堂。未信教前，他們和你談天主仁愛，人有自由選擇權。洗禮後，他們卻要求你事事服從，要馴順得像耶穌給釘在十字架上也不吭一聲的羊。

慣於獨立思考、愛好真自由的我，當然睬佢都傻。且也決不會因為小布殊短短的就職演辭講了三十幾次「自由」，便感動到再要移民美國。

(05-03-18)

錯在有情天

　　苦吞了一粒止痛丸，半挺起腰背，站在群眾面前，鞠躬下台。查找不足？似乎還沒找得。孔孟不是教我仁治麼？

　　殊不知封建歷史每遇時代巨變千古未有之局，治術決不是仁，而是霸。為創萬世功業，背負千秋罵名又如何！

　　秦滅六國，創前所未有中央集權一統之局。儒士高舉仁義嘲諷中央？秦始皇就來個「焚書坑儒」，毫不手軟。算是卿本無心，偶然講了詩書半句，同樣斬首。

　　共產創建，展開了共和國一黨專政的國史新一頁。知識份子真敢「百花齊放」不跟隨黨領導？毛主席也就請你吃個「反右派運動」。牛鬼蛇神，手法更甚秦始皇。事實上，毛主席從不介意人們把他比作秦始皇。反嫌始皇不夠狠，故而速亡國。（王庚武《 Recent Reinterpretations of History 》，《中國專探文集》，港大七八年，pp.11－34。）

　　天若有情天亦老。不足之處，在於沒學秦始皇，卻學了那不忍誅殺叔父燕王棣的明惠帝，結果招來「靖難之變」，痛失皇座。歷史的評價，倒未必會念其仁厚而加同情分。仁愚謂之「惠」，從此祇成了千秋萬代的反面教材。

　　滿手沾血的秦始皇可又不同了。二千年後的今日，還不斷有人歌功頌德，砌詞巧辯。例如「四人幫」，又或近年《英雄》導演某。

（05-04-01）

賣弄仁愛

美國佛羅里達的西亞沃女士，做了十五年植物人，誠人間大不幸。今日山窮水盡，丈夫無奈申請拔喉，讓她尊嚴地離去，卻給政客和宗教人士拿來作秀，更是大大的不幸。

共和黨把事情說成「拯救生命」，一臉仁義道德。唉，若真看重生命，就不會濫炸伊拉克的婦孺啦！

宗教人士則把事情說成是殺害生命，並認為西亞沃祇默默地躺著，沒曾影響任何人，不明白何以不讓她繼續「植物」下去。殊不知這種長期用機器維持的無感覺無思覺而祇有無意識條件反射的「生命」還剩下什麼意義，已是疑問。就十五年來誠心禱告，而主耶穌卻沒像命令已死的雅依洛女兒起來一樣（谷 5：30— 43 ），神奇地讓西亞沃甦醒，就該順從天意，讓她往享永生福樂。塵世這無可挽救的臭皮囊，還死執不放作啥？

不影響別人？事不關己，講大道理最容易。閣下若有至親挨受此苦，你能不心痛？在美國這不人道的醫療制度下，天天支付巨額醫藥費，種種身心和金錢上的巨大壓力，你能承受多久？

今年奧斯卡最佳影片《擊情》，心如刀割的奇連伊士活，強忍老淚，終答應替全身癱在病榻的愛徒女拳手的哀求，拔掉人工呼吸器。這等人間兩難的大慘事，作為旁觀者，又何忍在他背後多捅一刀什麼仁義？

(05-04-11)

確實反省過

日寇侵華，日本從不認錯。不但沒錯，而且沒輸。敗，祇敗在原子彈，不是中國的酒囊飯袋。

自我反省？結論是，人說日本人漠視歷史才錯呢！正因肯定自己的歷史，才不能說侵華是錯。

自十六世紀豐臣秀吉，日人就編織侵華夢。十九世紀以來，且甚得美國支持。一八七一年日本欲謀在華特權，美國駐日公使德朗（ C. de Long ），不就是教唆者麼？是年琉球和台灣發生問題，一八七三年日本外務卿副島種臣來華試探清廷態度，居中策劃的，不就是這德朗和熟習台灣情況的前美國廈門領事李仙得（ Le Gender ）麼？一八七九年日本佔領琉球，改名沖繩縣，李鴻章明言日本恃的是美國！（ 郭廷以《 近代中國史綱》，p. 208，210。）其他如佐田白茅《征韓論》，日美勾結染指朝鮮，日俄戰爭美國祖助日本等等，罄竹難書。斑斑史實，說的都是日人對華囂張態度和恣意進迫，全因有美國在背後壯膽。今若認錯，豈不摑美國主子耳光，兼全盤否定自己一百五十年的耀武揚威史？

「已經反省過了」，潛台詞是：亡華尚未成功，日美仍須努力。沒去反省的，似還是北美的某些華人。中美撞機王偉慘死，小布殊才上台，亂華之心即昭然若揭。他們竟支持他連任，你說奇不奇？

(05-04-29)

華人豈可有立場

常聽人說，今天大家活在「地球村」。殊不知「地球村」祇屬類似謨耳「烏托邦」儒家「大同」又或馬克思「共產」的虛構天堂，現實世界並不存在。

今日地球之上，祇有美國村、中國村、日本村等等村，沒曾有過地球村。村與村之間，各有利益，各有立場。

國鍵中國人，不過市井小人物。看世界景觀，也祇能站在中國村看。由於生在村內廣東里，對廣東更具感情，故亦不忘捍衛粵文化。近日有日本無恥官員說中國很恐怖，日本仔或會拍爛手掌，我則即時罵他「忘八」。恐怖？日軍在中國生剖中國人做實驗，舉行拋砍華嬰大賽……，比擲雞蛋恐怖億兆倍啦！

多城竟有華人評論員附和無良日本，把近日中國群眾抗日時擲雞蛋擲膠樽說成使用「暴力」，欲轉移世人視線，尋又認為抗日祇應針對少數日本極右派，教訓我們要學習猶太人云云，真係不分皂白。喂，南韓日本歐美等地大型示威活動，向公家建築物擲雞蛋蛋糕掟膠樽，司空見慣啦！為什麼在中國就成了「恐怖」，斥之「暴力」？德國早就認錯賠償痛改前非，猶太冤魂尚可安息。今者咱千萬倭禍死難亡靈固沉冤未雪，而野心勃勃死不悔改的大和民族及其右傾政府，竟還張牙舞爪不斷挑釁。以此比諸猶德，倒令人難分他是冷靜還是冷血。

(05-05-02)

征韓論

談起日軍罪行，除了漢奸和自詡「中立」而「冷靜」的壞鬼書生外，恐怕無人不咬牙切齒。韓國受日軍踐踏，苦難不在中國之下。韓人反日，其激動處較華人有過之而無不及。稍有血性的人，大概不會叫韓人「冷靜」。也不會站在日本立場，反把百多年來受盡凌辱的韓國受害百姓，抹黑為缺乏理性傷害日本感情的暴徒。

日本侵華，朝鮮（韓國）是其跳板。明治三年（清同治九年，一八七零年），日本派佐田白茅赴朝鮮「視察」，寫成《征韓論》，已大力主張攻佔朝鮮。原因是：（1）朝鮮人「深沈狡獰，固陋傲頑」，故須遣日兵以立「皇威」；（2）為使呂宋台灣滿清朝鮮等地成為日本「屏藩」，短期政策乃「滿清可交，朝鮮可伐，呂宋台灣可唾手而得」；（3）俄美對朝鮮亦甚垂涎，正是「俄國窺窺其動靜，美國亦有攻伐之志」，日本該先下手為強；（4）朝鮮乃「金穴」，「米麥亦頗多」，吞之實「富國強兵之策」；（5）日本國內「兵多」，「頗好戰鬥」，為了不使在國內「釀成私鬥內鬥」，不如向外用兵朝鮮，以發泄日兵「郁勃之氣」……。

這等恣意侮辱和踐躪他族以洩私慾的禽獸言論，人說這僅是小撮右翼份子作的惡，不代表日本民族。可近月頻頻施毒招的，是民選的日本政府呀！你還想替她開脫？

(05-05-06)

雙重標準

美國佛羅里達植物人西亞沃女士，眾醫判定，了無生望，而丈夫決定拔喉，卻惹來宗教人士的激烈反應。教會甚且認為這是「攻擊天主」，「形同謀殺」。

豈知西亞沃離世不及一周，而吾教宗若望保祿二世在獲知醫生判定若不送往醫院插喉無以活命之後，堅決拒絕入院，不靠儀器助延殘命。教宗選擇順從天主，尊嚴地接受死亡。他，贏盡了世人和教會人士的讚美！

西亞沃和教宗，同樣長期受苦，都屆救治無望。依賴插喉，無乃延長苦楚。教宗以死之尊嚴堅定說不，為什麼西亞沃偏就不許？彼則讚美，此則唾罵，道理何在？

教宗認為，人生愈多苦難，就愈能喚起同情，親近基督。痛苦，是磨練人生的積極力量。所以，十多年來教宗雖頑疾纏身，苦痛難言，卻仍不斷奮鬥。今日蒙主寵召，樂返天鄉，又何苦強令他老人家往醫院插喉，就「植物」也要撐多一年半載，否則不叫愛惜生命？

不必要的痛苦，何必去受？西亞沃「植物」了十五年，難道她和丈夫的苦還受不夠？堅持用儀器去延長垂死者不必要的痛楚，好彰顯自己對生命的熱愛，這和把自己的快樂建築在他人痛苦的身上，有啥大分別？

感謝天主，祂在西亞沃事件正鬧得鼎沸之際，通過教宗病危時的抉擇，間接回答了問題。

(05-05-13)

貴賤之序

中國封建社會，最重排名。因為排名先後，足以反映尊卑。

中國舊社會，職業依貴賤序列「士農工商」。當然，知識份子（士）之所以位列第一，備受尊崇，皆因自漢武帝確立「士人政府」後，從此就祇有士子才能成為宦仕。士農工商，實質是「仕農工商」。

商人則向受歧視，乃不勞而獲的剝削者。秦商鞅變法，工商列為「末業」，徵之重稅。漢初禁商人穿絲任官，武帝復行鹽鐵酒國營，開徵資產稅（算緡錢）。經商視同竊掠，是社會階層之卑下者。

要到了新中國的成立，士農工商這排列才見了天翻地覆。在無產階級專政之下，知識份子一下子給打作類如元代儒列第九的「臭老九」，成了群眾恣意打壓的賤人。祇可惜商人卻沒有因此而得益。且由於是資產階級社會寄生蟲的關係，衰多幾錢重。在抑商這立場上，馬列毛沒曾革過舊社會的命。

毛主席火紅年代「工農士商」以工農為貴、士商為賤的社會面貌，在鄧小平復出後也有了嶄新的變化。今天呢，人們說的似乎是「商仕工農」了。

給壓迫了二千多年的商人，也許終熬出了頭。然而，這種違反歷史傳統且有點兒反革命反無產階級專政的勢頭可以維持多久，它會否如建國初期工農兵抬頭的曇花一現，是個相當有趣的課題。

(05-05-16)

明智之舉

年初，香港高官某，因婚外情事洩而辭職。愛情至上，為紅顏甘棄烏紗，盪氣迴腸得很。

辭職是突如其來的片刻衝動麼？恐怕未必。中華三千年封建歷史，「伴君如伴虎」。虎若且是傻的、痴的，那天天與之同眠，更易精神崩潰，慘過車裂。

生逢亂世，「與虎同睡」抑或「與美同眠」，聰明人自懂選取。除非有做亂世英雄的志氣，否則「英雄難過美人關」算是最具體面的下台階。

真英雄可不然。兒女情絲，必先斬斷。溫柔鄉是英雄塚？一聽知其實非英雄。真英雄呢，絕不會因美人而棄江山，為一棵小香草而放棄廣闊無垠的綠原。百步之內，豈無芳菲？祇要有權有勢如曹操，何愁內宮寢室沒二喬？就為了某些目的而放棄美人，事亦十分芝麻綠豆。漢武帝者，真英雄也，為了不使婦人干政，「立其子而殺其母」（《魏書》卷三《太宗紀》道武帝語）。得寵后妃，照殺如儀。毛主席者，真英雄也，愛人楊開慧慘死，也不過淡淡的寫了句「我失驕楊君失柳」。還沒來得及掉眼淚，便已急不及待地「吳剛捧出桂花酒」（《答李淑一》）！美人相對於江山，真係微不足道也。

溫仁謙厚若某，既知自己並非真英雄的材料，能夠早點傚法古人，攜美遁隱山林，多享受點蝶戀花的福樂，未嘗不是個上佳的抉擇。

(05-05-20)

不支持，不等於可以反對

反對自是不支持。不支持卻不等於可以反對。這點道理，相信看官比我更清楚。

國鍵不支持同性婚姻，不因教會教導，祇因見了男與男連枝、女與女鴛盟，實在十分不自然。然而，世間奇事本就多，自己閱歷少，少見自然多怪，誠如夏蟲未可語於冰。何況自己不是同性戀，不清楚同性戀者的心理和生理狀況，單憑個人的感覺便去打擊他們，剝奪他們的權利，未必會是好事。正是人各有志，世間並非人人都想上天堂。此所以國鍵不會反對同性婚姻。

對於下一代的婚姻，國鍵也祇能抱著同樣的心態。主觀意願，親家當然是同種同文同聲同氣的最好。可他日兒子真帶個洋妞回來，唉，你又能夠反對麼？姻緣天定，因你的反對而壞了事，害他孤獨終老之餘，他一氣而跑去做神父和尚，豈非斷了我含飴弄孫的晚年之樂？笨！

所以，多城某君不支持香港民俗叫老外做鬼佬鬼仔鬼妹，卻不代表他就可以又或有權在大氣電波中一聽鬼佬便直斥聽眾為非，讓人尷尬死。很有學養的無線前高層在節目中談影視舊事，文質彬彬之際，不免如普羅大眾也講了幾聲鬼妹鬼仔，卻不見他即時板臉，嚴詞教訓，反且笑嬉嬉的忙著說好。即時領教了人世間那種嚴對小民、厚待官家的勢利風格。

做娛樂而存心挑剔觀眾？蠢！

(05-05-23)

口輕輕，得人驚

近期加國爭議多。更讓人擔心的，倒是評論員的思慮是否周詳。

時評意見，足以左右民眾態度。特別是高級知識分子，更易得人信賴。沒好好思考便信口開河，破壞力相當大。作為學者級評論員，固可憑個人想法，否定同性婚姻是個人權問題，但決不可以把同性戀者爭取的平等，比擬為學生要求讀書不讀書都給他成績 A 等。因為，同性戀者講的是公平對待，猶如同工必須同酬，絕不是「做又三十六，不做又三十六」「讀書 A 級，不讀書又 A 級」的不同工亦要同酬的平均主義。把公平（ equity ）當作平均（equality ）來討論，怎能令人不搖頭？

在近日抗日的事情上，亦有評論員把民族主義（nationalism ）混作種族主義（ racism ），把中國人的民族主義說成會引發暴力的什麼如劍之兩刃，容易傷人。國鍵要指出的是：（一）民族國家無不抱有民族主義。「九一一」後美國民族主義高漲，相當感人。何解中國的民族主義卻要小心提防？（二）民族主義建基於各族平等，此點國父在三民主義中講得很明白。說它會排外？屁話！（三）祇有種族主義才會強分人種優劣，才會導致種族歧視暴力衝突。以之批評吾民族主義，不覺得在侮辱國人麼？

琴棋書畫，猶可戲語；家國民生，自當慎言。

(05-05-27)

離離合合

羅貫中《三國演義》第一回，劈頭一句就是：「話說天下大勢，分久必合，合久必分。」章回小說而有此史識，確實難得。展開中華二千年統一王朝的歷史，自公元前二二一年秦始皇統一天下，迄今二千二百二十六年間，國家再陷分裂狀態合達六百五十二年，幾佔了三分之一的時間，不謂不長久。

自公元二二零年至二六五年，三國魏蜀吳分治，各有主權，中國分裂了四十五年。公元三一七年東晉遷都江左，五胡亂華，南北又分治，中國經歷了長達二百七十二年的大分裂黑暗年代。公元九零七年至九六零年的五代十國，一分又是五十年。其後北金（包括蒙古）和南宋對峙，自一一二七年到一二七九年元朝再度統一，國家陷於分裂又一百五十二年。一六四四年滿清入關，南明負隅頑抗，要到一六八三年康熙二十二年平定台灣，屈指計計，一分又三十九年矣。

一九一一年辛亥革命成功，推翻帝制，唉，至今九十四年了，其間軍閥割據，國共內戰，港澳洋治，台灣離異，何曾有過幾年真叫國家統一的？

如果以辛亥革命作為中國現代史的起點，則近百年的現代史裏面，國家分裂竟屬常態！炎黃子孫，能不痛心？至如因為長期地域隔斷而引致族群疏離及彼此猜忌，特別在加拿大這邊，可更是個不容忽視的大問題了。

(05-05-30)

351

佛羅里達，有病？

　　年初，美國佛羅里達州民，才為植物人西亞沃女士的遭遇而大興問罪之師，盡顯基督仁愛本色，且頑固得讓人驚異。總統胞弟州長積‧布殊，更曾揚言為救西亞沃而不惜一切。愛心滿瀉，高山仰止。

　　可惜還不及兩個月，五月上旬，積‧布殊卻是毫不猶豫，簽署並執行了剛由佛州議會通過的新法令，規定此後無論何時何地，凡覺得（feels）來者有危害於我的合理懷疑（reasonable doubt），皆可合法開槍射殺。

　　理由是，人的生命若受威脅，並無責任退避（retreat），祇有權利「企硬」（ to stand his or her ground），「以暴力回應暴力」（ meet force with force ）。聞之悚然。

　　這算是基督的仁愛精神了？絕不是。耶穌講寬恕、容忍，否定一切暴力。祂教導我們，決不要「以眼還眼，以牙還牙」，也「不要抵抗惡人」，「若有人掌擊你的右頰，你把另一邊也轉給他」（瑪 5：38-39）。憑個人「感覺」「懷疑」便足合法開槍？這一種「殺或被殺」（ kill-or-be killed）的古老西部牛仔野蠻作風，今天竟在滿口基督仁義的佛州復行其道，又沒見宗教人士像西亞沃事件般跑出來鬧他一個轟烈，俱甚出人意表。時而惜命成痴；時而殺人若芥。這大概叫做人格分裂。

（05-06-03）

辨之何益

胡漢之辨，地域之見，主宰著二千年的漢人思想。漢尊胡卑，北貴南賤，幾牢不可破。特別在南北分裂、北胡南漢的南北朝（AD 420-589）和南宋的年代，究竟誰正誰副誰才是政治上的正裔，倒害得迂腐的知識份子頭大。

結果當然是神經兮兮的難有定論。且舉南北朝時代爲例，《通鑑》卷六九魏文帝黃初二年（AD 221）四月條司馬光曰：「宋魏以降，南北分治，各有國史，互相排黜。南謂北曰索虜，北謂南曰島夷。」記的正是這種情況。（胡三省注：索虜，是因爲北人「辮髮」；島夷，是因爲「東南際海」。）傳統上，北方中原所在，南方地屬蠻夷。南北朝時以北方之尊，統治者卻是卑下之鮮卑胡類；以南方之卑，主政者反是漢人。這種政治文化上的尊卑失衡，很容易造成南北長期互詆精神失調。

這種文化失調病也頗具遺傳性。今天移民到了這邊猶抱著黃土地那種爭「正統」心態的，也頗有人在。惟是，在這老番之域強調胡漢之別固令人發笑，在各族平等的社會裏面天天還糾纏於應由國語還是由粵語講的才算數，就更無聊到發嘔。

昔日給「賣豬仔」來加國「掘金」的先僑，以粵人爲多。百年來他們用血用淚建成的華人粵式社區及其獨特風貌，大家可否少點挑剔，多點欣賞？

(05-06-10)

豈曰冇錯

零二年殘春，徐立之教授臨危授命，回港出掌港大校長。五月廿三日，國鍵曾在他報專欄《殺英》蕪文，指出徐之新職，「對部分殖民地階級觀念甚重且自視極高的港大舊生來說，是一個很沈重的打擊。」

因為，「港大精英，頗多染有豪門學府的貴家子氣。國鍵年輕時在某津貼中學教書，就領教過中大出身除文史之外餘皆一無是處的歧視眼。」唉，其實文史在一般人心目中會否垃圾不如，恐怕大家也心中有數。

在這貴英賤中的社會心理背景之下，徐教授以「中大二奶仔」之卑卻憑董特首的賞識而投身港大做舵手，船未出海，亟須先學閃避陰渦暗礁法。「就如何降伏學校內外仍具勢力的殘餘貴族和山頭主義，已將是出身低微談吐溫吞的徐教授的一大挑戰。盤根錯節，稍有不慎，給絆倒而仆崩頭的機會，可大。」

年初董特首下台，教授失了靠山，恰巧又遇上醫學院改名事件，舊怨新恨，一併都爆出來了！徐教授說他沒做錯，從西方文化的角度看，也許屬實。唯若換了角度：他上任前有沒有了解自己的處境；有否看清楚香港外似西化內實中國傳統觀念牢不可破的獨特社會面貌；有無讀多幾本比較教育的書籍，好明白在教育上西方可做的，在中國文化的框架下卻未必可行……。我絕無咎？結論似乎下得太快了吧。

(05-06-20)

文化障礙

上文提及，徐立之教授沒好好認識中國傳統文化，僅用西方尺度行事，結果難免遭人詬病。

富之與貴，中國人向來分得很清楚。富而不貴，終究還是個有財無祿的市俗老粗。就怎的有錢，也不過是司馬遷筆下「用貧求富，農不如工，工不如商」的社會經濟利益既得者（《史記》卷一二九「貨殖列傳」）。農為本，商為末。從商致富，有啥可表揚的？

於是乎求貴若渴，幾成了二千年前開了山林之禁造就了大商巨賈積錢成山後的唯恐抱憾。捐錢買個官爵，固不單行於清代的「捐官」，亦不僅見於《金瓶梅》裏北宋末年的西門慶，且早就大盛於西漢初期的「貲選」。夫貲選也者，乃皇家向富家「賣官鬻爵」，明碼實價。政府固藉此稍紓財困，富人亦因之謀個「出身」，列身貴勢，真係各得其所（錢穆《國史大綱》，p.97）。

祇恨中國傳統重農抑商，舊文化的價值觀念，祇有立功立德立言才叫「不朽」。商人用錢財購買功名，本已相當礙眼。捐錢去撈個「榮譽博士」，也許還可滄海一笑，笑博士貶值。今竟進而在貴族氣味甚濃的港大醫學院掛個出身卑微、成大名於逐臭的地產大亨名字，廟堂巍雅，忽飄來一股類如「陸ＸＸ跌打醫館」的江湖味，直教貌似平等、心實封建的香港社會大眾，嚇呆了眼。

(05-06-24)

扶貧，該先助富？

財雄勢大的北美右翼團體，處處鼓吹私營。祇要政府減少干預，大幅減稅，大企業大富豪自會增加投資，搞活經濟，減少失業，政府遂又增了稅入，乃三贏之局。

當真？前安省保守黨夏里斯政府和今之美國小布殊政府的右翼經濟，只說明了富豪愈富，貧民愈貧。且窮的大多數是有色人種，成了 Carol Goar 所指經濟 Walmartization （沃爾瑪化）下的犧牲品（《Toronto Star 》,Jun 13, 05；p.A16 ）。而政府財赤，也不見得改善。

史且為鑑。我西漢時代，早吃過巨商大賈勢力過度膨脹的苦頭。為了與民休息，漢高祖「輕田租，什五而稅一」（《前漢書·食貨志》，即稅率乃 6.7% ）。惠帝高后之世，「無為之治」，經濟完全放任，「從民之欲而不擾亂」（《前漢書·刑法志》）。豈料輕徭薄稅最大得益者，祇是坐擁巨資的超級「豪強」！文景之世（ BC 179-141），連中產小農也漸給豪強吞噬，要賣田賣身而為奴了！終造成漢武年代的「富者田連阡陌，貧無立錐之地」。

更恐怖的是，西漢豪門用錢財廣招「食客」，勾結「俠客」（黑社會打手），私行刑戮，無法無天，直今之所謂「金權」。

富豪暴肥之後，定必惠澤中產與貧家？我才不「賴伊扶」呢！

(05-07-01)

憑良心？

年前寫過一篇文字，談及事事講求良心的人，大多不會升大官發大財。因爲，愈有「志向」的人，愈知要掩住良心。

錯。幸好文章沒有拿出來示人，否則一定害得讀者笑痛肚皮。

原來，無論是貧是富是貴是賤，全都是「憑良心講說話，憑良知做事情」的！君不見「六四事件」，學生固憑良心反貪污腐敗，政府何嘗不也是爲了社會秩序，憑良心而施彈壓？香港草根階層給壓榨得透不過氣來，工會領袖憑良心呼籲資本家拿點良心出來。可有錢佬們卻又認爲香港不是搞共產，也憑著良心反對最低工資，要求政府削綜援。

在加拿大這邊，支持美國打伊的人，說是憑良心支持。反對的，也說是憑良心反對。保守黨主張乜都私營，無論贊成反對，可各都自稱憑著良心說。今天呢，同性婚姻立法吵得面紅耳赤，「平權會」說憑良心全力護航，教會卻又謂憑良心拼命阻撓……。

唉，世之良心，豈可自相違悖若此？究竟誰的良心才是真良心，也確實令人頭痛。須知天主造人，良心一個。宋明理學「致良知」，也沒聽過「良知」是可正可反的。

兩者之中，必有一非。其非者，也必是良知給私利蒙蔽而不自知，遂把這蒙昏了的良心當作光輝奪目的真良知看待。於是沙塵滾滾，經常錯殺良民。

(05-07-04)

愈踩愈深

香港大學醫學院改名，徐校長失策，平地掀起千尺浪。

若純以資本主義商業社會而言，香港大學品牌乃政府公產，拿來買賣，固不能如美國私立大學以校董會拍板即可成交。公產買賣，要有透明度，要講公平，要提防官商勾結利益輸送。

港大醫學院這品牌沒經專業人士估值，沒經公開拍賣程序，難免啓人疑竇。十億元之價，可能過高，也可能過少。沒經競投，誰曉得邵逸夫、何鴻燊又或有位無名士等善長不會出價十一億？於今香港「反官商勾結」氣氛正濃之日，醫學院的改名，不難令人想起「數碼港」。

國鍵中大校友，固爲徐之政治觸覺而憂。可國鍵亦港大校友，對部份港大舊生的心情，也相當理解。港大高層說的「飲酒要做人情」，其比擬不倫，亦徒令人更懷疑港大的處事水平。事既至此，狡辯無益。紓解之道，竊意有三：

一爲西式自衛，立祭出個「大學自主權」（University Autonomy），叫大家 shut up。雖則自主權未必包括出賣品牌權，但講的總算道理；二爲另起爐灶，說明李 XX 醫學院並不培訓醫生，祇從事醫學研究，針對的是老年病、妄想症之類；三爲中式堅持，援用吾祖國人民政府的獨特傳統，凡公家公產之事，一概說成國家機密，從此禁絕議論。其犯禁者，一於拉佢打靶。

(05-07-11)

迷信武力，惡果自食

七月倫敦受襲。枉死城又添冤魂數十。死得唔抵。

哀痛之中，卻說明了美英「以殺止殺」的打恐政策，毫不奏效。道理簡單：民不畏死，奈何以死畏之？

是以殺殺殺的「震慄」方式，僅能嚇怕太平盛世的旁觀者。對於長期處於戰爭狀態恐怖分子的滋生地區，將會有什麼成效？單憑武力，就能化解中東長期的種族和宗教仇殺麼？祇有對人類歷史白痴的人，才會相信武力有效。

當民族遇上生死存亡，大家都把性命置諸腦後的時候；當自己的宗教信仰受到外來攻擊，人們相信「殉教」可以直升天堂享福樂的時候；當人民到了山窮水盡生不如死，又或橫豎都要死的時候；當自己的至親無辜被殺，痛不欲生且報仇之心掩蓋理性克制的時候，你竟用「死」來嚇他們？不是蠢蛋是什麼？

小布殊的最大失誤，是「九一一」後不但沒好好反思，反而採用「以牙還牙」的暴力手段，相信憑美國之力便可把恐怖主義打垮。甚者在濫殺之中，有意無意地糅了一點針對中東的種族和宗教色彩。於是乎，冷血的恐怖分子的暴力和濫殺手段，不但在美國人的濫殺回應中得到了認同，且因為種族和宗教的關係，令回教世界滋生更多的恐怖分子及其同情者。得益的，將不會是傻頭傻腦的小布殊，而祇會是人神共憤的拉登！

(05-08-01)

美國文化的不文化

文化追求真善美。在歐洲人眼中，美國人冇文化。因爲美國人祇懂追求效率，一切講快。快餐裏面，追求善美的誠意相當低。快餐式文化，容易流於不文化。

此外，美國人事事又講求法律。法庭興訟，家常快餐。一講法律，遇事就絕不可以先講 sorry 。因爲「抱歉」等同認錯，認錯就要負法律責任。久而久之，社會逐形成一種「錯必不在我」的精神。凡事僅知諉過他人，不知反省。有時且強詞奪理得近乎野蠻。

美國文化這種近乎野蠻的不文化本質，在零一年「九一一事件」和零三年北美洲大停電，表露無遺。「九一一」發生當日，美國人即稱恐怖分子來自北地，茅頭直插加國。今日頗多美國人還相信，「九一一」是加拿大寬鬆的移民和出入境政策造成，錯不在美國。殊不知當日劫機撞毀世貿大樓的恐怖分子，是他們在佛羅理達州自己訓練出來的！

零三年北美大停電呢，紐約市長也即時站了出來，怒責加國安省電力公司唔負責任。調查結果，證實又是美國人自己闖的禍。唉，事後又從不見美國人會出來向加拿大人道歉一聲。這種野蠻無理的大美國文化作風，直如多市某人不知反省，把吾同胞在市內隨地吐談妄顧公德的不良生活習慣，說成是某族群的「獨特生活文化」。真係冇文化！

(05-08-08)

盲動

　昔者文史哲一家，讀書人多少受了點史哲的訓練。道聽塗說，未經查證而妄下斷語者，不多見。

　可今日文史哲分了家，文人但憑感覺而論理者頗多。尤其電腦世界，網上惡作劇多不勝數。思想單純的文人，一下便中了陰招。無他，網上「留言」和網上「流言」，有些人還未分得清楚。

　年初，有朋友傳來代轉電郵，指某著名時裝店老闆 Tommy Hilfiger 在電視「Oprah 脫口秀」節目中出言不遜，很有歧視黑人和黃種人之嫌，遂叫人們在電郵上連署並轉發四方親友，一於抵制該店。事實呢？祇要你肯花一分鐘時間，在互聯網上查一下，即知其事純屬子虛烏有！

　去月，該友又傳來電郵，謂現正上畫的電影《Corpus Christi》（ Body of Christ ，基督肉身 ），把耶穌及其門徒都描繪為同性戀者，要我等教徒務必署名抗議該片云云。唉，這等甚易導致教徒與非教徒間大火併的網上「老作」，友人竟不假思索，不經核實，就如此輕鬆地按一下鍵鈕，把這唯恐天下不亂的流言散播開去。哀哉！

　信假為真，笑話自生。祇聽某人胡說某某答允參加某活動，屆時不見人來，自己沒經查證，沒親自問問當事人，就亂咁到處罵人，損人名聲。這等無厘頭的誤會，在今日的文藝界中，可不新奇呢！

(05-08-26)

紐奧良的啓示（一）

　　美國紐奧良世紀風災，再次揭露貴爲超強的美國社會和自詡愛民如子的小布殊及其右傾政府的僞善。對住在加國這邊事事以美國爲馬首是瞻的天真人仕們，無疑是當頭棒喝。

　　人類社會的文明進步，源於人道。中西方的人道，本的都是慈愛精神：不要殺人，祇要救人；不須扶強，祇須助弱。美加近年劫貧濟富乜都主張「用者自付」，幾完全忘掉了助貧扶弱才是文明社會的公義，才是政府的天職。朱門酒肉臭，路有凍餒骨。今日生活在貧窮線下的人，不知凡幾，且絕多是有色人種。美國窮人，「蜜滴茄」固沒份兒，病了等死。今天就孩子教育，也有人狂呼「私營」，要「用者自付」。喂，貧家連麵包也未必有得吃，如何有餘錢替孩子交高昂的學費？一旦失學，他日又如何能擺脫「世襲貧窮」？身爲有色人種的華人們呀，請多點思考一下啦！

　　紐奧良巨禍來臨，白人早就撤離，祇留下黑人待死。凸顯了美國社會白黑之間不但是個富貧兩極，且也是個人命貴賤的大問題。也多少說明了年初佛州白女植物人西亞沃事件裏面小布殊和國會盡顯的所謂愛心，很可能甚具選擇性。

　　今天，紐奧良黑人災後受到文明社會無法理解的不人道對待，可不要全怪小布殊一人。因爲，他也不過是個封建白人富裕階層的代言人而已。

(05-09-12)

紐奧良的啓示（二）

美國常自詡爲世上最文明的國家，處處責別國野蠻。祇可惜其行徑，有時也不見得很文明。

且以小布殊爲例。他的所謂文明，是殺人快三拍，救人緩三板。出兵伊拉克是殺人之舉，聯合國求他多等三個月，待調查報告出爐後才動手。事實呢？小布殊一想起殺，就急不及待了。——美國人決不站著待人打，而祇會「先發制人」！

這一種積極態度，在事事講求效率的美國人心中，也許很值得嘉許。祇可嘆今日在紐奧良賑災救人的事情上，小布殊不但忘掉了「先發制人」，明知四級颶風必會摧毀紐奧良而致人命死傷無算，既沒趕快疏散全市居民，且風災之後，困在澤國數以萬計驚惶失措的災民亟待救命之際，他居然祇懂在熒幕前張大嘴巴，大談什麼工作艱巨、紐奧良重建後必更前途無限等口惠而實不至的廢話。無他，災民幾全是黑人，雖則缺水缺糧命危旦夕，多熬三日又何妨？救援之慢，第三世界的人也爲之大開眼界。

「美國人不會站著任人打！」說得真好。卻怕僅指白人社會而言。「九一一」罹難的大多是白貴，小布殊政府氣得即時快拳亂打。紐奧良遇災待救的因爲是黑人，那就祇能在半露在水面上的屋頂乖乖站著，且一站就是好幾天。

這類種族「殊遇」，未知加國華人，作何感想？

(05-09-16)

亦仁愛而已矣

　　楊慎《古今諺》記趙武靈王引古諺云:「以書爲御者不
盡馬之情,以古制今者,不達事之變。」(載《函海》廿
二函,前引不贅。卷一,p.9)古人確是甚有智慧。

　　僅用書本的知識來駕馭馬,未必能盡掌馬之性情而發揮
得好;用古事來制約、來批判今日之事,亦易流於不知通
達,不知時代環境不同,事情已有所改變。

　　這,正是傻頭傻腦知古而不知今的書呆子如國鍵之流所
該戒慎的。國鍵不是軍事專家,更無實戰經驗,若僅憑讀
了幾本相關書籍,就高談闊論,算得上負責任麼?至如經
常引據古籍,以古人尺度去月旦今者是非,亦屬不知彼一
時也此一時也,真箇口輕輕最是容易。若壞了國事,誤了
民生,那國鍵就自作孽了。

　　然而,不識御馬、未懂通變的我,卻仍堅信,時代雖變,
但萬變未必可離其宗。人類歷史的大方向,就怎的變變變,
也決不會變得偏離人道。祇要能本著人道立說,就算婦人
之仁,罪也不至彌天吧。

　　讀聖賢書所學何事?余曰:學慈悲仁愛之事耳。能夠不
戰爭不殺人,何苦贊成開戰?有大陸新移民同胞在這邊亟
待救濟,多拿了點福利金,又何必向之口誅筆伐,要提醒
政府速予嚴打?

　　人道精神,向來偏助弱小。吾等在此豐衣足食,對待貧
苦人家,何妨寬厚一點?

(05-09-19)

364

無話可說

　《星島日報》引載中國新華社《瞭望東方周刊》，臚列北京人十二種「小毛病」。首三項是「隨地吐痰」「排隊時插隊」「規則意識淡薄」（Sept.24, 05, p. B9 ）。

　作爲官方刊物而有此反省，確是難得的進步。當然，作爲北京人若染有多倫多個別同胞那種「香港人都吐痰啦」的思維方式，面對《瞭望》的善意規勸，難免大呼不公。喂，染有此惡習者，又豈獨北京人呢？這不是在歧視我麼？

　論實，多城所見，華人而有此等「小毛病」者，確又見慣不怪。祇是人們敢怒而不敢言，深怕有人又祭出個「歧視新移民」的罪狀，死纏爛打。所以，若沒有《瞭望》那種權威而貿然出口，徒自招沒趣。

　於是乎，近年華人聚居的地方，例如大多市士嘉堡和萬錦市，人們往往可以擅自把「單住戶房子」（ Single family house ）改成多住戶。一屋房客三四家，頗有自備爐頭冰箱的，未悉會否造成區內電力問題。而垃圾桶自亦多，擺不進車房，有等索性長駐馬路側以求個方便。洋老番維護居住環境和生活質素的俗例和規矩，有些華人是無暇亦無意識去顧及的。

　雖則生活迫人，洋老番未必知道吾同胞之艱苦無奈。然而，「華人規則意識淡薄」這頂帽子，我們在這邊恐怕是戴定的了。

(05-10-17)

老眼唔好，晚節不保？

　年紀大，視力差。根據一本介紹年老視網膜退化（ Age -related Macular Degeneration ,簡稱 AMD）的小冊子，原來個別年老又或大近視的人士，較容易患上視網膜退化，無藥可治。

　當然，看錯東西讀錯文字有時也不一定是由於視網膜的問題，而大可能是因為文字本身的「形似」。尤其中國象形文字，又或草書的獨特寫法，一不留神看錯了，比比是。

　大史家陳垣的《校勘學釋例》，就有了「形近而誤」的解說。例如「元」之誤作為「三」，「三」之誤作為「五」，在史典中絕非罕見。即如國鍵研究唐代玄奘法師西行取經出發的年份，史家如陳垣等都主張玄奘在太宗貞觀三年（AD 629）於長安出發。惟經國鍵考證，實以貞觀元年（AD 627）始為確。史家之誤，實受了辯機《大唐西域記》、道宣《續高僧傳》和冥祥《大唐故三藏玄奘法師行狀》裏面那「三年」的「三」字所誤導，正正墜入了陳垣自己所說的「形近而誤」的陷阱。若因此而錯解史料，有時也祇能怪責古人之「鬼掩眼」，罪不在史家。

　然而，有未見功德卻忙著跑去歌功頌德的，則決不關乎所見的對象，而必係他或她自己的眼睛又或視覺神經出了問題。這種生理甚或心理的怪現象，會否也與年紀相關，大家若細心點算，不難分曉。

(05-10-21)

舐痔之士攀高雅

《論語・泰伯》記曾子說，「士不可以不弘毅，任重而道遠。」作爲讀書人，心胸不可以不弘闊堅毅，因爲負的責任甚重，走的路途極遠。讀書人負的是什麼重擔子呢？曾子說，是「仁以爲己任」，亦即行仁道也。這個所謂仁道，實乃存乎人心之內的仁愛。此孔子所謂，「人能弘道，非道弘人。」（《論語・衛靈公》）能否弘揚仁道，全看人們自己。

還看今天 ，讀書人堅毅不屈地弘揚了些什麼道呢？看來不似是仁道了，而怕是那「擦鞋」之道、諂媚之道、舐痔之道、「韋小寶」之道……。仁道養道德良知，「擦鞋」得功名利祿。魚與熊掌既不可兼得，如何取捨，經過了二千年錘煉的讀書人，在主張行仁的孔子曾子的「之乎者也」中，似都有了覺悟。—— 仁道不能換飯吃。

問題是，既然不講仁道了，也不講道德了，那還去談什麼「高雅」？還有什麼資格去罵人「粗俗」？舐痔諂媚這種卑污的行徑，難道不比市井小民講幾句穢語的更加低俗？

士可殺，不可辱。當一個文士放下讀書人的道德尊嚴，爲了個人利益而跑去奉迎權貴，歌功頌德，甘於受辱的時候，他配不配叫做士都成了疑問。這類人就算是文士，也祇能是舐痔之士。

舐痔之士的面目，比旺角粗言穢語無甚知識的金毛強，尤爲可鄙。

(05-10-24)

每況愈下？

剛寫過幾篇有關加國個別同胞封建歧視的文章，不期近日香港又發生白雪公主事件，再次說明港人回歸之後，心胸也一天比一天狹起來。

據報，香港迪士尼揭幕之慶，某知名藝人的乖乖女參與演出，扮演白雪公主。豈知竟惹來數百電視觀眾投訴，嫌她肥胖唔夠靚，令人「嘔心」「不安」「兒童不宜」云云。唉，如此公然歧視肥胖，而廣管局竟又煞有介事，香港社會舊日的雍容氣度，都去了哪？

白雪公主之所以美，是由於她樣貌好還是心地佳，文化水平較高的人，不難知道答案。扮白雪公主的一定要纖瘦？一定要貌若天仙？文化水平低的人才可能會有這種膚淺的想法。而這種人呢，往往最喜歡以貌取人，天天對他人進行身體歧視。不笑他人樣子醜，就笑別人老、疾、光頭、矮仔、竹高、暗瘡、扁鼻、眼細……。由於習慣了歧視人，因此也很怕給人歧視，故而自尊心重，自卑心更加重，人特別敏感。大近視就是大近視了，有啥好笑的？別人說我四眼佬，有啥好計較的？可有些人卻為此而氣爆肺，真奇！

須知今日你笑人，明日人笑你。故此，女孩子無論美醜高矮肥瘦，祇要宅心仁厚，都有資格做白雪公主 —— 這叫做「平權」。可惜這種現代文明社會的基本觀念，封建頑塞的人，倒是不大明白的。

(05-10-31)

青燈一點映窗紗好讀楞
嚴莫憶家能了諸緣如幻
夢世間唯有妙蓮華

王安石和詩贈女 乙未年 春日時人陸潤祥於墨心書樓

www.ingramcontent.com/pod-product-compliance
Lightning Source LLC
Chambersburg PA
CBHW030234030426
42336CB00009B/100